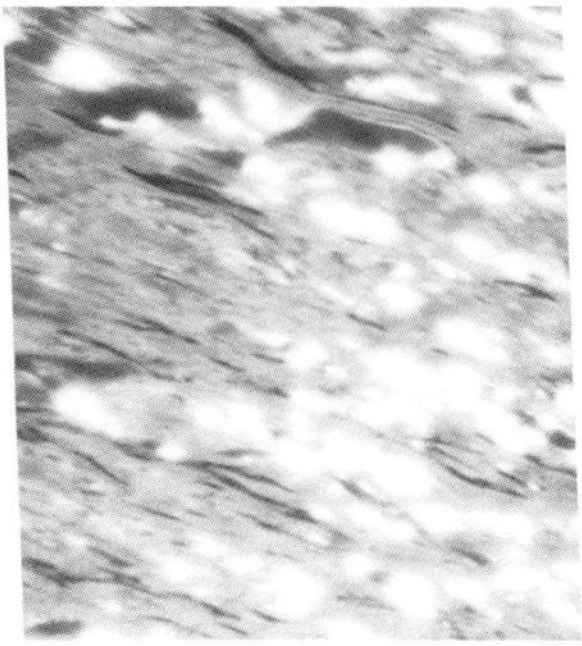

「資本」に対抗する民主主義

——市場経済の制御と「アソシエーション」——

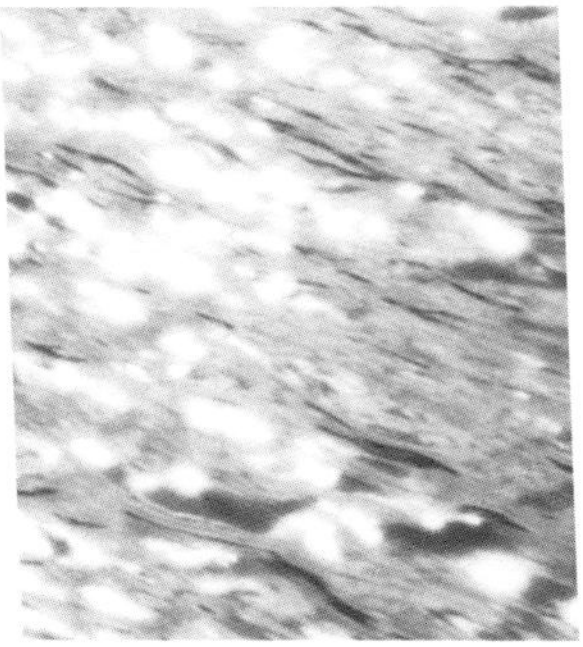

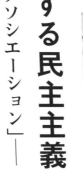

芦田 文夫

本の泉社

「資本」に対抗する民主主義

――市場経済の制御と「アソシエーション」――

芦田文夫

本の泉社

はじめに

いま、「新自由主義」と称される「市場経済」化の大波が全世界を覆うようになり、それぞれの国の社会経済構造のなかに深刻な矛盾を引き起こそうとしている。実体経済の空洞化・奇形化、「財政破綻」や「ソブリン（国家債務）危機」、国民の貧困化と格差化、「非正規雇用」、超過密労働、真面目に働いても食えない「ワーキング・プア」、社会保障基準の切り下げ……人間の「生存・生活—労働」の根元が脅かされようとしている。すべての国民が「個人として尊重」され、「生命、自由及び幸福追求に対する国民の権利」が「国政の上で最大の尊重」を要する（日本国憲法第一三条）とされる立憲主義や民主主義の大原則がないがしろにされ、政治の公共性が失われ、利権化と私物化が目に余るようになってきている。

だが、これに抗して「人間らしい生活＝労働」の回復、民主主義の再生を求める新たな胎動が叢生しつつあることもまた確かであろう。二一世紀の「新しい市民運動・市民革命」として注目されるもののなかには、これまでになかったような特徴がみられると云われる。個人としての権利と尊厳の主張、日々の生活次元から発せられるみずみずしい言葉、一人ひとりの自覚的な行動と協同の拡がり、政治は変えられるという主権者意識、そして現実にも「市民の運動と立憲野党の共闘」の押しあげ……。また、それらがしばしば未来社会像との重なり、例えば「自立した諸個人のアソシエーション（協同）」（マルクス）などとも関わらせて、論じられようとするのも、近年の特徴であろう。

本書が課題とするのは、「自由・平等・民主主義」の展開と「市場経済」との連関を、経済学的な視点から、現実の「資本主義─社会主義」をめぐる歴史的過程のなかで、検証し直してみようとするところにある。

「資本主義」から「社会主義をめざす」動きが現実に現われてくるようになるのは二〇紀に入ってからのことであるが、その歴史的過程を三つの時期に区分して辿ってみようとした。［第一期］第一次世界大戦─大恐慌─第二次世界大戦へと至る二〇世紀の前半（歴史家ホブズ・ボームが云う「破局の時代」）。資本主義の体制的危機の下で「国家による介入」が必然となり、上からの「国家─企業・組織」という枠組み「コーポラティズム（団体協調主義）型デモクラシー」と称される特徴がひろくみられた。先発国では「国家による市場への介入」（ケインズ主義的な「マクロ経済規制」、「福祉国家」の試み）がおこなわれ、後発国ではファシズムが台頭する。旧ソ連におけるスターリン型の「国家」を頂点に立てた一元的な所有と計画・管理、市場経済の廃絶、自由・民主主義の疎外という枠組みも、このような促迫に覇権主義的に対抗していくという性格を色濃く帯びていた。［第二期］一九六〇年代「高度成長」前後の短い「黄金の時代」。第二次大戦後「内包的経済発展」（技術革新や質の生産力発展が求められるようになる）の段階に達すると、市場経済による新たな活性化が企業（資本）の蓄積過程にとり込まれ、巨大企業体制とその大量生産―大量消費、「産業社会」「大衆社会」が形成されていく。他方ではこの間、人間の基本的な自由と権利―平和的な生存権と民族の自決権、普通選挙権や婦人参政権などによる国民主権の質的伸展が生じた。労働権・生存権・社会権の新たな確立、「農民層の解体」、中等とくに高等教育の大衆化、女性の労働への進出などの「社会革命」、さらに耐久消費財による「繁栄と私生活化」「個人化」「市民化」といった近代の社会構成原理の変化＝「文化革命」につながっていった。「二〇世紀に社会主義をめざす国々」においても、市場経済の導入による「経済改革」（第一段階「生産物の市場化」）が始まるのはこの時である。［第三期］はやくも七〇年代になると、このような「国家」―「企業」の枠組みによる蓄積のし方が破綻をきたすようになり（「スタグフレーション」、投資乗数効果の低下，財政赤字、「政・官・財癒着」の弊害―「危機の時代」）、八〇年代ころから今日に至る「小さい政府」「新自由主義」の段階に替わっていく。「社会主義をめざす国々」も、「経済改革」の第二段階（「生産手段の市場化」）の岐路に差しかかる。西側でも東側でも、「市民」を中心とした「新しい社会運動」（人権、女性差別、消費者、住民要求、地方自治、環境、原発……問題などの）や「連帯運動」が一気に叢生してくるようになるのはこの時であった。

このような二〇世紀の過程（本書のⅡ部）を整理していくさい、それをたえず一九世紀後半のマルクス・エンゲルスによる基礎的な理論化の問題軸と往復させながら進めていこうとした（Ⅰ部一章）。当時の社会変革過程（「一八四八年革命」と「一八七一年革命」）のなかで、「民主主義論」がどのように展開されていこうとしたのか、その二つの軸にそった枠組みを取りだそうと試みた。一つは、資本による労働さらに社会全体への包摂・支配、そのさいの資本と国家の関係など、「資本」概念の展開にかかわる問題軸であり、もう一つは、その対極にある「人民・民衆」あるいは「市民」、つまり人間主体の「生活」―「労働」概念の展開にかかわる問題軸である。そして、「民主主義論」にとって「自立した諸個人のアソシエーション」という概念は、一方での市場経済論の軸をなす「商品―貨幣」範疇の展開と他方での「資本―賃労働」の階級関係の展開との間で、両者の結節点のような位置を占めるものであること、それは資本制社会の下で資本に対抗する民主主義的な制御（コントロール、「労働権」「生存権」「社会権」の押しあげ）とやがてはその止揚をかちとっていく現実的な動力をなすものであり、同時に将来の社会主義・共産主義社会の基本的な構成原理をなすものでもあることを確かめておこうとした。また、そのような問題軸にそくして、後進的なロシアにおける特徴（レーニンの「民主主義論」）を整理し直してみようとした（Ⅰ部二章）。そこでは、国家権力の変革の性格と社会経済構造の実際の成熟との間のギャップが常につきまとい、特有な「民主主義論」をめぐる課題が生じてくるように思われる。

第Ⅱ部は本書の歴史的検討の主要な内容をなすものであるが、各章の初めに「要点」を纏めておいたので、先ずそれだけでそれぞれの課題意識と論点の概要を知っていただけたらと思う。二〇世紀の［第一期から第二期への転換］においては、「国家」（「独裁制国家」あるいは「介入主義的国家」と称される）による上からの統合の枠組みが、どのように自らの解体に向けての契機を生みだしていくようになるのか。この段階では、市場経済が「企業・組織」や「個人」の下からの自立化・効率化の機能を蘇生させ、分権化や民主化の歩みを促すものとして、一般にそのもつ積極面が評価されることが多かった。だが、八〇年代に入って［第二期から第三期への転換］になると、その「経済改革」も第二段階「生産手段の市場化」へと深くなっていき、こんどは「生産手段（資本）の自立的・効率的な利用」ということと「人間主体の労働―生活」との関係がもろに問われてくるようになる。他方で、このころから多国籍企業・資本によるグローバルな市場経済化が進行し、諸国民の貧困化と格差化を深刻にし、これまでの「国家―企業（資本）」の枠組みが理論的にも転換を迫られてくることになった。東西の広範な理論家を巻き込んだ国際的論争では、「二〇世紀型・社会主義から市場（その利用と制御をつうじた）社会主義への移行」と「現代資本主義から市場をつうじた社会主義への移行」とが重ね合わせて論じられることが多くなっていく。その背景には、七〇年代ころからの発達した資本主義諸国における「自由・民主主義をつうじた社会主義」への新たな路線探求の動きがあった。国家の権力主義的な変革だけに止まらず、社会経済構造の全体にそくして個人や企業・組織の次元からも、自由と民主主義をどのように成熟させていくのか、という二一世紀に向けての共通した世界史的課題意識が次第に強くなっていくのである。

このような二〇世紀の転換過程をつうじて、これまでの「国家―企業」の上からの垂直的な枠組みを超えて、人間主体＝「労働」・「生活」さらには視野を広げて「社会」・「自然環境」の側からもっと広く、資本に対する社会的な制御を加えていかなければならない必然性がどのように生成してくるのか（Ⅱ部五章）。それらの基礎には、「自立した自由な諸個人の平等なアソシエーション」という以前とは異なる水平的な相互関係が置かれる。そして、それを実現していく新たな「市民社会」型の「基準（ノルム）・規則（ルール）」が共通の媒介環とされて、逆にその他のあらゆる「中間的団体」（組織・企業）――「国家」の諸関係が展開されていくことになる。さらに、「生産」過程だけでなく「消費や生活」、文化やイデオロギーについての「コミュニケーション的連関」など上部構造との関わりについても、また現存の体制の基底に広くみられる伝統的・共同体的な、先資本主義的社会諸関係との関わりについても、同様の「社会的制度」化の編成原理が及ぼされていく。それら社会の多様な次元や領域においては、それぞれ「諸主体の自立性・自由」が基軸となった基準・規則が機能しており、そのうえで「自立した諸主体の対等で平等な原則」に基づいてそれらの「基準と規則、制度」の共約化＝共同化がおこなわれていく、という民主主義的な原則に基づいて「アソシエーション」の枠組みが社会的に拡充されていくのである。

第Ⅲ部では、市場経済と関連づけて「自由論」「平等論」あるいは「民主主義論」にこれまで正面から挑もうとしてきた古典的な諸研究（ポラーニン、アマルティア・セン、マクファーソンら）を検討し直すことをつうじて、現段階の「自立した諸個人の平等なアソシエーション」の内実をなすものについて、さらに深めて考えてみようとした。なによりも、積極的な自由を出発的な基礎に置いて展開していく（対象に対する「真に人間らしい主体的な制御」）ということは、人間の本質を、「効用」の消費者としてではなく、また「所得や資源」の多寡によってではなく、「所得や資源を人間のさまざまな福祉や機能に変換しうる主体的な能力」「潜在能力」「潜在的諸力」に見ようとするものでもあった。そのうえで、それが社会のなかで実際にどう実現されていくのか、どのような配分グッズ・物（財や所得、「社会的基本財」など）を平等に保証していくのか、ということが問われてくると、人間とその財との関係が具体的な権利の制度として、社会的に合意されたある正当性をもった「基準」や「規則」、「社会的な制度」として確定されていかなければならない。そして、資本制社会の現実においては、人間と財との相互関係は、消費・生活財についてだけでなく、むしろ生産財（生産諸手段）の配分にかんして決定的な意義をもつようになる（資本所有と労働の分離）。そこでは、市場経済にもとづく自立した諸個人の「自由」と「平等」ということが共通のベースとなっているが、社会のより深い本質としての生産過程においては、人間の「労働」＝「生活」

にとっての「不自由」と「不平等」が現われてくる。「資本」の側はつねに格差と分断によって包摂と支配を強めていこうとするが、人間主体の側は「アソシエーション」の力に基づいて「資本」に対する制御を強め、「労働権」「生存権」や「社会権」を押しあげていく以外にはない。この「アソシエーション」の枠組みの拡充と連動しながら、その内実—「自由」と「平等」の内容が社会的合意の進展とともに段階的に深化していく(「どのような種類の自由」か、「どの程度・尺度の平等」か、「資本に応じた分配」—「人間・労働に応じた分配」—「人間・欲求に応じた分配」)。

このような整理のうえで、ようやく「自立した諸個人の平等な協同（アソシエーション）」ということが基礎となり基軸となっていく現在の段階について、そこでの民主主義の社会的な制度編成がもつ基本的な特徴と方向性はどのようなものか、それをまとめ直しておこうとした(Ⅲ部三章三節、同四章)。大方のご批判をいただき、二一世紀の現実の歩みと往復させながら、今後のいっそうの修正と深化を図っていきたい。

二〇二一年夏　洛北　市原の里にて　　芦田文夫

目次

Ⅰ部　資本制社会と民主主義

「民主主義（デモクラシー）」は、古代ギリシャの用語「デーモクラティア」にそくして、ふつう政治学では「民衆（デーモ）の支配・権力（クラティア）」、「民衆の自己支配ないし自己統治」であるとされている。そのさい、その「民衆」の理解に関わって、政治の主体としての「市民団（ポリテース）」（「自由民」の成人男性から成る）における平等という制度的法的な概念内容と、そのなかで大多数を占める「一般民衆・多数者・貧窮者」を意味する社会学的あるいは経済的な概念内容とが、区別されて論じられていく場合もあるといわれる(1)。

近代的な意味合いにおける民主主義は、一七・一八世紀の「市民革命」期に、啓蒙主義思想によって確立されていった。「民主主義―独裁制」と「市民社会」の問題についてもっとも総合的に検討を続けてきた歴史学者と目されるY・コッカ（独）は、次のようなその歴史的展開の経緯を述べていた(2)。――封建的な身分制秩序や絶対主義的な国家の抑圧に抗して、「自立して自由な人びと」（市民）が法の支配の下で協力し合って生きていく。そこでは、人びとの間には「文化的、宗教的、そしてエスニックな多様性に対する寛容」があり、「法外な社会的不平等がなく」、そのような「諸個人と諸集団によって社会が自ら組織される」という考え方が核心にあった。しかし、一九世紀前半に資本主義と工業化の影響を受けて、そのような「市民社会」の定義が変化した。ヘーゲルやマルクスにあっては、それが国家からいっそう明確に区別されるようになり、「市民社会」は欲求と労働、市場と個別的利害の体系として理解されるようになる。そして、一般に「市民からなる社会」という意味の用語が後景に退き、「ブルジョアジーからなる社会」という使い方が広くなっていった。「民主主義と社会主義」に関する諸研究を体系的に整理検討しようとした代表的なものとしてF・カニンガムの著書を挙げることができるであろうが[3]、そこでも「民衆の統治・制御」に類似する「コントロール」（共同の社会的環境に対する）という概念が中心に置かれ、それが三つの指標——①コントロールが行使できる人の数（多数者の中身）、②コントロールの及ぶ範囲（側面）の広さ、③その範囲の重要性——にそって具体的に分析されようとする。それらのモメントは相互に関連しながら螺旋的に歴史的な展開をとげていくとされ、その「民主主義の拡大」の軌跡をたどる「民主主義の程度論的アプローチ」が提唱される。その「民主主義」は、ある規模と複雑さをもった社会的単位（家族、企業や諸組織、地域、国家、さらには世界全体など）に具体化されなければならないから、その民主主義の前提をなしそれを保障する「自由」—「平等」との関係も、「どのような種類の自由か」「どの程度の平等か」ということが具体的に問題にされていかなければならなくなる。だから、資本主義は資本家（少数者）の民主主義、社会主義は労働者（多数者）の民主主義といった抽象的な理念・理論から出発するのではなく、逆に「現実的な分析」からする方法が求められるのである。「ポリアーキー」（「多数の支配」）、それは他方での「一人の支配＝モナーキー」、「少数の支配＝オリガーキー」に対比されるもの）論や現代の民主主義論に広く見られるアプローチの仕方であろう[4]。

カニンガムはこのような民主主義の展開の内在的な追跡の上にたって、新たな「民主的な社会主義」の構想を打ち出していこうとするのであるが、私もまたそのような方法と立場に同意を寄せるものである。カニンガムが依拠する諸研究の多くは、その専門とする政治学や政治哲学、あるいは社会学の分野のものであるが、このような作業を経済なかんずく市場経済の次元に引き寄せて考えてみようとするのが本書の課題である。

一章　マルクスと民主主義論

【I部一章の要点】

一九世紀半ば、現実の社会変革過程のなかで、マルクス・エンゲルスが「民主主義論」をどのように展開していったか、その問題枠組みを取りだしておくことから始めたい。そのころには、労働者階級がまとまって歴史を動かす舞台に登場しつつあった(一節)。しかし、社会全体からみればそれはまだ部分的で、多数を占める農民や小ブルジョアジーとの同盟関係いかんが民主主義的な社会変革の帰趨を左右する鍵をなしていた。このなかで、生成してきた「資本」が、「国家」の権力機構を介して、どのように「社会」全体を包摂・支配していこうとするか（二節――一八四八年革命）、またこの社会の上にのしかかる国家という人為的な仕組みが取り払われたとき（コミューン＝コミュニズム）、人民自身の「社会生活」がどのように取り戻され、「真の民主主義」が達成されていくか（三節――一八七一年革命）。このなかから、「民主主義論」の展開について二つの問題軸にそった理論的枠組みを取りだそうと試みた（四節）。一つは、資本による労働、そして社会全体への包摂・支配、資本と国家の関係など、「資本」概念の展開にかかわる問題軸であり、もう一つは、その対極にある「人民・民衆」あるいは「市民」、つまり人間主体の「生活」――「労働」概念の展開にかかわる問題軸である。

そのような視角から、枢要なマルクス・エンゲルスの理論展開を確認し直しておこうとした（五節）。まず初期の『経済学・哲学手稿』における人間・労働の疎外論（①労働の対象・手段、生活手段からの疎外、「物（件）からの疎外」、②労働そのもの、生産的活動からの疎外、「自己疎外」、③人間の類的本質、対象に対する「自由な意識的な共同的な活動・制御」からの疎外、④人間の人間からの疎外）のなかに、「自由」と「民主主義」のもっとも根元的な意味をみようとした。ついで「史的唯物論」――『ドイツ・イデオロギー』において、その疎外と回復が現実の生産過程として、社会と歴史のなかでどのように具体的に辿られようとするのかをみる。そして、一九五〇年代からの「経済学批判」体系の展開においては、「商品――貨幣」の範疇がその「資本と労働」の関係にどのように関わってくるのか。そこでは、「人類史の三段階」――①労働と生産諸条件の自然生的な形態での本源的統一（その第二次的構成体としての奴隷制・農奴制）→②両者の私的な形態での分離（資本主義）→③両者の社会的な形態での再統一（社会主義・共産主義）」――という大きな視野で、欲求や能力など「人間的諸力」の発展が論じられている（『経済学批判要綱』）。この第②段階での資本の集積と労働の社会化を物質的基礎として、労働者の自覚的な団結と協同（アソシエーション）が発展し第③段階への転化がなし遂げられていく。

『資本論』では、「資本」と「二重の意味で自由な労働」の間で価値と使用価値の関係、剰余価値の生産がどのようにおこなわれていくのかが基軸となって展開される。「労働力」商品の交換の過程では平等な権利対権利の関係が、その実際の消費の過程＝生産では「力と力」の対決となり、そこでは「結社（アソシエーション）」や「労働組合」による団結が生まれ、「資本家階級と労働者階級とのあいだ」での闘争に発展し、「国家権力によって施行される一般的法律」――「工場立法」を引きだしていく。剰余価値の資本への転化、「資本主義的蓄積の一般的法則」では、資本の蓄積は労働者の犠牲としておこなわれ、その支配と搾取の手段に転化し、労働者の状態の悪化、人間としての貧困化の蓄積をもたらしていくことが明らかにされる。最後に、その歴史的位置づけでは、資本の集積と集中、労働の社会化が進むにつれて、「貧困、抑圧、隷属、堕落、搾取の総量」が増大するが、しかしまた「絶えず膨張するところの、資本主義的生産過程そのものの機構によって訓練され結合され組織される労働者階級の反抗もまた増大する」として、社会主義・共産主義段階への転化が説かれる。

民主主義論にとって「自立した諸個人のアソシエーション」という概念は、一方での市場経済論の軸をなす「商品―貨幣」範疇の展開と他方での「資本―労働」の階級関係の展開との間で、両者の結節点のような位置を占めるものであった。それは資本制社会の下で資本に対抗する民主主義的制御とやがてはその止揚をかちとっていく現実的な起動力をなすものであり、同時に将来の社会主義・共産主義社会の基本的な構成原理をなすものでもあった。

一節　一九世紀社会変革と民主主義

「自由―民主主義」と社会主義との関連を、社会主義思想・運動の世界史的展開過程にそくして浩瀚に辿ろうとされた藤田勇氏は、それを三つの段階に分けて次のように特徴づけられる(5)。第一段階（市民革命期から一八七〇～八〇年代まで）――自由・平等理念の市民階級的把握（自由な私的所有と営業、自由主義として展開）と労働者階級的把握（貧困・隷属の解消、社会経済的次元での実質的な自由・平等を求める、社会主義として展開）との分裂と対立が特徴的であった。第二段階（一八八〇～九〇年代から一九六〇年代末まで）――自由・民主主義の把握における階級原理（階級闘争原理）の強調が支配的であった。第三段階（一九六八年・七〇年代から現在にまで続く）になってようやく自由・人権・民主主義の「固有の価値」、普遍的な価値が前面に出されてくるようになる。この第二段階と第三段階における「民主主義的制御」をめぐる理論的枠組みの特徴づけが、私たちのさしあたっての課題である。

さて、資本制社会の生成は、旧い封建的共同体や身分の縛りから人間を解放して「市民的な自由と平等」（生命・身体の自由、職業選択と居住の自由など）をもたらしたが、働く人々から生産手段をも奪い取って「二重の意味で自由」な労働者群をつくりだす。そして、ブルジョア革命が掲げた当初のスローガン「人間の自由・平等・友愛」が、資本制経済の現実によって裏切られることが次第に明らかになっていく。労働者階級は、一方では、「市民革命の理念の完成」を求めて、政治的法律的次元では、普通選挙権、言論・集会・結社の自由を要求し、他方では、「自由」・「平等」理念の実質化を求めて、その経済的社会的次元での実現、貧困と隷属と差別の解消の要求運動として展開されていくことになり、一九世紀後半にはそれが「社会主義」の理論と結びついて労働運動が高揚していった。

一九世紀には、「民主主義」と「社会主義」は同種の現象であるという認識が、社会主義の主唱者たちによっても、またその批判者たちによっても広く共有されていたといわれる（先のカニンガムの著書・第一章）。つまり、「社会主義」はその主唱者たちによっては、フランス革命の果されなかった約束を成就するものとして、また一八四八年ブルジョア革命のラディカルな民主主義的潮流として構想された。マルクスは『新ライン新聞』を編集してこの革命に参加するが、それには「民主主義の機関紙」という副題がつけられていた。一八七一年の「パリ・コミューン」は、「コミュニズム」を史上初めて現実のものにしようとする試みであったとされるが、それは「真に民主主義的な諸制度の基礎をあたえた（マルクス）」（邦訳大月書店版全集一七巻三一八頁、以下巻・頁数のみは同全集）、「真に民主主義的な国家権力とおきかえた（エンゲルス）」（一七巻五九五頁）と評された。他方では、社会主義の批判者たちから警戒されたのは、まさに社会主義と云えば民主主義が連想され、民主主義と云えば暴民の支配と社会の混乱に他ならない、とされたからであった。「社会主義」と「民主主義」がある種の分断をもって受け取られるようになるのは、二〇世紀になってからのことであるとされる(6)。

一九世紀のブルジョア民主主義革命は、すでにそれ以前とは異なった舞台の上で繰り広げられるものとなっていた。ブルジョアジーとプロレタリアートの階級闘争が、歴史を動かす基盤として登場しつつあったのである。しかし、それはまだ社会全体からみれば部分的な事柄で、例えば一九世紀半ばのフランスでも人口の三分の二を占めるのは農民で、彼らや小ブルジョアジーとの同盟関係いかんが民主主義的な社会変革の帰趨を左右する鍵をなしていた。このなかで、近世の市民社会から生成してきた「資本」が、「国家」の権力機構を介して、どのように社会全体を包摂・支配していくか、またこの社会の上にのしかかるその国家という人為的な仕組みが取り払われたとき（コミューン＝コミュニズム）、人民自身の社会生活がどのように取り戻され「真の民主主義」が達成されていくか。

一九世紀半ばから後半にかけての現実の社会変革過程のなかで、マルクス・エンゲルスが「民主主義論」をどのように展開していったか、その問題枠組みを取りだしておくことから始めたい。一八四八年革命と一八七一年革命に関するマルクスとエンゲルスの主な論文は、次のようなものであろう。

① マルクス『フランスにおける階級闘争（一八四八年から一八五〇年まで）』（一八五〇年、邦訳大月書店版全集七巻九〜一〇三頁）

② エンゲルス『ドイツ農民戦争』（一八五〇年、邦訳全集七巻三三五〜四二三頁）

③ エンゲルス『ドイツにおける革命と反革命』（一八五一年八月〜五二年九月、邦訳全集八巻五〜一〇三頁）

④ マルクス『ルイ・ボナパルトのブリューメル一八日』（一八五一年一二月〜五二年三月、邦訳全集八巻一〇七〜二〇四頁）

⑤ マルクス『フランスにおける内乱――国際労働者協会総評議会の呼びかけ』、第一草稿、第二草稿（一九七一年四〜五月、邦訳全集一七巻二九五〜三四四頁、草稿四六五〜五七九頁、エンゲルス序文五八四〜五九六頁）

以下に、民主主義論の視角からするその展開の論理を辿ってみようとするのであるが、こここではこれらの起結をなすような①と⑤を中心にして採り上げていくことにしたい。マルクスとエンゲルスの微妙な違いも論点になりうると思われるが、いまはそれらの基本的な同一性に重点をかけたい。また、あまりにも長大になるので直接の引用は最小限に止め、内容を要約していく仕方をとったが、以下に使った語句表現はすべて邦訳原文（前掲の大月書店版、直接の引用はその巻あるいは頁）からのものである。

二節　一八四八年革命とマルクス「民主主義」論展開の柱

まず、論文『フランスにおける階級闘争』を中心に、そこで展開されていく主要な柱をとりだしてみよう。

（一）政治闘争と諸党派——その階級的基盤

まず、一八三〇年以来の「七月王政」を倒した一八四八年「二月共和制」臨時政府の階級的基盤が分析される（七巻一四頁～）。この政府の大多数はブルジョアジーが占めた。共和主義的ブルジョアジーと共和主義的小ブルジョアジー、王朝反政府派（大地主の大多数が属していたのは正統王朝派）、そして労働者階級も二人の代表者を送っていた。プロレタリアートは独立の党派として前面に現れ、その革命的解放のための闘争基盤がつくりだされた。二月革命は、直接には金融（銀行や取引所）貴族に対して向けられたもので、彼らと並んで有産階級全体を政治権力に入らせることによって、ブルジョアジーの支配を完全なものにし純粋な形であらわした。また、普通選挙権によって、大多数を占める名目上の財産所有者＝農民を、フランスの運命の審判官にさせた。

（二）ブルジョアジーとプロレタリアート

〔資本による社会全体の支配、資本と国家〕続いて、資本とそれによる社会全体の支配、資本と国家の問題の分析に移っていく（七巻一七頁～）。フランスの生産関係は、フランスの対外貿易によって、世界市場におけるフランスの地位と世界市場の法則によって制約されている。産業プロレタリアートの発達は、産業ブルジョアジーの発達によって制約されている。産業ブルジョアジーはすべての所有関係を自分自身に適合させて形成するところでのみ、支配することができる。プロレタリアートは個々の分散する工業中心地に集められ、圧倒的多数の農民や小ブルジョアジーの間に混じって、ほとんどが影を没している。「産業ブルジョアジーにたいする産業賃金労働者の闘争は、フランスでは局部的な事実であって、……革命の国民的内容となることはできなかった」（一八頁）。フランスの工場主は、最大のものでもイギリスの競争者と比べると小ブルジョアジーにすぎず、保護関税や国家的独占を必要としている。「フランスの工業は、フランスの生産を支配していない、だからフランスの工業家はフランスのブルジョアジーを支配していない」（七六頁）。彼らは革命の随伴者の仲間に入り、彼ら自身の階級の全体的利益とは対立する利益に奉仕しなければならない。

（三）国家の権力機構と諸制度

他方で、国家の機構（執行権力と立法権力）とその諸制度の性格（「共和主義的な」制度あるいは「社会的な（労働者階級の利害をあらわす）」制度あるいは「民主主義的な（大衆の利害をあらわす）」制度）が分析される。

〔国家―執行権力と立法権力〕（六一頁）一八四八年一二月二〇日には立憲共和制の執行権力の顔を見せているに過ぎなかったが、一八四九年五月二八日にはその第二の立法権力の顔もあらわして、立憲共和制の外観は完全に整った。ブルジョア階級の支配――フランスのブルジョアジーを形成する二大王統分派、連合した正統王朝派とオルレアン派の、秩序党の共同支配を制定した共和主義的国家形態の外観が整った。そして、これらの諸分派の間で執行権力と立法権力をめぐる喧嘩騒ぎが演じられた。

〔君主制と共和制、その下での諸制度〕「労働者は、七月革命のときブルジョア君主制をたたかいとったように、二月革命のときブルジョア共和制をたたかいとった」（一五頁）。七月王政は共和主義的な諸制度にとりまかれた君主制、二月共和制は社会的な諸制度（「労働者が労働によって生活できるように保障し、すべての市民に仕事を与える等々の義務を政府が負う、という布告」

一六頁）にとりかこまれた共和制である、と宣言することを強いられた。パリのプロレタリアートがこのような譲歩を強制して奪いとった。

〔民主主義的な諸条件と社会的解放、普通選挙権〕（三九頁）一八四九年六月以前に起草された最初の憲法草案には、労働者階級の革命的要求をまとめた最初の不器用な公式＝「労働の権利」があった。それには、資本にたいする強力、結合した労働者階級の支配下に生産手段をおくこと、賃労働と資本の相互関係の廃止が隠されていた。憲法は、普通選挙権を与えて、プロレタリアート・農民・小ブルジョアに、政治的権力をもたせようとしている。だが、「その民主主義的な条件は、いつでも敵階級を勝利に導き、ブルジョア社会の基礎そのものを脅かしている」（四〇頁）。「山岳党は、ブルジョアジーとプロレタリアートとの中間を動揺し、その物質的利害が民主主義的諸制度を要求する大衆を代表していた」（六〇頁）。

（四）農民と小ブルジョアジー

一八四八年六月に、労働者は「反乱」に追い込まれ敗北する。農民や小ブルジョアジーとの同盟がなければ、社会変革が前進しえないという教訓を得る。

〔農民と小ブルジョアジーとの同盟〕（一八頁）革命の進行によって、プロレタリアートとブルジョアジーの中間にいる国民大衆、農民と小ブルジョアジーが資本の支配に反対して立ち上がり、プロレタリアートに味方せざるをえなくなるまでは、フランスの労働者は一歩も前進することはできなかった。（二五頁）ところが、ブルジョアジーとプロレタリアートの接戦において、中間社会層はブルジョアジーの手中ににぎられていた。（三一頁）プロレタリアートがしばらく舞台から退けられ、ブルジョア独裁が公に承認されたいま、ブルジョア社会の中間層、小ブルジョアジーと農民階級は、状態がいよいよ耐え難いもの、ブルジョアジーとの対立が険しくなるにつれ、ますますプロレタリアートの側に加わらざるを得なくなった。

〔搾取者は資本と国家〕（八〇頁〜）フランス全人口の三分の二を越える農民は、大部分が自由な土地所有者からなっている。一七八九年革命によって無償で封建的負担から解放されたが、その代わり地価の形で支払わなければならなかった。その後、分割地の価格の騰貴、耕作の冗費の増加、純収益の減少、そして高利貸付の餌食が出現した。さらに、共和制が新しい負担を付け加えた。「搾取者は同一者、すなわち資本である。個々の資本家は個々の農民を抵当や高利貸付によって搾取し、資本家階級は農民階級を国家の税によって搾取する」（八一頁）。反資本主義的政府のみが、農民の経済的悲惨と社会的地位の低下を打破することができる。立憲共和制は、連合した農民搾取者の執権であり、社会＝民主主義的共和制は、農民の同盟者の執権である。

三節　一八七一年革命とマルクス「民主主義」論展開の柱

つづいて以上に重ねて、⑤論文『フランスにおける内乱――国際労働者協会総評議会の呼びかけ』を中心に「パリ・コミューン」における展開の柱をとりだしておきたい。

（一）中央集権的国家権力（封建制との闘争のなかから）

〔社会――階級対立――国家〕「常備軍、警察、官僚、聖職者、裁判官という、いたるところにいきわたった諸機関――体系的で階層制的な分業の方式にしたがってつくりあげられた諸機関――をもつ中央集権的な国家権力は、絶対君主制の時代に始まるものであって、生まれかけていた中間階級〔ブルジョア〕社会にとって、封建制度とたたかうための強力な武器として役立った。とはいえ、この国家権力の発展は、あらゆる種類の中世的ながらくた――すなわち、領主権や、地方的特権や、都市およびギルドの独占や、地方的法制によって、なお妨げられていた」（一七巻三一二頁、以下頁数のみは一七巻）。フランス大革命は、社会の土壌から近代的な国家構築物という上部構造の成立を妨げていた最後の障害物を取り除いた。その後の社会の経済的発展にともなって、また政府の政治的性格も変化した。近代工業の進歩が資本と労働の階級敵対を発展させ、拡大し強化するのと歩調をともにして、国家権力は労働にたいする資本の全国的権力、社会的奴隷化のために組織された公的強力、階級専制の道具という性格をますます帯びるようになった。

〔社会諸集団の個別的利害と国家的利益・権力〕「中央集権的な国家機構は、生きた市民社会にうわばみのように巻きついている（をからめこんでいる）」（五一〇頁）。「絶対君主制が始めた仕事、国家権力の中央集権化と組織化をさらに発展させ、国家権力の管轄範囲と属性、その道具の数、その独立性、現実の社会にたいするその超自然的な支配を拡大せざるをえなかった。……社会諸集団の関係から生まれてくる小さな個別的利益の一つ一つが、社会そのものから切り離され、固定され、社会から独立のものとされ、そして、厳密に規定された階層制的な機能を果す国家司祭たちによって管理される国家的利益という形態で、社会に対立させられた」（五一一頁）。国家の管理における分業は、市民社会内部の分業が新しい利益集団をつくりだし、国家行動の新しい材料をつくりだすにつれて、それと歩調をともにして拡大してきた。フランス革命――大ボナパルト――復古王政と七月王政――一八四八年革命闘争――第二帝政へと到り、この国家寄生物は最終の発展を遂げ、社会そのものからいちじるしく独立化して外見上は社会に優越した権力を装うようになる。その「真の反対物は、コミューンであった」（五一二頁）。

（二）「コミューン」＝「国家」からの解放、人民の「社会生活」の回復

コミューンは、「国家そのものにたいする、社会のこの超自然的な奇形児にたいする革命

であり、人民自身の社会生活を人民の手で人民のために回復したものであった」（五一三頁）。コミューンは、「国家権力が、社会を支配し圧迫する力としてではなく、社会自身の生きた力として、社会によって、人民大衆自身によって、取り戻されたもの」（五一四頁）であった。コミューンは、社会的解放の政治形態であり、「労働手段の独占者たちの簒奪（奴隷制）から労働を解放するための政治形態」であり、「『労働』――すなわち、個人生活と社会生活の基本的な自然的な条件――の解放を代表する」（五一七頁）。

（三）労働の経済的解放、個人的所有を事実に

コミューンのほんとうの秘密は、本質的に労働者階級の政府であり、労働の経済的解放をなしとげるための、ついに発見された政治的形態にあった。「現在おもに労働を奴隷化し搾取する手段となっている生産手段、すなわち土地と資本を、自由な協同労働の純然たる道具に変えることによって、個人的所有を事実にしようと望んだ」（三一九頁）。もし、協同組合の連合体が一つの計画にもとづいて全国の生産を調整し、それを自分の統御のもとにおき、資本主義的生産の宿命である無政府状態と周期的痙攣（恐慌）とを終わらせるべきものとすれば、それは共産主義でなくてなんであろうか。また、そのためには「長期の闘争を経過し、環境と人間をつくりかえる一連の歴史的過程を経過しなければならない」（三二〇頁）。

（四）人民が主人公となる統治・統御・自治

コミューン宣言「パリのプロレタリアは、公務の指揮を自分たちの手ににぎることによって時局を収拾すべき時が来た……政府権力を掌握することによって自分の運命の主人公となること……さしせまった義務であり、絶対的権利であることを理解した」（三一一頁）。「パリと二流の各中心地にコミューンの統治がうちたてられたなら、古い中央集権政府は、地方でもまた、生産者の自治に席をゆずらなければならなかったであろう」（三一六頁）。

〔コミューンの偉大な社会的方策〕（三二三頁〜）ただ、その個別的な諸方策だけに止まり、人民による人民の政府の進むべき方向を示すことしかできなかった。パン焼き職人の夜業を禁止、罰金を科して賃金を切り下げることを禁止、資本家が逃亡した工場の補償を支払うということで労働者の協同組合に引き渡した。財政方策など賢明な穏健な内容は、攻囲下の都市の状態に適合したものであった。

〔時代における進歩的な仕事、長い過程〕「労働の奴隷制の経済的諸条件を、自由な協同労働の諸条件とおきかえることは、時代における進歩的な（邦訳全集では〝時間を要する漸進的な〟となっているが、牧野広義氏から教示をうけ改めた）仕事であり（経済的改造）、そのためには分配の変更だけでなく、生産の新しい組織が必要であること、あるいはむしろ、現在の組織された労働にもとづく社会的生産諸形態（現在の工業によって生みだされた）を、奴隷制のかせから、その現在の階級的性格から救いだして（解放して）、全国的および国際的な調和あるしかたで結合する必要がある」、この再生の仕事は、「新しい諸条件が成熟してくる長い過程をつうじてはじめて可能になる」（五一七〜八頁）。

（五）農民と小ブルジョアジー

「労働者階級が社会的主導性を発揮する能力をもった唯一の階級であることが、富んだ資本家だけを除いて、パリの中間階級の大多数（小店主、手工業者、商人）によってさえ、公然と承認された最初の革命」（三二〇頁）であった。ブルジョアジーは、一八四八年に農民の地所に付加税をかけ、いままたプロイセンへの賠償金を主に農民に転嫁しようとしている、として先にふれた経済的利害の観点から、コミューンとの対比が分析される。そのうえで、もちろん両者には深刻な対立もあるとして（五二〇頁）、産業プロレタリアートの運動の物質的基礎は、大規模の組織された労働、集中された生産手段にあるが、他方で農民の労働は、孤立した労働で、生産手段は細分され分散していることが挙げられる。そして、こうした経済的差異のうえに、相異なる社会的および政治的見解の上部構造の一世界が成立している。しかし、この農民的所有は、すでにその正常な段階（すなわち、農民的所有が現実であった段階、農村の生産者そのものを正常な生活条件のもとにおくことができる生産様式であった段階）を越えて、衰退期に入っている。農村プロレタリアートが成長し、また農民的所有そのものが名目的になっている。コミューンは、「農民の名目的な土地所有を彼ら自身の労働の果実の真の所有者に転化することができ、真の独立生産者としての農民の地位を破壊することなしに、近代農学の恩恵に農民をあずからせることのできる唯一の政府形態である」(五二二頁)。

四節　マルクス・エンゲルス「民主主義」論の問題軸

以上の「民主主義」論の展開のなかから、次のような二つの問題軸にそった理論的枠組みをとり出しておくことができるであろう。一つは、資本による労働および社会全体への包摂・支配、資本と国家の関係など、「資本」概念の展開にかかわる問題軸であり、もう一つは、その対極にある「人民・民衆・大衆・国民大衆」あるいは「市民」、つまり人間主体の「生活」―「労働」概念の展開にかかわる問題軸である。

(一)「資本」概念の展開にそって

民主主義が現実の資本制社会で進展していくのは、資本―賃労働の階級関係を機軸にしながらであるが、それは「社会諸集団の関係から生まれてくる小さな個別的利益」から「中央集権的国家に管理される国家的利益」に発展していく(グラムシのいう国家の「経済的＝同業的組合段階」から「一国民を支配する段階」へ(7))。産業ブルジョアジーに対する産業賃金労働者の関係は、当時フランスではまだ「局部的な事実であって、革命の国民的内容」とはなっていなかった。それはまた、産業ブルジョアジーが工業部面だけでなく、商業部面や金融部面をも包摂・支配していくことと重なっていた。そして、その資本はつねに「フランスの対外貿易によって、世界市場におけるフランスの地位と世界市場の法則によって制約されている」ものとしてであった。だから、イギリスとの競争のなかで、保護関税や国家的独占を必要とするものであった。

D・ベンサイド(8)は、資本と賃労働の階級関係は、『資本論』一巻から三巻の体系全体（さらには未完のプラン）をつうじて、全社会構成体のレベルにおいて展開されていかなければならないことを強調する。一巻の資本の生産過程では、直接の搾取関係という最初の抽象的な概念規定がなされ、二巻の流通過程では、資本の生産と循環の一体性のなかでの階級関係、社会的規模での労働者階級の現存（生活諸手段と生産諸手段から切り離された）が、そして三巻の総再生産過程では、競争、利潤率の調整、資本の機能的特化、所得の分配（労賃・利潤・地代）の全体、賃労働者階級・資本家階級・土地所有者階級の三大階級の規定がおこなわれていく。五二章「諸階級」には、中間階層や過渡的階層への言及までが残されている。さらに、商業、信用などの領域にとどまらず、未完のプランにおける「国家」の媒介による教育、健康、住居などの再生産の領域、「世界市場」での諸民族間・諸国家間における階級概念の展開にもつながっていくべきものとされる。これらは、現代の資本主義に対しても開かれた展開の可能性を与えるものであり、「民主主義」論もこのような「資本」概念の全体系にそくして展開されていかなければならないであろうと考えられる。

(二)「人民」「市民」の「生活」概念にもとづいて

「資本」概念の展開の基礎には、その対極として「人民」あるいは「市民」、ひろく人間の「生活」(「物質的生活」「生産的生活」)が置かれている。その「生活(生 Leben)」を支える基本的な条件は「労働」であり(「労働——すなわち個人生活と社会生活の基本的な自然的な条件」)、その労働の資本による疎外が展開されていったのである(9)。近代工業の進歩が資本と労働の階級対立を発展させるとともに、国家はますます労働に対する資本の全国的権力としての性格を帯びるようになり、現実の生きた市民社会から切り離され独立したものとなり対立するようになる。その真の反対物がコミューン＝コミュニズムであり、国家というこの超自然的な奇形児に対する革命であって、人民自身の社会生活を人民の手で人民のために回復したものであった。それは、労働の解放をなしとげるために、「現在おもに労働を奴隷化し搾取する手段となっている生産手段、すなわち土地と資本を、自由な協同労働の純然たる道具に変えることに、個人的所有を事実にしよう」とするものであった。この「彼ら自身の労働の果実の真の所有者に転化すること」、労働と生産手段の所有との一致の回復は、労働者階級だけでなく農民や小ブルジョアジーなど他の諸階級・階層にとっても同様であり、こここにこそ両者の協同・同盟の経済的根拠が置かれていたといえるであろう。そして、あらゆる諸個人・人間が主人公となって統治・統御・自治をおこない、「協同組合の連合体が一つの計画にもとづいて全国の生産を調整し、それを自分の統御のもとに」おくためには、「長期の闘争を経過し、環境と人間をつくりかえる一連の歴史的過程を経過しなければならない」。経済的改造のためには「分配の変更だけでなく、生産の新しい組織が必要であること、あるいはむしろ、現在の組織された労働にもとづく社会的生産諸形態（現在の工業によって生みだされた）を、奴隷制のかせから、その現在の階級的性格から救いだして（解放して）、全国的および国際的な調和あるしかたで結合する必要がある」が、この再生の仕事は「新しい諸条件が成熟してくる長い過程をつうじてはじめて可能になる」、と認識されていた。「民主主義」論は、このような「人民」「市民」の「生活・労働―生産の社会的組織」の諸関係において、主体的な意識的制御をめぐる疎外とその回復の構造全体にそくして、展開されていかなければならないと考えられるのである。

この二つの軸にそっては、資本―賃労働という階級関係とより広い人間・諸個人―社会全体の相互関係とが重なり合いながら、問われていかなければならないであろう。

五節　マルクス・エンゲルス「民主主義」論の展開

以上のような「民主主義」論の視角からみて、枢要と考えられるマルクス・エンゲルスの理論展開を再確認しておくことにしたい。

（一）『経済学・哲学手稿』――「疎外された労働」

初期の『経済学・哲学手稿』（一八四四年）(10)において、マルクス以前の「国民経済学」が批判的に検討され、それが前提とする事実そのもの――私的所有、労働と資本―土地の分離、労賃と利潤―地代の分離が、問い直されていく。かわって、労働者はみじめきわまる商品のところに堕とされ、商品を生産すればするほど貧しくなる、商品・物件の世界の価値化が進むほど、人間の世界の非価値化が進む、という事実から始められる。

そして、周知の「疎外された労働」が四つの規定で説かれていく。①労働が生産するところの対象、労働の生産物からの疎外。労働者は、対象・感性的な外界・自然なしには生きられないが、二重の面において生きる手段から遠ざかり、対象の奴隷となる。労働者は、第一に労働の対象（労働・生産の対象・手段）を、第二に労働者の身体的生存のための生活手段を、疎外された対象として受けとる。②労働そのものの疎外。労働の結果においてだけでなく、生産の行為・生産的活動そのものの内側においても、労働は労働者にとって外的なもの、彼の本質には属さないもの、自由な肉体的および精神的エネルギーの発揮（人間としての活動＝生活）ではなく、強いられた労働・強制労働である。それゆえ、労働は何かの必要を満足させることではなく、労働の外で諸必要を満足させるための一つの手段であるにすぎなくなり、人間的活動のその他の領域から切り離されてしまう。第一の規定が物件の疎外であるのに対して、第二の規定は自己疎外であるとされる。③人間の類的本質からの疎外。「疎外された労働」は、「人間の類的本質を――自然をも彼の精神的な類的能力をも――彼にとっての余所ものたらしめ、彼の個人的生存の手段たらしめる。それは人間から彼自身の体をも、彼の外なる自然をも、彼の精神的本質、彼の人間的本質をも疎外する」（邦訳大月書店版全集、四〇巻四三八頁、以下に直接に引用した文末の巻数・頁数だけのものはこの邦訳全集のもの）。人間は彼の生活活動、生産的生活そのものを彼の意志および彼の意識の対象とし、自由な意識的な活動が動物とは区別される人間の類的性格、類的本質をなす。ところが、疎外された労働は、人間から自然を疎外し、彼の普遍的な共同的な(11)生活活動を疎外することによって、人間から類を疎外し、人間にとって類生活を個人的生活の手段たらしめる。④人間の人間からの疎外。人間が己れ自身に対してあるあり方は、他の人間に対するあり方にもあてはまり、現実化される。労働者は疎外された労働をとおして、労働とは無縁な労働の外にいる人間＝資本家の労働に対するあり方を産み出す。

人間の類的な本質である、対象に対する「自由な意識的な共同的な活動・制御」というところに、「自由」と「民主主義」のもっとも根元的な意味が与えられている、と考えるのである。また、ここでは「労働者の解放だけが問題なのではなくて、彼らの解放のうちに一般人間的な解放が含まれている……人間的奴隷状態は全部、生産にたいする労働者のありかたのうちに絡め込まれていて、あらゆる奴隷的あり方はこのあり方のもろもろの変形と帰結にほかならぬから」（五二一頁）、ということも強調されている。

（二）「史的唯物論」――『ドイツ・イデオロギー』

『ドイツ・イデオロギー』（一八四五〜四六年）では、「史的唯物論」という「歴史観の基本」が述べられる。

「現実的生産過程を、それも直接的生の物質的生産から出発しながら、展開し、この生産様式とつながりそれによって産出された交通形態、すなわち、さまざまな段階における市民社会を全歴史の基礎としてつかみ、そしてそれをその国家としての行動において明らかにしてみせるとともに、また宗教、哲学、道徳等々、意識のありとあらゆるさまざまな観想的な産物と形態を市民社会から説明し、そしてそれらからのそれの成立過程を跡づけるところにあるのであり、その場合にはおのずから事柄もそれの全体性において（それゆえにまたこれらさまざまな側面の相互作用も）明らかにされることができる」（邦訳全集、第三巻二三頁）。

この文に先立つ「歴史」の叙述のところで、「市民社会」と「国家」について次のような説明がなされていた。すなわち、市民社会は、生産力の発展の或る特定の発展段階における「諸個人の物質的交通の全体」「商業的および工業的生活の全体」を包括する。そのかぎりそれは、「それなりに外に対しては国民として認められ、内にあっては国家として編成されざるをえないとはいえ、国家と国民を越えたものである」。市民社会は「あらゆる歴史のほんとうの竈《かまど》であり現場である」が、「市民社会ということばは一八世紀において、所有関係がすでに古代的および中世的共同体から抜け出ていたときに現れた。市民社会らしい市民社会はやっとブルジョアジーとともに展開する」。「上部構造の土台をいつでもなしているところの、じかに生産と交通から展開する社会組織がその間ずっとこの名称でよばれつづけてきた」。(以上、三二頁)

この「ブルジョアジーとともに展開する市民社会」においては、私的所有は共同体から解き放たれて純粋な私的所有――「現代的私的所有」となり、国家は市民社会とならんでその外にある一つの特異な存在物――「現代的国家」となって、支配階級としてのブルジョアジーがその共通の利益を相互に保障し合うための政治的な形態となる(五七～八頁)。そして、その「共同体に包括された私的所有」と「現代的な私的所有」とに対応させて、「自生的な生産用具と所有形態」と「文明的な生産用具と所有形態」が論じられていく。つまり、前者にあっては、諸個人は自然のもとに包括され、所有(土地所有)は自生的直接的支配として現われる。諸個人は何らかのきずなで一団となっている。所有者の非所有者に対する支配は、人的な間柄で、一種の共同体を土台とすることがありうる。そのもとで小さな工業が存在しはするが、「自生的な生産用具」の利用にかぎられる。これに対して、後者においては、諸個人は与えられた生産用具とならんで、自身が生産用具として存在し、労働の一生産物のもとに包括される。所有は、労働の支配、ことに蓄積された労働としての資本の支配として現れる。すでに精神労働と身体労働の分離が実際に遂行されているはずである。諸個人は、相互に独立していて、ただ交換によってのみ一緒にされることを前提する。所有者の非所有者に対する支配は、貨幣という何か第三のものにおいて一つの物的形態をとっている。大きな工業は分業によってのみ成り立つ「文明的な生産用具」の利用にもとづいており、労働の分割、労働条件―道具および材料の分割、「したがってまた、蓄積された資本の、さまざまな所有者への分裂、したがってまた資本と労働への分裂、および所有そのもののさまざまな形態が存在する」（六二頁）。

このように、「大きな工業においては、生産用具と私的所有との矛盾こそ、かかる工業の産物なのであって、このような産物を生みだすには工業がすでに非常に発展していなければならない。したがって、大工業とともに私的所有の廃止もはじめて可能なのである」（六二頁）とされ、「共産主義―交通形態そのものの生産」が展開されていく。大工業の下で発展してくる普遍的な生産力は、諸個人から切り離されて独立の世界として現れる。生産力である諸個人の力は、ただ彼らの交通と連結のなかでのみ現実的な力であるのに、彼らがばらばらに対立したかたちで存在しているからであり、諸個人にとっては私的所有の力なのである。そこでは、「物質的生活」の産出である労働が本来もつべき「自己表出」としての性格から疎外され、逆に物質的生活が目的として現れ労働がその手段として現れるほど、両者は離ればなれになっているとされる。

そのうえで、「いまや諸個人が、存在する生産力の全体を占有しなければならないところまできた」（六三頁）として、一方では、このような「物質的生産用具」に適合した「一つのまとまった全体にまで伸びてきた生産力」、「一つの普遍的交通の枠内でのみ現存する生産力」に対する占有（「物件の疎外」からの回復）が、他方では、占有する主体である諸個人のうちなる諸能力（「自己疎外」からの回復）が展開されていく。それは、「個人の、全体的個人への展開」および「あらゆる自生性の剝奪」（「あらゆる自生的前提をはじめて意識的に従来の人間たちの産物として取り扱う」）、さらには「労働の自己表出への転化」と「従来の制約された交通の、個人としての個人の交通への転化」、「自己表出と物質的生活の一致」と対応している。その占有が遂行されうる道は、「ただ団結と革命のみである」。そして、「団結した諸個人による全生産力の占有とともに私的所有は終わりを告げる」（六四頁、六六頁）――それが「共産主義」なのである。

このような論理の筋には、それ以前の「疎外された労働――私的所有」との関連、そしてまた次にみていく「物件と人格」の相互関係にもとづく人類史の三段階への区分につながっていく内容が、読みとれるように思われる（後のⅢ部三章二節へのつながりをも参照）。

同じころに著されたマルクス・エンゲルス『共産党宣言』（一八四七年）のなかでも、次のような叙述がある。――「近代のブルジョア的な私的所有」は、「資本と賃労働の対立をつうじて運動している」。「資本は個人的な力ではなく……社会的な力である。したがって、資本が共同の所有、社会の全成員に属する所有に変えられても、個人の所有が社会の所有に変わるわけではない。所有の社会的な性格が変わるだけである。すなわち、所有はその階級的な性格を失うだけである」。他方で、賃労働については、「賃金労働者がその活動によって取得するものは、彼のやっと生きているというだけの生命を再生産するのに、たりるだけのものでしかない」。この「個人的所得」を廃止しようとするものではなく、ただその悲惨な性格、つまり「労働者が資本を増殖するためだけに生き、支配階級の利益が必要とするあいだだけ生きる」というこの取得の悲惨な性格を廃止しようとしているにすぎない。「ブルジョア社会では、資本が独立性と個性をもっており、これに反して、活動する個人には独立性もなければ、個性もない」（以上、四巻四八八～九頁）。そして、労働者革命の第一歩は、プロレタリアートを支配階級の位置に高めること、民主主義をたたかいとることである」。「この古い生産諸関係とともに階級対立の存立条件、階級一般の存立条件を廃止し、それによってまた階級としての自分自身の支配をも廃止する」。かくて、「各人の自由な発展が万人の自由な発展の条件であるような一つの結合社会が現れる」（四九四～六頁）とされる。「労働の疎外」を克服した「多数の人々の」そして「あらゆる人々の」「自由」・「独立性と個性」と「民主主義」・「主体的な意識的制御」の獲得である。

なお、一八五〇年代の経済学批判体系の研究を経た後の「史的唯物論」の基本は、周知の『経済学批判』「序言」（一八五九年）で再定式化されているが、そこでは社会の土台（経済的「構造」）に関わって「交通形態」や「市民社会」という用語がなくなり、かわってそれらが「生産諸関係」という経済学的概念にふくめて用いられるようになっている。資本制社会においてはその内容は、物質的生産における「自立した諸個人」の間の「商品—貨幣」を媒介にした関係、なによりも「資本と賃労働」の関係として理解していくことができるであろう。

（三）『経済学批判要綱』——「物件と人格」、人類史の三段階

『経済学批判要綱』（一八五七〜五八年の経済学草稿、『経済学草稿集』①②、大月書店、一九八一・九三年、高木幸次郎監訳・第一〜五分冊、大月書店、一九五八〜六五年、以下の頁数は原書のものを記す）においては、「貨幣（交換価値）」によって媒介された「資本」と「労働」がどのように展開をとげていくのかが究明される（「序説（経済学の対象と方法）」「貨幣にかんする章」「資本にかんする章」——このなかに〈資本主義的生産に先行する諸形態〉が含まれる」）。

この物件に依存した人間と人間の関係が、人類史の三つの段階のなかに位置づけられていった。①第一段階「人格的な依存の諸関係（最初はまったく自然生的）は最初の社会形態

であり、この諸形態においては人間的生産性は狭小な範囲においてしかまた孤立した地点においてしか展開されない」。②第二段階「物件的依存性のうえに築かれた人格的独立性は第二の大きな形態であり、一般的社会的物質代謝、普遍的諸関連、全面的諸欲求、普遍的諸力能といったものの一つの体系が形成されるのである」。③第三段階「諸個人の普遍的発展のうえにきづかれた、また諸個人の共同体的、社会的、生産性を諸個人の社会的力能として服属させることのうえにきづかれた自由な個体性は、第三の段階である。第二段階は、第三段階の諸条件をつくりだす」。（九一頁）

第一段階では、土地所有と農業とが経済制度の基礎をなしており、使用価値の生産と共同体の成員としての個人の再生産が、その経済的目的であった。労働の主たる客観的諸条件は自然生的に現存しており、個人も自然生的な（あるいはその変形した）共同体の成員としてのみ定在しえた。その下で、私的所有や個人的所有、また奴隷制や封建制などの第二次的な階級的所有も生まれるが、第一段階での労働と客観的諸条件との自然生的な統合にもとづく人格的な依存の関係を変えるものではなかった。

第二段階になって、労働と客体的諸条件の分離、資本と労働の完全な分離が起こり、自然生的な大地や個別分散的な労働用具そして共同体の狭い枠から人間を解放し、自立した個人とその社会的な関係の全面化を生みだす。そして、自然的な欲求の限界を超えた社会自体からうまれる絶えず拡大し豊かになっていく欲求と、能力の包括的な一般性と全面性を発展させていく。しかし、それは労働が生産手段から切り離されることによってもたらされたものであるがゆえに、労働生産物および労働そのものが労働する個人から失われ、一方での他人のものとしての富の生産、他方での自分のものとしての「萎縮した労働能力」の生産が続けられていく。以前の生産の目的であった使用価値と共同体の成員としての個人の再生産、その欲求と能力など「人間的諸力」そのものの発展（「人間内奥の完全な創出」）ということは全く「空虚」なものとなってしまう。また、個人の自立性と社会的関連の全面化が、商品を媒介にして達成されていくがゆえに、生産者に対する生産物の支配、お互いに「無関心」な個人の衝突から生じる関係のもとへ個人が従属させられていく。だが、この第二段階での分離の下で発展していく資本の集積と分業―協業、労働の結合（コンビネーション）を足場にして、労働者の自覚的な団結と協同（アソシエーション）が強まり、第三段階への転化がなしとげられていく。

この第二段階で、貨幣によって媒介される資本と労働の関係では、交換価値と使用価値は相互に関係させられ、一方（資本）は交換価値として労働に相対し、そして他方（労働）は使用価値として資本に相対している。だから、使用されること＝「労働」・生産的活動においてはじめて現実化されるのであって、購買された「労働力」のままではたんなる可能性であるに過ぎない（一八九～九〇頁）。その生産過程においては、価値の増大だけが目的となり、労働（生きた労働）がその対象および労働そのものから疎外され、他人のものとしての「所有」（対象化された労働）が現れる。「自己の労働」にもとづく「所有」という想定は転化して、労働は「他人の所有」をつくりだすことに等しく、所有は「他人の労働」を支配するに等しいことが明らかとなる（「所有法則の転換」）。この交換と流通の過程における「自由」と「平等」は、近代における自立した諸個人の存在という「生産的で実在的な土台」（一六八頁）にねざすものであるが、資本制社会のより深い本質としての生産過程においては労働にとって「不自由」と「不平等」として現れるようになる。「貨幣体制は事実、平等と自由の体制なのであるが、この体制がさらに発展するなかで自由と平等のまえに妨害的に立ちはだかるものは、この体制に内在する妨害要因なのであり、やがては不平等と不自由として化けの皮をあらわすような平等と自由の現実化にほかならない」（一七二頁）。ここでは「ブルジョア民主主義」（一六五頁）についても言及されており、このような歴史的過程の展開のなかでそれらの「現実化」と深化が位置づけられようとしていることが解る。

（四）『資本論』——資本の蓄積と労働の「アソシエーション」

『資本論』（第一巻、一八六七年、邦訳、社会科学研究所監修・資本論翻訳委員会訳、新書版、新日本出版社、一九八二年。多くの邦訳があるため以下の引用は原書の頁数を記す）では、生産手段に対する所有とそれから切り離された労働との関係が基軸に置かれ、「価値」範疇がその資本と労働の間でどのように関わっていくのか、それが資本の価値＝剰余価値追求の運動にそくして展開されていく。

◎後の諸章で「権利論的アプローチ」として具体化されていくもの

まず「絶対的剰余価値」の生産において、資本と労働の間での「労働力」商品の売買をめぐる交換過程では、商品所有者どうしの売り手あるいは買い手としての「自由」と「平等」が出発点となり基礎となるが（第一巻一八二〜三頁）、「労働力」の実際の消費である労働過程・生産過程においては、資本の側は買い手としてのその使用の権利を主張し、労働の側は「労働力＝人間の再生産」が前提であるから「正常な」人間らしい労働や生活の諸条件が充たされることを当然主張する。「どちらも等しく商品交換の法則によって保証されている権利対権利である。同等な権利と権利とのあいだでは強力がことを決する」（二四九頁）。そして、「労働時間」の延長と短縮をめぐる闘争が繰りひろげられていくことになるが、そのさい「孤立した労働者、自分の労働力の『自由な』販売者としての労働者が、資本主義的生産がある一定の成熟段階に達すると抵抗できずに屈服する」（三一六頁）ことが明らかとなり、「結社（アソシエーション）」や「労働組合」による団結が生まれ、「資本家階級と労働者階級とのあいだでの闘争に発展していく。そして、「国家権力によって施行される一般的法律」——「工場立法」をひきだしていくことになる。

労働時間の短縮は、自由時間の拡大、「人間的教養のための、精神的発達のための、社会的役割を遂行するための、社会的交流のための、肉体的・精神的生命力の自由な活動のための時間」（二八〇頁）を確保し、「労働者たちを自分自身の時間の主人公にすることによって、彼らがいつかは政治権力を掌握するにことを可能にする精神的エネルギーを彼らに与えた」（三二〇頁、工場監督官報告書よりの引用）。資本と労働の対抗関係が、人間の自由（時間）の拡充という基本的な枠組みのなかで位置づけられる。労働時間についてだけでなく、国家の法律によって賃金や労働諸条件、さらには公衆衛生や義務的教育にいたるまでの「社会的諸制度」がかちとられていき、やがて資本の「所有権」に対抗して「労働権」「生存権」、「社会権」などとして確立されていくことになる。この「人間らしい」生活＝労働の規準（ノルム）や規則（ルール）は、社会経済的次元において民主主義を現実化させていくものとなる（「ルールある経済社会」）。ここに、「自立した諸個人のアソシエーション」の力によって、「資本」の疎外を克服していく基本的道筋が示されているといえるであろう。これらは、後で検討を加えていく自由―平等論における「権利論的アプローチ」と称されるものに関わる内容をなすといえる。

◎後の諸章で「労働能力論的アプローチ」として具体化されていくものについで「相対的剰余価値」の生産の諸段階にそくして展開されていく。協業は、それに入る個別的諸労働の調和をはかる指揮・監督・媒介の機能を必要とするが、それが資本の統括の下でおこなわれるところから、生産過程における労働の内容としての精神的力能が労働から疎外されて資本に移譲され、精神的労働と肉体的労働との分離・対立がうみだされていく。これらの管理機能はしだいに分離されて、結合された労働者によって担われていくことにもなるが、「産業仕官（マネージャー）」と「産業下士官（職工長）」と「産業兵卒」、「労働監督者」と「筋肉労働者」からなる支配・従属の階層的構造が貫かれていくのである（三五〇～五二頁）。マニュファクチュアは、個別的労働力の根源を襲ってその労働様式を根本的に変革し、分業と専門的特殊機能化を発展させるが、部分労働者を生涯にわたる不具の奇形者として、資本への無条件的従属の技術上の根拠を与える。資本のもとへの労働の形式的包摂と実質的包摂。機械制大工業は、技術的にはこのような旧来の分業体系をくつがえし、労働の均等化または水平化の傾向をうみだし、また労働の転換、労働の流動、労働者の全面的可動性をもたらし、将来の「全体的に発達した個人」の物質的基礎をつくりだす。しかし、他面では「その資本主義形態においては、古い分業をその骨化した分立性とともに再生産する」（四二二頁、五一一～一二頁）。人間の発達は、このような精神的力能の喪失と支配・従属の階層的構成による労働の一面化を止揚していくことと結びついてもたらされていくが、そのさいの一つの要因に先の「工場立法」の教育条項による労働と教育の結合があげられる。

このようにして、総括的に「工場立法の一般化は、生産過程の物質的諸条件および社会的結合とともに、生産過程の資本主義的形態の諸矛盾と諸敵対とを、それゆえ同時に新しい社会の形成要素と古い社会の変革契機とを成熟させる」（五二六頁）。これらは、後で検討を加えていく自由―平等論における「労働能力論的アプローチ」と称されるものに関わる内容をなすといえるであろう。

◎資本の蓄積と「人間疎外」の蓄積

さらに一巻七編「資本の蓄積過程」では、「所有は、いまや、資本家の側では他人の不払労働またはその生産物を取得する権利として現われ、労働者の側では自分自身の生産物を取得することの不可能性として現われる。所有と労働との分離は、外見上は両者の同一性から生じた一法則の必然的帰結となる」（六二〇頁）という二二章一節「商品生産の所有法則の資本主義的取得法則への転換」が論じられる。そのうえで、この七編の二三章「資本主義的蓄積の一般的法則」において、それまでの体系的展開の内容をそれぞれ凝縮するような言葉を使って、次のようなまとめが与えられる。

「資本主義制度の内部では、労働の社会的生産力を高めるいっさいの方法は、個々の生産者の犠牲として行われるのであり、生産を発展させるいっさいの手段は、生産者の支配と搾取の手段に転化し、労働者を部分人間へと不具化させ、労働者を機械の付属物へとおとしめ、彼の労働苦で労働内容を破壊し、科学が自動的力能として労働過程に合体される程度に応じて労働過程の精神的力能を労働者に疎遠なものにするのであり、またこれらの方法・手段は、彼の労働条件をねじゆがめ、労働過程中ではきわめて卑劣で憎むべき専制支配のもとに彼を服従させ、彼の生活時間を労働時間に転化させ、彼の妻子を資本のジャガノートの輪のもとに投げ入れる。しかし、剰余価値の生産のいっさいの方法は、同時に蓄積の方法であり、その逆に蓄積のどの拡大も、右の方法の発展の手段となる。それゆえ資本が蓄積されるのにつれて、労働者の報酬がどうであろうと――高かろうと低かろうと――労働者の状態は、悪化せざるをえないということになる。最後に、相対的過剰人口または予備軍を蓄積の範囲と活力とに絶えず均衡させる法則は、ヘファイストスの楔がプロメテオスを岩に縛りつけたよりもいっそう固く、労働者を資本に縛りつける。この法則は、資本の蓄積に照応する貧困の蓄積を条件づける。したがって、一方の極における富の蓄積は、同時に、その対極における、すなわち自分自身の生産物を資本として生産する階級の側における、貧困、労働苦、奴隷状態、無知、野蛮化、および道徳的堕落の蓄積である」（六七四～五頁）。

◎資本主義的蓄積の歴史的位置づけ

そして、最後に二四章七節「資本主義的蓄積の歴史的傾向」において、それらが生成と発展、そして共産主義への転化の過程のなかに位置づけられていくのである。その生成の過程は「本源的蓄積」と呼ばれ、「生産者と生産手段との歴史的分離過程にほかならない」（七四二頁）。すでに見ておいたように、人類史の第一段階にあっては、労働と客観的諸条件とは自然生的な癒合の下に包括され、またそれらの隷属的諸関係のなかで生まれる小経営生産様式・自分の労働にもとづく私的所有も個別分散的な労働用具の狭小な限界に閉じ込められたものであった。「それは、生産手段の集積を排除するのと同じように、同じ生産過程のなかでの協業や分業、自然に対する社会的な支配と規制、社会的生産諸力の自由な発展、をも排除する」（七八九頁）。

この労働者からの生産手段の収奪が十分な深さと広がりをもって旧社会を分解させてしまえば、こんどは収奪は別の形をとり、「集中」つまり「少数の資本家による多数の資本家の収奪」が進む。資本の集積と集中の下で、「ますます増大する規模での労働過程の協業的形態、科学の意識的な技術的応用、土地の計画的利用、共同的にのみ使用されうる労働手段への労働手段の転化、結合された社会的な労働の生産手段としてのその使用によるすべての生産手段の節約、世界市場の網のなかへのすべての国民の編入、したがってまた資本主義体制の国際的性格が、発展する」（七九〇頁）。

「この転化過程のいっさいの利益を横奪し独占する資本家の数が絶えず減少していくにつれて、貧困、抑圧、隷属、堕落、搾取の総量は増大するが、しかしまた、絶えず膨張するところの、資本主義的生産過程そのものの機構によって訓練され結合され組織される労働者階級の反抗もまた増大する。資本独占は、それとともにまたそれのもとで開化したこの生産様式の桎梏となる。生産手段の集中も労働の社会化も、それらの資本主義的な外皮とは調和しえなくなる一点に到達する。この外皮は粉砕される。資本主義的私的所有の弔鐘が鳴る。収奪者が収奪される」（七九〇〜九一頁）。

「資本主義的生産様式から生まれる資本主義的取得様式は、それゆえ資本主義的な私的所有は、自分の労働にもとづく個人的な私的所有の最初の否定である。しかし、資本主義的生産は、自然過程の必然性をもってそれ自身の否定を生みだす。これは否定の否定である。この否定は、私的所有を再建するわけではないが、しかし、資本主義時代の成果――すなわち、協業と、土地の共有ならびに労働そのものによって生産された生産手段の共有――を基礎とする個人的所有を再建する」（七九一頁）。

◎「株式会社」と「生産協同組合」

『資本論』第三巻では、資本主義的生産の内部における資本の側での形態の変化、私的資本から社会資本（会社資本、直接にアソシエートした諸個人の資本）への転化が、「株式会社」にそくして論じられている。そこでは、「貨幣資本家」が「機能資本家」（マネージャー）と分離し、所有が機能（経営）と分離し、現実の再生産過程の機能から切り離される。マネージャーから最下級の賃労働者にいたるすべてをふくむ現実の生産者にたいして、生産手段が他人の所有として疎外され対立する。それは、資本が現実の生産者たちの所有に転化され、再生産過程の機能がアソシエートした生産者たちの機能（社会的機能）に転化されていく通過点となるのであり、資本主義的生産の内部での対立の消極的な止揚であるとされる。他方で、労働の側での「生産協同組合」の形成は、この工場の内部でではあるが、その対立を積極的に止揚しようとする意義をもっている（第三巻四〇一〜三頁、四五二〜五六頁）。これらは、後で検討する将来社会に向けての企業組織などに対する民主主義的変革論のさいに、しばしば依拠される内容ともなる。

◎『資本論』における「共産主義社会」の特徴づけ

資本制社会と対比させながら、『資本論』ではその他にも「共産主義社会」（という用語が使われているばあいもある、二巻四一六頁、二巻三一六頁）の特徴づけが与えられているところがある。総括的なものとしては、「共同的生産手段で労働し自分たちの多くの労働力を自覚的に一つの社会的労働力として支出する自由な人々の連合体（アソシエーション）」……「社会的生活過程の、すなわち物質的生産過程の姿態は、それが、自由に社会化された人間の産物として彼らの意識的計画的管理のもとにおかれる」（一巻「商品論」九二〜三頁）、「社会化された人間、結合した生産者たちが、盲目的な力によって支配されるように自分たちと自然との物質代謝によって支配されることをやめて、この物質代謝を合理的に規制し自分たちの共同的統制のもとに置くということ、つまり、力の最小の消費によって、自分たちの人間性に最もふさわしく最も適合した条件のもとでこの物質代謝を行うということである」（三巻「三位一体論」、八二八頁)。

つまり、その特徴は、まずなによりも「自由な諸個人」ということであろう(他にも「各個人の完全で自由な発展を基本原理とするより高度な社会形態」一巻六一八頁)。また、諸個人の自由な意思にもとづく結合体(アソツィアツィオーン)ということである(他にも「社会の資本主義形態が止揚されて、社会が意識的かつ計画的な結合体として組織されるもの」三巻六七三頁)。さらに、その自由な諸個人の協同によって物質代謝過程が意識的に管理・規制・制御されていくところにある(他にも「生産が社会のまえもっての現実の管理のもとにある」三巻一九七頁、「生産者たちが自分たちの生産をまえもって作成した計画に従って規制する社会」三巻二七一頁)。

そして、それらは『資本論』の結びのような位置づけで、周知の「必然の国」から「自由の国」の叙述に受け継がれていく。「社会化された人間、結合した生産者たちが……この物質代謝を合理的に規制し自分たちの共同的統制のもとに置くということ、つまり、力の最小の消費によって、自分たちの人間性に最もふさわしく最も適合した条件のもとでこの物質代謝を行うということである。しかし、これはやはりまだ必然性の国である。この国のかなたで、自己目的として認められる人間の力の発展が、真の自由の国が始まるが、しかし、それはただかの必然性の国をその基礎としてその上にのみ花を開くことができるのである。労働日の短縮こそは根本条件である」(三巻「三位一体論」、八二八頁)。「自由」な自立した諸個人が、「平等」な立場で自覚的にとり結ぶ「アソシエーション」に基づいて、自分たちの関係および自分たちと自然との関係を主人公として主体的に意識的に制御していく（「民主主義」）、というのである。まさに、「自由・平等、民主主義」の十全な発展と重なり合うものとしてある。

そのさい、民主主義論にとっては「自立した諸個人のアソシエーション」という概念は、一方での市場経済論の軸をなす「商品―貨幣」範疇の展開と他方での「資本―労働」の階級関係の展開との間で、いわば両者の結節点のような位置を占めるものであった。つまり、「自立した諸個人」が「労働力」商品の売買・交換の過程によって媒介され、「資本」は価値として「労働」は使用価値として相対するようになり、その商品が使用されること＝「労働」・生産の過程ではじめて「現実化」されうるのである。その生産過程では、価値量の増大（剰余価値）だけが目的となって、人間の貧困が蓄積されていく。その交換と流通の過程における「自由」と「平等」は、近代社会における自立した諸個人の存在という「生産的で実在的な土台」にねざすものであったが、資本制社会のより深い本質としての生産過程においては労働にとって「不自由」と「不平等」として現れるようになる。そして、その自由と平等のいっそうの深化・「現実化」がおこなわれていくのも、「自立した諸個人のアソシエーション」の力によって資本に対抗する「労働権」「生存権」、そして「社会権」などが確立され、社会経済的次元においても民主主義的な制御が実質化されていくことによってである。「アソシエーション」の概念は、資本制社会の下で資本に対抗する民主主義的制御とやがてはその止揚をかちとっていく現実的な原動力をなすものであり、同時に将来の共産主義社会の基本的な構成原理をなすものでもあった。

（五）『ゴータ綱領批判』――共産主義社会と平等の発展

『ゴータ綱領批判』（一八七五年、邦訳大月書店版全集、一九巻、以下はその頁数）は、当時ラサール派の影響を受けていた「ドイツ労働者党綱領」批判としてマルクスが書いたもので、資本主義社会と共産主義社会とのあいだには革命的転化の時期があり、この時期に照応して政治上の過渡期があり、この時期の国家はプロレタリアートの執権以外のなにものでもありえないこと、そしてその共産主義社会には「第一段階」と「「より高次な段階」があることを、人間発達の平等論的視点から明らかにしている。

そのさい、「ラサールの影響で、綱領は偏狭にも『分配』だけしか眼中においていない」（一九頁）が、「いつの時代にも消費手段の分配は、生産諸条件そのものの分配の結果にすぎない。しかし、生産諸条件の分配は、生産様式そのものの一特徴である」（二二頁）。物的生産諸条件が労働者自身の協同的所有であるなら、その結果としての社会の総生産物も労働者の協同的所有になる。そして、それは次のような順序で分配されていく。

まず、その社会的総生産物から、次のものが控除される。①消耗された生産手段を置きかえるための補填部分。②生産を拡張するための追加部分。③事故や天災による障害に備える予備積立（フォンド）または保険積立。以上の三つの控除は、「もちあわせている手段とちからにおうじて、また一部は確率計算によって決定されるべきもの」（二九頁）である。

総生産物の残りの部分は消費手段としての使用にあてられるが、各個人に分配されるまえに次のものが控除される。④直接に生産に属さない一般管理費。この部分は最初から、今日の社会にくらべればひどく縮小され、そして新社会が発展するにつれますます減少する。⑤学校や衛生設備等々のようないろんな欲求を共同でみたすためにあてる部分。この部分は最初から、今日の社会にくらべてひどくふえ、そして新社会が発展するにつれてますますふえる。⑥労働不能者のための元本（フォンド）。

その後で初めて、個々の生産者の間に分配される消費手段の部分の問題になり、ここで共産主義社会の「第一段階」と「「より高次な段階」の区別にふれられる。

「いまようやく資本主義社会から生まれたばかりの共産主義社会」、「あらゆる点で、経済的にも道徳的にも精神的にも、その共産主義社会が生まれでてきた母胎たる旧社会の母斑をまだおびている」段階においては、生産者は彼が社会に与えたのと正確に同じだけのものを（先の①から⑤の部分を控除したあとで）返してもらう。ここでは明らかに、商品交換が等価物の交換であるかぎりこの交換を規制するのと同じ原則が支配している。ただし、内容も形式も変化している。なぜなら、だれも自分の労働のほかにはなにもあたえることはできないし（他人の労働の搾取は無い）、また個人的消費手段の他にはなにも個人の所有に移りえないからである（生産手段の私的所有は無い）。

しかし、こんな進歩があるにもかかわらず、この平等の権利はまだつねにブルジョア的権利につきまとわれている。生産者の権利は生産者の労働給付に比例する。平等は、等しい尺度で、すなわちここでは労働で測られる点にある。この権利はなんの階級区別をも認めない。しかしそれは、労働者の不平等な個人的天分と給付能力の不平等を、生まれながらの特権として暗黙のうちに承認している。人々はただ労働者としてだけ考察され、彼らのそれ以外の点には目は向けられず、ほかのことはいっさい無視される。さらに、家族構成の違い（結婚、子ども数）等々による欲求充足の不平等も無視される。こうした欠陥は、共産主義社会の第一段階では避けられない。権利は、社会の経済構造およびそれによって制約される文化の発展よりも高度であることはけっしてできない。

共産主義社会のより高度な段階で、すなわち個人が分業に奴隷的に従属することがなくなり、それとともに精神労働と肉体労働との対立がなくなったのち、労働がたんに生活のための手段であるだけでなく、労働そのものが第一の生命欲求となったのち、個人の全面的な発展にともなって、またその生産力も増大し、協同的富のあらゆる泉がいっそう豊かに湧きでるようになったのち――そのときはじめてブルジョア的権利の狭い限界を完全に踏みこえることができ、社会はその旗の上にこう書くことができる――各人はその能力におうじて、各人にはその必要におうじて！（現段階における平等論の具体的な展開については、以下のとくに第Ⅲ部二章を参照）。

【補説1】『周縁のマルクス』（アンダーソン）と民主主義論

ケヴィン・B・アンダーソン『周縁のマルクス』(12)は、当時その大部分が資本主義の周縁部にあった社会に関するマルクスの膨大な著作（なかには新MEGA『マルクス・エンゲルス全集』でいま公刊中のものを含む）のなかから、二つの研究群を取り出してきて纏められた浩瀚な書である。著者自身による言葉でその結論的部分を要約すると――

【第一の著作群】は、ロシア、インド、中國、アルジェリア、インドネシアのように、西ヨーロッパの社会構造とは明白に異なる社会に関する研究。マルクスは、非西欧社会の将来の発展にかんする問題、より特殊にはその革命に対する展望、資本に対する抵抗としての展望の問題に取り組んだ。マルクスの展望は年を追うごとに進化していった。一八四〇年代においては暗黙のうちに単線的な見方であったが、しかしより複線的な見方へと変化していった。一八八一〜八二年までに、マルクスは次のような可能性を構想するまでになった。すなわち、ロシアの小農を基礎にした革命運動が西ヨーロッパの労働者階級の運動と結合することができるならば、ロシアは進歩的な非資本主義的方法で近代化することができる、というものである。

【第二の著作群】は、被抑圧民族およびエスニック集団――ポーランド、アイルランド、イギリスにおけるアイルランド労働者およびアメリカ合衆国における黒人、そして主要資本主義諸国における民主主義運動および労働運動に対する彼等の関係――に関するマルクスの諸著作。一八六〇年代、二つの最も強力な資本主義社会であるイギリスおよびアメリカ合衆国における労働者階級の運動を、マルクスが評価するさいの核心となったのは次のことであった。それらの国の政府によって被害を受ける国の側に台頭するかなり進歩的な民族主義運動を支持しないならば、または、それ自身の社会内部のエスニック少数派に対する人種差別主義と闘うことをしないならば、労働運動は自分自身の発展を遅らせる危険に、それどころか発展を中断させる危険にさえ身をさらすことになる。

つまり、マルクスは資本に対する闘争における西洋の労働者階級の同盟者を、世界史的視野にたって探求し続けたのである。

そしてアンダーソンは、この書の「結論」の章で、次のように締めくくる――

本書の研究で、マルクスが単線的でも排他的に階級に依存するのでもない、社会的変化の弁証法的理論を発展させたことを述べてきた。より複線的な方向へと発展していき、革命理論がエスニシティ、人種、ナショナリズムと階級との交差にますます集中し始めた。マルクスにおいては、確かにすべてを支配する単一の統一体、すなわち資本の批判ということがその知的企て全体の中心をなしていた。マルクスは、いかにして資本の力が地球を支配したのかを分析した。資本はあらゆる社会に入り込み、はじめて普遍化を押し進める産業と貿易の世界的システムを創造し、それとともに抑圧された産業労働者階級という新たな普遍的階級を創造した。

しかし他方では、マルクスの成熟した社会理論は、総体性の概念をめぐって展開しており、その概念はたんに特殊性や差異についての広範な視座を提供するだけでなく、またそれら特殊性を総体性に対する規定要因にするのである。アイルランドの民族革命が英国の資本主義を転覆するのを助ける「梃子」となるかもしれないと主張した。ロシア農村共同体にねざした革命がヨーロッパ規模の共産主義的発展にとっての出発点としての役割を果たすかもしれないと書いた。マルクスは、どのような特殊な仕方で、資本と階級の普遍化する諸力が特定の社会ないし社会集団において現れてくるのかという問題を解明しようとした。

最後にアンダーソンは、もう一つの問題、マルクスの多文化的で複線的な弁証法が今日のグローバル化された資本主義の解明にとってもつ意義（三点にわたって、①一般的な理論的ないし方法論的なレベルでもつ意義、②資本によって十分に支配されていない地域でグローバル資本主義に直面した今日の土着的運動の理論化にとってもつ意義、③人種、エスニシティ、ナショナリズムと階級との交差の次元においてもつ意義）について、問題を投げかけて終わっている。

私もまた、マルクス後期の著述における世界史的視野にたった「エスニシティ、人種、ナショナリズム」などの民主主義運動と「資本―労働」の階級運動との交差への探究がもつ現代的意義を、極めて大きいと考えるものである。後の諸章で検討していく「民主主義の制度化」における先資本主義的社会経済構成との関わりの問題も、そのような関心を受けての試みである。

〔補説2〕「自立した諸個人のアソシエーション」をめぐって

◎マルクス「アソシエーション」概念の体系的研究とその意義

マルクスの「アソシエーション」概念については、すでに詳細な文献学的にも裏付けされた大谷禎之介氏の研究がある（『マルクスのアソシエーション論』）(13)。マルクスが資本主義社会の分析によって発見した未来社会＝「社会主義・共産主義」の像について、それが「労働する自由な諸個人のアソシエーション」の社会と呼ばれ、そのなかでの「各個人の十全で自由な発展」がめざされていたということを、初期の『ヘーゲル国法論批判』『経済学・哲学手稿』からはじめて『ドイツ・イデオロギー』──『経済学批判要綱』──『資本論諸草稿』そして『資本論』、『ゴータ綱領批判』に至るまで、終始一貫してたどりながら論証されようとした。

「アソシエーション」という用語は、これまで「協同（あるいは共同）・協同組合・協同生活・協同団体・協同社会・協同関係」「結合」「連合」「連帯」「結社」「協会」などさまざまに邦訳され、概念的にも必ずしも統一的なものとして深く掘り下げられてこなかったものとされる(14)。それには、社会主義をもっぱら「生産手段の社会的所有」として特徴づけ、それを「国家」と結びつけて強調していく、その陰で「個人・人間」の疎外が進行していったこれまでの「現存社会主義」のあり方に由来する伝統的な捉え方が関っていたのであった。だから、その二〇世紀「現存社会主義」に対する深刻な反省と批判のうえにたって、根底的にふたたびマルクスそのものに忠実にたちかえり、「個人・人間」を基軸に据え直したところから社会主義論を再構築していこうとする試みは、大きい意義をもつものであった。

そこでは、まず「アソシエーション」という概念が、次のような七つの面から特徴づけられていく（同上書の中心をなす第I部第一章）。①労働する諸個人が疎外を脱して「人間として生産」する社会システムである、②その労働は「直接に社会的な労働」であり共同的生産が前提で、非商品・非市場経済である、③生産過程の意識的計画的な制御がおこなわれる、④資本主義的生産のもとで発展してくる「社会的生産」、⑤社会的生産および資本主義社会のなかにすでに潜在的に存在している生産手段の社会的利用・占有が、労働する諸個人が労働の客体的諸条件を自己のものとして取り戻すことによって顕在化させられていく、生産手段の「社会的所有」、⑥所有のあり方の本質的変化をあらわすのは「個人的所有の再建」ということであり、アソーシエイトした自由な社会的諸個人による所有、そのもとで「各個人の十全で自由な発展」がもたらされていく、⑦新しい社会システムを特徴づける「協同組合的な社会」（資本主義のなかから生みだされてくる過渡的形態としての「協同組合工場」と「株式会社」への言及、『資本論』第三巻）。なお、「アソシエーション」「アソーシエイする」という用語が能動的・自覚的・自発的な意味をもっていることが、他方での受動的な意味の「コンビニールト」（結合され）との対比で、検証されている。他にも、例えば「社会経済構成体」や「労働の外化・疎外」「労働の絶対的窮乏」などの諸概念にかんしても、最新の原語版『マルクス＝エンゲルス全集』（ＭＥＧＡ、新メガ）による厳密な文献学的検討が加えられており、詳細な注をも含めてさながら『マルクス・レキシコン』としても、今後にわって役立てられていくに違いない有用なものとなっている。

そのうえで、『資本論』の全論理体系にそくして「アソシエーション」の形成と発達の過程が展開される（同上書のⅢ部）。その主要な論点は、すでに検討しておいたような絶対的剰余価値論における労働日の限界をめぐる資本との闘い、相対的剰余価値論における資本のもとへの労働の実体的包摂（協業――マニュファクチュア――機械制大工業）、蓄積過程論における所有法則の資本主義的取得法則への転回、そして「本源的蓄積」と「資本主義的蓄積の歴史的傾向」における「個別者としての個人による労働と生産諸条件との結合――それらの分離――アソーシエイトした諸個人によるそれらの再結合」、という体系的な展開である。説明が諸個人に焦点が合わされているように受け取られるかも知れないが、そこでは諸個人と生産諸条件との関連が要となってくる。それで、最後に全体の「補足的な強調」として「なぜ所有形態変更から始めなければならないのか」（第九章）が論じられ、「収奪者の収奪」（労働者による生産手段の取り戻し、生産手段の「社会的所有」）の意義が再び強調される。そして、「アソシエートした自由な諸個人が、労働諸条件に対してまた他の諸個人に対して、自分の個性を十全に発揮するようなかたちで関わる」（四一三～四頁）ということが、マルクスの「個人的所有の再建」の本義なのであるとされる。

◎「アソシエーション」社会への移行期をめぐっての課題

さて、ここで問題になってくるのは、このような「アソシエーションの生産様式」「「アソシエーション社会」への「移行期（過渡期）」の問題であり、それがどれくらいの長さでどのような仕方で経過していくのか、というその具体化に関わってくることである。

この具体化の問題をめぐっては、これまでからも関連する二つの理論軸が論議されてきたように思われる(15)。一つは、「生産手段の取り戻し」「労働者による生産手段の社会的所有」あるいは「個別者としての個人による労働と生産諸条件との再結合（個人的所有の再建）」など、「生産手段・生産諸条件」との間での所有関係に視点を置くものである。もう一つは、そのさいの「労働あるいは人間」の発達に視点を置こうとするものである。前者のばあい、例えば『資本論』一巻二四章七節「資本主義的蓄積の歴史的傾向」では、「諸個人の自己労働にもとづく分散的な私的所有の資本主義的な私的所有への転化は、もちろん、事実上すでに社会的生産経営にもとづいている資本主義的所有の社会的所有への転化よりも、比較にならないほど長くかかる、苦しい、困難な過程である。まえの場合には少数の横奪者による人民大衆の収奪が行われたが、あとの場合には人民大衆による少数の横奪者の収奪が行われる」（原書七九一頁）。他方で、後者の人間の発達をも含むばあいには、例えば『フランスにおける内乱』「同第一草稿・第二草稿」（本書第Ⅰ部第一章三五頁参照）では、「現在おもに労働を奴隷化し搾取する手段となっている生産手段、すなわち土地と資本を、自由な協同労働の純然たる道具に変えることによって個人的所有を事実にしよう……」「……協同組合の連合体が一つの計画にもとづいて全国の生産を調整し、そしてそれを自分の調整のもとにおき……」「自分自身の解放をなしとげ、それとともに、現在の社会がそれ自身の経済的作因によって不可抗的に目ざしている、あのより高度な形態をつくりだすためには、労働者階級は長期の闘争を経過し、環境と人間とをつくりかえる一連の歴史過程を経過しなければならない」（邦訳全集一七巻、三一九〜二〇頁）。

つまり、「生産手段の取り戻し」だけでなく、その生産諸手段と本来の目的である人間発達との相互関係が展開されていくさいには、生産や経済の組織におけるその管理・経営や調整・制御が問題となってきて、その「アソシエーション」の内実をつくりあげていくためには長い一連の歴史過程が必要となってくるのである。「（経済的改造）、そのためには分配の変更だけでなく、生産の新しい組織が必要であること、あるいはむしろ、現在の組織された労働にもとづく社会的生産諸形態（現在の工業によって生みだされた）を、奴隷制のかせから、その現在の階級的性格から救いだして（解放して）、全国的および国際的な調和あるしかたで結合する必要がある」、この再生の仕事は、「新しい諸条件が成熟してくる長い過程をつうじてはじめて可能になる」（一七巻、五一七〜八頁）。そのような「アソシエーション」の内実化において媒介的な環の中心に坐ってくるのが、資本主義工業によってつくりだされてきた社会的生産組織・経営組織であり、それらの協同組合的な企業が企業の枠組みを超えさらには国家の枠組みを超えて意識的主体的に調整・制御されていく全人類的な成熟の過程を遂げていかなければないないのである。

以下の諸章で現実の歴史過程にそくして検討を加えていくように、「社会主義をめざす」移行が具体的な課題になってきたのは、二〇世紀に入って資本が独占的となり・国際的となった「帝国主義」の段階においてであった（詳述はⅡ部の冒頭）。二つの世界大戦と「大恐慌」が起こり、「国家による市場経済への介入」が始まる。二つの世界大戦に続いて、地球的な規模での叛乱と革命が起こり、世界人口の六分の一以上のところ、あるいは三分の一以上のところで、資本主義体制からの離脱が試みられるようになる。これらは、資本主義の発展が相対的に遅れた国々であった。二〇世紀に現実に「社会主義をめざす」移行の試みがなされてくるとき、資本主義の体制的危機と「国家の介入」からする促迫の下で、全体として「国家」が上から支配・包摂していくという大きな枠組みを脱し切れなかったのが特徴的であった。だがこの「国家―企業」の枠組みによる方式は、第二次大戦後の六〇年代「高度経済成長」

期に、「内包的経済発展」といわれる技術革新や質が求められる段階になると発展のダイナミズムを失い、市場経済の導入によって企業の「自主性」と「効率性」を高めていく措置をとらざるを得なくなる（第一段階「生産物の市場化」）。しかし、八〇年代に入ると（第二段階「生産手段の市場化」）、さらに進んで労働者や国民、市民のレベルへ民主主義を深化させていくことができずに、崩壊する。他方で資本主義の側でも、七〇年代にはこのような「国家」―「企業」の枠組みによる蓄積の仕方はすでに破綻をきたすようになっていた。「スタグフレーション」、投資乗数効果の低下、財政赤字、「政・官・財癒着」の弊害が叫ばれるようになる。それとともに、西側でも東側でも、「市民」を中心とした「新しい社会運動」（人権、女性差別、消費者、住民要求、地方自治、環境、原発……問題などの）や「連帯運動」が一気に叢生してくるようになる。

「アソシエーション」概念の再評価が試みられるようになるのはこのような状況下においてであり、そこでは先に二つの理論軸にそくして整理しておいたように、「労働する諸個人が、労働および生産のなかで、自分の個性を十全に発揮するような仕方で、生産手段および他の諸個人と関わる」（前掲の大谷著書、四一三頁）という内実が求められ、社会的経営組織＝企業における協業・協働（アソシエーション）として、またそれら諸企業の全国的な調整・制御における協働・協同（アソシエーション）として、さらには国家の枠組みを超えた全人類的な主体的意識的制御として、それらが具体的に問われてくるようになっているのである。そして、それが「市場経済の利用と制御」の問題と密接に絡まりあって（「生産物の市場化」―「生産手段の市場化」、グローバル市場経済化）提起されてきているのが現代なのである。大谷氏も、「アソシエートした労働」でいう「社会的労働」とは、「二重の意味での――私的労働に対立する社会的労働であると同時に、独立して行われる個別的な労働にたいする社会的労働（企業における協業として行われる）であるという――社会的労働」（大谷前掲書、三三〇～一頁）であると区別されながら、この二重のものの相互関係についてはそれ以上には展開されない。この自立した個人――企業・組織――社会全体の相互関係の具体的展開が、いま問われている焦点になってきている、と私は考えるのである。

◎「アソシエーション」と「市場経済」との関連

大谷氏の「アソシエーション論」のもう一つの特徴は、以上の問題とも関わって「商品生産・市場経済論」についても、いわゆる本質論的規定の次元だけの強調に止まっているところにあるように思われる。本来の「アソシエーション」が成立してくるまでの時期、したがって「私的労働」が「完全に」廃止され「直接に社会的な労働」が「純粋に」成立してくるまでの時期、つまり「移行期（過渡期）」に長期にわたって残存せざるをえない商品流通も、独自に論じるべき別の問題である」（三二六頁）とされながら、その積極的な展開がなされないまま「非商品・非市場経済」という本質論的規定だけが強調されていくのである。大谷氏はその意図を次のように強調される。グローバルな市場経済化の波と「現存社会主義」における市場経済の導入の動きのなかで、いま市場経済が社会主義をもふくんで〝永久的なもの〟であるかのごとき認識が拡まろうとしている。もともとマルクスに否定的な立場からだけでなく、マルクスの資本主義論は正しいが社会主義論は誤っており「ユートピア」にとどまっているとするような言説も多く見受けられる。これらを厳しく批判されて、マルクスの社会主義論はその資本主義分析の本質からひきだされてきたものであり非商品・非市場経済であることを、その「アソシエーション」論にもとづいて原理的に明らかにしていこう、というのが大谷氏の本来の趣意であった。

その点で、社会主義における「商品・市場経済」の本質論的な位置づけに関しては、私も大谷氏と同様な立場にたつものである。しかし、続く諸章で検討していくようにいま課題となってきているのは、遠い未来社会のことについてではなく、資本主義からの次の一歩としての「実現可能な社会主義（Feasible Socialism）」における「商品・市場経済」をめぐってのことであり、その普遍的な存在を前提にした上で、その「利用と制御」に基づきながら「止揚の過程」に向かって現実にどう進んでいくのか、それが具体的に問われようとしているのである。そのさい、本質論的規定を正しく置くことがその方向性を与えていくうえでいかに重要であるとしても、逆にそのことの原理的な強調だけに終わっていては、現代的課題に応えていくものとはなりえないのではないかと考える。そのような「市場経済」の利用と制御をめぐる新たな課題提起が、「アソシエーション」論の内実のさらなる具体化をどのように要請してくるのか、それを明らかにしていきたいというのが本書の課題である。

ところが大谷氏は、移行期（過渡期）に長期にわたって残存せざるを得ない商品流通は独自に論じるべき問題であるとされながら、二〇世紀「現存社会主義」を具体的に論じていこうとするときには、その本質論的規定からいきなりそこでは「正真正銘の」（大谷同上書、三五頁）商品・市場経済がおこなわれていたとされ、逆にそのことにもとづいて社会経済構成的にはそれらが「（国家）資本主義」であった、と結論づけられるのである。これまでソ連など「現存社会主義」の評価をめぐっては、「社会主義」説のほか「資本主義」説や「非社会主義―非資本主義」説などが唱えられてきたが、その論点には「生産手段の所有・占有と労働との分離」という軸と「商品・市場経済」という軸との関連づけの問題が関わっていた。とくに後の二つの説の間では、「所有と労働との乖離・疎外」は共通に認めるとしても、そのもとでの国民経済全体および企業（組織）での現物的・物動的な生産や配分の過程において、はたして「価値したがって剰余価値」規定が主導的契機になって機能していたと云えるのかどうかが争われていたのである。大谷氏は、レーニンによる「市場経済」導入の「ネップ」期までは「社会主義をめざすもの」として肯定されるが、それを否定した三〇年代以降のスターリン型の指令的物動的な計画・管理については逆に「正真正銘の市場経済」であった、したがって「資本主義」であった、と結論づけられる。しかしそれでは、六〇年代半ばから「市場経済の導入」が始まり（第一段階・生産物の市場化）、それに伴う企業経営の自立化と国民経済計画化の非市場的性格との間の矛盾がなぜ最大の政策問題となっていったのかが説明できない。また、八〇年代以降（第二段階・生産手段の市場化）におけるそのさらなる進展で、何故労働者や生活者の主体的制御が課題となってきて崩壊に至ったのか、その経済社会構造にそくした動態的変化も、「正真正銘の市場経済」が一貫して支配してきたとするだけでは解明しえなくなるであろう。

私は二〇世紀の「現存社会主義」の評価について、上記の二つの理論軸にそくした分類でいえば、大きくは「社会主義からの変質――しかし非資本主義」説の立場のなかに入るのであろうが、とくにその変質の過程においてそれが社会経済構成体的にみて何時から資本主義と呼ぶべきものになったのかどうかについては、国家権力の構造などを併せたもっと総合的な分析が必要であり、「初めから一貫してそうだった」とするのは（それも「革命期から」というのと「スターリン段階から」というのとがあるが）余りにも機械論的に過ぎると考えている。重要なのは、「移行期（過渡期）」における「止揚の過程」あるいは逆の「変質の過程」に「商品・市場経済」が具体的にどう関わっているのか、それを経済社会構造論的に深く解明していくことが要請されてくるようになっている、ということである。そしてその「利用と制御」の過程が、社会全体（さしあたって「国家」に統括される）のなかで「企業（組織）」や「個人」の自立性が拡大し人間主体の協同した意識的制御が進んでいく、つまり「自由」と「民主主義」の発展とどのように結びついているのか、ということを具体的に論じていかなければならないと考える。以下の諸章はその試みである。

◎「アソシエーション」の展開と疎外論的視点

「アソシエーション」を論じていくさい、疎外論的視点がもっている意義が改めて強調されるようになっている。岩佐茂氏は、次のように述べられる⒃──「アソシエーション」によって現実の資本主義社会と共産主義社会はつながっているのであるが、そのつながりを考察するためには疎外論の視点が必要となる。つまり、資本の論理によって疎外された生産様式を徹底的に批判しながらも、その内にポジティブなものとして潜在的に含まれている「生産者たちのアソシエーション」を取りだして理念として対自化し、共産主義社会の生産様式が構想されていく。その疎外を克服していく主体形成のプロセスが課題となるからである。

そして、まずなによりもマルクスにあっては、自立した諸個人は現実に生活する存在であり、食・住・衣などの物質的生活を生産する生きた人間がその出発の前提であることが強調される。またそれは、自立した主体でありながらも、社会のなかで有機的に結びつきながら共同している諸個人であるということである。「人間的本質は個人に内在する抽象物ではおよそない。その現実性においては、それは社会的諸関係の総体である」(「フォイエルバッハに関するテーゼ」邦訳大月書店版全集、三巻四頁)。そのうえで、階級の下への諸個人の包摂、「階級的個人」と「人格的個人」との区別と関連が論じられる。『ドイツ・イデオロギー』以降、『経済学批判要綱』『資本論』を含めて、諸個人の「諸能力（Vermögenn）」［諸素質（Anlagen）］とも表現される「諸個人の諸力（Kräfte）の全面的発展」を一貫して追求していく考え方があり、それが資本の論理に主導され包摂された生産様式の下では疎外された形でしか現われえない、しかし諸個人の「アソシエーション」の力にもとづいてその疎外が克服され、「自由な個性」が全面的に開花し「共同的能力」（「自然生的な共同体的」性格のものから→「社会的」性格のものへ）を備えた諸個人と「真の共同社会」が生成してくる。そのさい、物質的生活を現実に生産する諸条件が労働と分離して所有されるばあい労働の疎外が生まれるが、両者が分離されるが故に資本の社会的な集積をもたらし労働の社会的な結合が発展して、「アソシエーション」の物質的条件が形成されていく。諸個人の労働は、生産諸手段との分離と結合のなかで「アソシエーション」を媒介として、その疎外の生成―発展―止揚の過程をたどっていくのである。だから、それは『経済学批判要綱』における「人類史の三段階」――「①労働と生産諸条件の自然生的な形態での本源的統一（その第二次的構成体としての奴隷制・農奴制）→②両者の私的な形態での分離（資本主義）→③両者の社会的な形態での再統一（社会主義・共産主義）」という、もっと大きな視野のもとで重ね合わせて位置づけられていくことにもなる。――以上が、私が理解する岩佐茂氏の展開のあらましである。

私は先に、社会主義・共産主義社会は、「自由」な自立した諸個人が、「平等」な立場で自覚的にとり結ぶ「アソシエーション」に基づいて、自分たちの関係および自分たちと自然との関係を主人公として主体的に意識的に制御していく（「民主主義」）、という「自由・平等、民主主義」の十全な発展と重なり合う内容をもっていることを指摘しておいた。その「アソシエーション」の内実の展開ということを基軸にして、労働・人間疎外とその止揚をめぐる構造全体――『経済学哲学手稿』の「第一の規定」に言われる「物件の疎外」（労働が生産する生産物からの疎外、労働の対象と手段からの疎外、労働者の生活手段からの疎外）、「第二の規定」に言われる「自己疎外」（労働が自由な肉体的および精神的エネルギーの発揮ではなく、強いられた労働・強制労働となり、労働は何かの必要を満足させることではなく、労働の外で諸必要を満足させるための一つの手段であるに過ぎなくなり、人間としての活動＝生活のその他の領域から切り離されてしまう）、「第三の規定」に言われる「人間の類的本質からの疎外」（自由な共同的な諸個人による物質代謝過程の主体的な意識的制御からの疎外）、そして「第四の規定」に言われる「人間の人間からの疎外」（労働者は疎外された労働をとおして、労働とは無縁な労働の外にいる人間＝資本家の労働に対するあり方を産み出す）――をより深く捉え直し、資本主義から社会主義・共産主義への社会構成体の移行過程のなかに「自由と民主主義」の問題を位置づけていかなければならない、というのが以下の諸章で私が試みようとする趣旨である。

【脚注】

（1）千葉真『デモクラシー』Ⅰ第一章、岩波書店、二〇〇〇年。

（2）Y・コッカ『市民社会と独裁制』（原書は二〇一〇年）岩波書店、二〇一一年。

（3）F・カニンガム『民主主義理論と社会主義』（原書は一九八七年）日本経済評論社、一九九二年。

（4）R・ダール『ポリアーキー』（原書は一九七一年）三一書房、一九八一年。

（5）藤田勇『自由・平等と社会主義』青木書店、一九九九年。同『自由・民主主義と社会主義』桜井書店、二〇〇七年。

（6）福田歓一「現代の民主主義―象徴・歴史・課題―」（『岩波講座現代12　競争的共存と民主主義』岩波書店、一九六四年、『デモクラシーと国民国家』第Ⅰ部1、岩波現代文庫、二〇〇九年）。このなかで「民主主義シンボル」が、資本主義・自由主義と対抗しながら、一九世紀中葉の「初期社会主義」、同末の「社会民主主義」、そして二〇世紀の第一次世界大戦と「ボルシェヴィズム」、第二次世界大戦と「冷戦体制」へと歴史の経緯を重ねるうち、どのように利用・変容させられていったかが巨視的に整理されており、私もその政治的枠組みを基本に置いて参考にさせていただいた。

（7）A・グラムシ『新君主論』（一九三〇～三二年）（『グラムシ選集』一巻二〇二～九頁、合同出版社、一九六五年）。

（8）D・ベンサイド『時ならぬマルクス』第四章、未来社、二〇一五年。

（9）ヘーゲルの「生命（生活）」と「疎外」の概念をマルクスが批判的に継承し、どう史的唯物論と経済学批判体系に展開していったかについては、角田修一『生活様式の経済学』青木書店、一九九二年。

（10）マルクス『一八四四年の経済学・哲学手稿』（邦訳大月書店版全集、四〇巻三八七～五一二頁）。

（11）マルクス「人間の本質は、人間が真に共同的な本質であることにあるのだから、人間は彼らの本質（ゲマインヴェーゼン）の発揮によって人間的な共同性を、すなわち、個々の個人に対立する抽象的・普遍的な力ではけっしてなく、それ自体それぞれの個人の本質であり、彼自身の活動、彼自身の生活、彼自身の精神、彼自身の富であるような、社会的な組織（ヴェーゼン）を創造し、産出する。」（『ジェームズ・ミル著「政治経済学要綱」からの抜粋』邦訳全集、四〇巻三六九頁）。また後の『経済学批判要綱』における「共同社会的な類的存在（Gemeinschaftliches Gattungswesen）」（『資本論草稿集』①、二七八頁（原書一六七頁）、大月書店）。

（12）K・B・アンダーソン『周縁のマルクス――ナショナリズム、エスニシティおよび非西洋社会について』（原書は二〇一〇年）社会評論社、二〇一五年。

（13）大谷禎之介『マルクスのアソシエーション論』（桜井書店、二〇一一年、四三一頁）。

(14) 哲学の領域から、同じく九〇年代ころから先駆的に「アソシエーション論」に取り組んでこられた田畑稔『マルクスとアソシエーション』(新泉社、一九九四年)序論。

(15) 牧野広義「資本主義社会の矛盾と将来社会」(『マルクスの哲学思想』第一二章、文理閣、二〇一八年)、同「マルクスの哲学思想をめぐって」『唯物論と現代』第六〇号、二〇一九年六月。不破哲三『科学的社会主義の理論の発展』学習の友社、二〇一五年、同『「資本論」のなかの未来社会論』新日本出版社、二〇一九年。聴濤弘「マルクス未来社会論と今日の諸問題」『唯物論と現代』第六二号、二〇二〇年六月。

(16) 岩佐茂「マルクスはアソシエーションをどう論じたか」(『唯物論と現代』第五九号、二〇一八年六月)。

二章　ロシア革命とレーニン「民主主義論」

【Ⅰ部二章の要点】

レーニンの「民主主義論」を現代の視角からたどり直してみようとするとき、幾つかの画期――（一）一九〇五年「第一次ロシア革命」の段階、（二）第一次世界大戦と「帝国主義」の段階、（三）一九一七年「ロシア革命」の段階、（四）一九二一年「新経済政策（ネップ）」の段階――に分けられるように思われる。そのさいの標識になってくるのは、①社会経済体制（封建制・絶対主義――資本制・帝国主義段階――社会主義をめざす）の違い、その下での階級構成・闘争・運動であり、②「人民」あるいは「市民」（とくに旧「共同体」の内から自立してくる）の位置づけである。そして、具体的にそれが実現されていく領域としては、「政治的次元における民主主義」と「社会経済的次元における民主主義」、「民族的国家」の枠組みと民主主義、さらには文化的次元や人格的次元のものなどが区別されるであろう。ここで焦点を当てようとする社会経済的領域における民主主義論に関しては、労働権・生存権をめぐる規準・ルール・制度の確立という問題、および「現在の工業によって生みだされた社会的生産諸形態」に対する主体的な管理・統治（マルクス『フランスにおける内乱』草稿）の問題などが重要な論点となってくる。

（一）「第一次ロシア革命」の段階は、農奴制的大土地所有にもとづくツァーリの絶対主義的専制権力の打倒をめざして、政治的自由・憲法制定と議会開設、地主的土地所有の廃止、八時間労働制などを要求するブルジョア民主主義革命が課題となった。その基礎は農業問題にあるとされ、それをめぐる二つの道――「地主的・大ブルジョア的要素の優勢な革命」か「農民的・プロレタリア的要素の優勢な革命」かが問われた。もっぱら「国家権力」と「階級闘争」の軸にそった「民主主義」論の展開になっているのが特徴であった。そして、ロシアの専制との闘争が終わって資本主義になると、プロレタリアートはその階級闘争のために獲得した「政治的民主主義」は最大限に利用するが、「民主主義革命の時期は過ぎ去る」として社会主義革命との区別にむしろ比重がかけられていく。

次の（二）「帝国主義」の段階では、「資本が独占的―国際的」となる段階が到来し、この世界的な環のなかでロシアの社会変革も考えていかざるをえなくなった。レーニンはロシアについて「軍事的封建的・帝国主義」という規定を与える。国内体制における封建的絶対主義的な性格と、他方からの高度な独占段階的な性格との落差をどのように埋めていくか、という問題がずっとつきまとっていくことになる。「東方（洋）」と「西方（洋）」とのギャップの問題、国家権力の変革だけに止まらない「市民・社会」の下からの民主主義的な成熟の問題とも重なり、後進諸国における民主主義をめぐる課題の核心をなすものとも考えられる。

この帝国主義段階における民主主義の新たな最大の世界史的課題は、世界大戦からの離脱、人間の平和的生存権を保障することであった。ところが、西欧の労働運動・社会主義運動のなかに、いざ戦争になると「祖国擁護」の主張、それぞれ帝国主義列強の勝利を支持するという狭いナショナリズムの風潮がひろく現れてきた。レーニンは、世界全体の植民地・従属国の民衆の立場にたって「民族の自決」を民主主義の問題として提起し、それらの擁護を結合させて国際的に実践していこうとした。「社会排外主義」に対する批判的性格が強かったこともあって、「資本が国際的となった」という面での民主主義の新たな展開に比べて、「資本が独占的となった」という面については未解決の問題が残されていたように思われる。レーニンは、一方での金融資本の側からの「民主主義の排除・反動」を強調しながら、他方では労働者や大衆の側からは「民主主義的志向を生み出し、民主主義制度をつくりだす」という視点を打ちだしていったが、この両者の間に介在する社会経済的次元における民主主義的変革（その政策化と制度化）をめぐる課題である。それは、やがてロシアでも「ネップ」のときに直面するようになるものであった。
(三)「ロシア革命」の段階では、「民主主義革命」と「社会主義革命」との密接な連関が問題となってくる。そのばあいでも、革命の社会的内容はブルジョア民主主義的課題（三つの柱──民主的共和制・地主の土地の没収・八時間労働制）であるとされ、その国家権力の特殊な社会主義的な性格＝プロレタリアートと農民の革命的執権とは区別されようとしていた。

ところが他方で、ロシア革命自身にとっても社会主義革命に向かって前進する新しい局面が開かれてくるようになるとされ、そのような把握の結節点にたつのが「国家資本主義」という概念であった。それは「国民の全経済生活を単一の中央機関から指導する」というドイツなどでの戦時統制経済からイメージされてきたもので、「国家による統制・管理」、その「反動的＝官僚的規制を革命的民主主義的規制に」変えていくことであった。そのさいにも「人民による下からの民主主義的な参加と統制」ということは一貫して強調されており、革命後の「短い八ヵ月」には、この「上から」の軸と「下から」の軸とが、併存していたように思われる。しかし、「戦時共産主義」期には、国家による全面的な統制と管理が全体として前に出ざるをえない状況に追い込まれていく。

(四)「新経済政策（ネップ）」の段階で、平和的な「一時の均衡」下で「正常な社会主義社会の基礎」の建設に立ち戻ることができるようになる。ここで、先の「政治権力」のプロレタリア的性格と「社会経済的内容」のたち遅れとの間の落差をどう埋めていくか、という課題が新たな色調を帯びて再来してくる。社会主義経済の基礎にふさわしい大機械制工業をどうつくりだし、どうその組織を管理・経営していくか、そしてそれに「人民大衆の民主主義的参加と統治」の原則をどう実質化させていくか。しかし、ロシアの現実では、この「上から」の軸と「下から」の軸との間によこたわる落差の大きさ、「組織・管理・経営・統治の能力の不足」が深刻に危惧され、「文明の不足」「民主主義的文化と組織性のたち遅れ」が喫緊の課題とされるようになる。そして、いきなり直接に社会主義に移るのではなく、「国家資本主義」と呼ばれる過渡的な段階と改良的な方法を必要とするとされた。資本主義を含む多様な経済制度を認め、市場経済の利用を基礎にして、労働者・農民や企業の自主性・創意性を引き出し、対等平等な契約関係に置いて競争していく、それらに対し国家の側から規制と誘導を与えていく、という現在の「経済民主主義」にも通じるメカニズムであった。

残念ながら、この創造的な試みが本格的に政策化され制度化されていく前に、レーニンは生涯を閉じた。後を強襲したスターリンは、その民主主義的な要素を次々と縮減し、社会主義をめざす方向とは逆に変質させていった。「商品・市場」経済の「否定」「断絶」、「経済的基礎」からも乖離した「国家」による「行政的」計画・管理方式が、「二〇世紀・社会主義」の大半を占めることになっていく。

一節　「第一次ロシア革命」における民主主義論

第一次ロシア革命（一九〇五～七年）は、農奴制的大土地所有にもとづくツァーリの絶対主義的専制権力の打倒をめざし、政治的自由・憲法制定と議会開設、地主的土地所有の廃止、八時間労働制などを要求するブルジョア民主主義革命であった。その基礎は農業問題にあるとされ、それをめぐる二つの道――「地主的・大ブルジョア的要素の優勢な革命」か「農民的・プロレタリア的要素の優勢な革命」かが鋭く問われた。

この期のレーニンの主な論文は次の二つであろう。

①　レーニン『民主主義革命における社会民主党の二つの戦術』（一九〇五年六～七月、邦訳大月書店版全集、九巻四～一三六頁）。

②　レーニン『一九〇五年～一九〇七年の第一次ロシア革命における社会民主党の農業綱領』（一九〇七年一一月～一二月、同、一三巻二一一～四四三頁）。

第一章と同様な仕方で、それらの展開の柱をとり出しておきたい。

（一）　民主主義的変革の階級的性格、ブルジョア民主主義

なによりも「民主主義的変革の階級的性格を度外視するなら、不完全な、誤ったものとなる」（邦訳九巻一四頁、以下の巻数・頁数のみは同上書のもの）ことが強調される。ロシアの客観的条件

と主体的条件からして、「いま進行している民主主義的変革がブルジョア的性格のものである」（一六頁）ことは明らかである。今日の社会経済制度は資本主義的なものであって、この変革はブルジョアジーの支配をつよめるであろうし、いくらかでも政治的に自由なプロレタリアートに対して、両者の間には不可避的に権力をめぐる死に物狂いの闘争がおこらざるをえない。

〔階級闘争と民主主義、自覚と組織、政治的民主主義〕民主主義のために闘うプロレタリアートは、ブルジョア民主主義の胎内にひそんでいるこの新しい闘争のことを、一瞬たりとも忘れてはならない。「新しい階級闘争の地盤をきよめる民主主義的変革」（一五頁）の意義である。労働者大衆の自覚と組織、訓練と教育、そして唯一の可能な正しい道である民主的共和制という道をとおって、社会主義的変革の第一歩を踏みだす。「政治的民主主義の道をとおらずに別の道をとおって社会主義にすすもうとするものは、かならず、経済的な意味でも、政治的な意味でも、愚劣で反動的な結論に達する」（一六頁）。

（二）民主主義革命の二つの形態

この革命は、「地主的・大ブルジョア的要素の優勢な革命」ともなりうるし、「農民的・プロレタリア的要素の優勢な革命」ともなりうる（三五～六頁）。農奴制の残存物をもっとも決定的に一掃するような、資本主義のもっとも広範な自由な急速な発展を完全に保障するような、変革とすること。農民や労働者の革命的な自主活動と創意と精力を発展させ、ブルジョア革命が彼らに供給する武器、この革命があたえる自由と民主主義的諸制度を、ブルジョアジー自身に対して向けること。「改良の道」でなく「革命の道」をたどるほうが労働者階級にとって有利である（四〇頁）。

〔ブルジョア的農業進化の二つの道〕これは、さらに「二つの道」の理論として展開されていった。一つは、「大きな地主経営が先頭に立って、これがしだいにますますブルジョア的になっていき、農奴制的搾取方法をブルジョア的搾取方法にしだいにおきかえていく」（プロシア型）であり、もう一つは「小農民経営が先頭に立って、これが革命的手段によって社会という有機体から農奴制的巨大土地所有という『こぶ』をとりのぞき、そのあとで巨大土地所有なしに、自由な農民的土地所有、資本主義的農業経営制度の道を自由に発展」していく「アメリカ型」である（一三巻二三四～五頁）。

(三) プロレタリアートと民主主義――社会主義

民主主義的変革において、ブルジョアジーは不徹底で、プロレタリアートは常に首尾一貫している（第九巻四〇頁）。客観的諸条件からみて、ロシアの経済制度と政治制度がブルジョア民主主義的方向に改造されることは避けられないが、現存諸勢力の行動の組み合わせしだいで、二通りの結果が生じうる。①ツァーリズムにたいする革命の決定的勝利におわるか、あるいは②ブルジョアジーのうちもっとも「不徹底」「利己的な」分子とツァーリズムとの取引におわるか。前者の「ツァーリズムにたいする民主主義革命の決定的勝利」のためには、「プロレタリアートと農民の革命的民主主義的執権」以外にはない。この中間的諸段階を経て、はじめて資本主義の基礎の変革（社会主義）に移ることができる（四四頁～）。そして、「時がくれば、ロシアの専制との闘争はおわり、ロシアにとって民主主義革命の時期はすぎさるであろう。……プロレタリアートの社会主義的執権のことを考えるだろう」（八〇頁）。しかし、いまは「社会主義のためのこんごの闘争に最大の成功をおさめるために民主主義的変革を最大限に利用することをめざしている」（八一頁）。

（四）革命闘争の勝利――プロレタリアートと農民の同盟

プロレタアトが民主主義のための勝利の闘士になれるのは、農民大衆がプロレタリアートの革命闘争に合流するばあいだけである。プロレタリアートと農民の間には、民主主義のための闘争では「意志の統一」があるが、社会主義のための闘争では「意志の統一」はない。その問題には過去と未来がある。過去は「専制、農奴制、君主制、特権」であり、過去との闘争には意志の統一は可能で、両者の利害の統一がある。未来は「私的所有にたいする闘争、賃金労働者と雇主との闘争、社会主義のための闘争」であり、ここでは意志の統一はありえない。「自由が存在するばあいには資本主義の発展はますます広範で急速なものとなるが、この発展はかならず意志の統一を急速におわらせるであろう」（七八頁）。〔中央集権化された政治闘争によってのみ〕反動に対する防壁と革命の成果の確保になりうるのは、ただ一つ、プロレタリアート・農民大衆の意識性と組織性だけで、経済発展のうちかちがたい要求の力で中央集権化された資本主義国家では、「中央集権化されたプロレタリアートのあとにつづく農民の全国的な中央集権化された政治闘争」（一三巻三三五頁）がなければならない。「商品生産は、農民を統一せず、集中せず、逆に彼らを分解させ、分裂させるものであるから、ブルジョア国における農民革命は、プロレタリアートの指導のもとではじめて実現されうる」（一三巻三五〇頁）。

以上にみたように、「第一次ロシア革命」のレーニンのばあい、農奴主的な絶対主義的権力に対して決定的勝利を収めうるかどうか、というところに「民主主義」のなによりの意義が置かれる。地主的土地所有の廃止、したがってその基礎は農業問題にあるとされ、それをめぐる二つの道――「地主的・大ブルジョア的要素の優勢な革命」か「農民的・プロレタリア的要素の優勢な革命」かが問われた。そして、民主主義の階級的性格が強調され、その首尾一貫した推進主体はプロレタリアートである、その労働者大衆の自覚と組織のために「政治的民主主義」の道を通る必要も力説された。しかし、専制との闘争が終わり資本主義になると、こんどはブルジョア民主主義の内にひそんでいる新しい階級闘争の問題を忘れてはならないとして、プロレタリアートはその階級闘争のために「政治的民主主義」は最大限に利用するが、民主主義的変革の時期は過ぎ去る、として社会主義的変革との区別にむしろ重点が置かれていたのである。これは、民主主義のための闘争ではプロレタリアートと農民の間に「意志の統一」があるが、社会主義のための闘争では「意志の統一」はない、とする認識ともつながるものであろう。またレーニンは、労働者と農民の同盟について、「中央集権化された」絶対王制や資本制の国家権力との階級闘争にあっては、本来は分散した農民が「中央集権化された」プロレタリアートに「指導」されてはじめて勝利を実現し得る、というところにその理由を見出そうとしていた。マルクス・エンゲルスは、労働と生産手段の結合の回復、自立した諸個人の「生活—労働」の疎外からの回復、したがって「個人的所有」の現実化というところに、両者に共通する同盟の根拠を求めていたことはすでにみておいたとおりである。

つまり、この「第一次ロシア革命」の段階では、民主主義がもっぱら「政治的民主主義」と階級運動・闘争の次元で捉えられ、社会経済的次元における「労働—生活」の疎外と回復の過程、社会経済組織に対する民衆の主体的統治・制御としては、まだ展開されるに至っていなかったといえるであろう。これらの論点に留意しながら続く段階をみてみることにしたい。

なお、次の段階はいきなり「帝国主義」時代に移るようであるが、第一次ロシア革命後のストルイピン反動期（一九〇七年六月）から第一次次世界大戦が始まる一九一四年までについては、レーニンは「ブルジョア的君主制への方向」への変化ははっきり現れている、だが旧い権力の本質からでてくる「古い問題」は未解決のままであるが、新しい変化にふさわしい「新しい方法」（「国会」への参加問題など）が必要である、とする分析をおこなっている（一七巻の「マルクス主義の歴史的発展の若干の特質について」「わが解散論者たち」「ロシア社会民主党内の改良主義」など）。

二節　第一次世界大戦――「帝国主義」段階における民主主義論

一九世紀七〇年代ころから、世界は独占・金融資本への移行によって、「資本が独占的――国際的となる」段階、「帝国主義」段階が到来する。この世界的な環のなかで、ロシアの社会変革も考えていかざるをえなくなった（「一国革命」と「世界革命」との関連）。ロシアについては「軍事的封建的・帝国主義」という規定がなされるが、この国内体制における封建的絶対主義的な性格と、他方からの高度な独占段階的な性格との落差をどのように埋めていくか、という問題がずっとつきまとっていくことになる。これは、後にも問題となってくる「東方」と「西方」とのギャップの問題、国家権力の変革だけに止まらない「（市民）社会」の下からの民主主義的な成熟の問題とも重なり、ロシアにおける民主主義をめぐる課題の核心となってくると考えられるのである。

この帝国主義段階における民主主義の最大の課題は、世界大戦からの離脱、人間の平和的な生存の権利を保障することであった。第一次世界大戦（一九一四〜一八年）では、帝国主義列強が植民地・従属国獲得のために四年間も死闘をつづけ、三十数ヵ国がまき込まれ、死傷者数一三〇〇万人と史上初めての世界的規模での「文明史的危機」が引き起こされる。

ところが、西欧の労働運動・社会主義運動（第二インタナショナル）の指導層のところに、これに反する「祖国擁護」「社会排外主義」の言動がひろくみられるようになる。レーニンは、その根底には帝国主義の「平和的・民主的」発展の可能性に期待をよせる「超帝国主義論」の考え方があるとして、厳しい批判を加えていった。そして、帝国主義の経済的本質は、独占であり、民主主義を排除する反動をもたらす。しかし、他方ではまた人民大衆のあいだに民主主義への志向と運動をもうみだす。民族自決をはじめすべての民主主義的要求（主に政治的・社会的な）を完全に実現し、民主主義を通じないでは、プロレタリアートの勝利はありえない、とした。しかし、そのさい「経済的変革」については「社会主義＝生産手段の収奪の後で完成されるもの」とされ、資本主義と社会主義との間を区別する溝が設けられていた。

西欧の「社会排外主義」とその源流「日和見主義」「修正主義」をめぐる論争のなかには、たしかに「体制内化」「右翼的偏向」と批判される内容がみられたが、そこには独占段階で新しく提起されてくるようになった課題、「資本主義の下での民主主義的変革」における経済と政治の相互関係についての課題が、未解明のまま残されることになったように思われる。金融資本の側からの民主主義の「排除・否定」と、労働者・人民の側からの民主主義の「高揚」との間に介在する、社会経済的次元における民主主義的変革（その政策化と制度化）をめぐる課題である。

（一）「資本は国際的―独占的となった」

「資本は、国際的となり、独占的となった。……民主主義の大業と社会主義の大業とがヨーロッパとだけ結びついていた時代は、またとかえらない過去となった。……経済的および政治的発展の不均等性は、資本主義の無条件的な法則である。ここからして、社会主義の勝利は、はじめは少数の資本主義国で、あるいはただ一つの資本主義国でも可能である、という結論がでてくる」（一九一四年「ヨーロッパ合衆国のスローガンについて」二一巻三五〇～二頁）。「資本」概念の世界史的展開のもとで、西洋と東洋、先進資本主義諸国と植民地諸国の連鎖のなかに位置づけて、「一国革命」をみていく視点がうちだされる。

その帝国主義の時代とは、次のような「歴史的時代区分」として特徴づけられる（「よその旗をかかげて」二一巻一三九頁）――①一七八九年～一八七一年、ブルジョアジーの興隆の時代、ブルジョア民族運動の時代、資本主義の発展の基盤としての民族的領域の結合、前資本主義的残存物の一掃、「民族戦争」が意義をもつ、②一八七一年～一九一四年、ブルジョアジーの完全な支配と衰退の時期、もっとも反動的な金融資本への移行の時期、③第一次世界大戦～、ブルジョアジーの命数の尽きた制度・勢力、急速な崩壊に向かう時代、それが帝国主義の時代である。

（二）ロシアの「軍事的封建的帝国主義」

この世界的な環のなかで、西欧の「資本主義的（ブルジョア的）・帝国主義」とロシアの「軍事的封建的・帝国主義」との区別が唱えられる（「第二インタナショナルの崩壊」第二一巻二二六頁、「社会主義と戦争」同三一二頁、「革命的プロレタリアートと民族自決権」同四一六頁、「革命の二つの方向について」同四三三頁）。つまり、ロシアの資本がイギリスやフランスの金融資本に従属し、その一環として行動するようになり、ペルシャや満州や蒙古では最新型の資本主義的帝国主義としても現れるようになるが、国内体制では封建的・絶対主義的権力の性格をもち、全人口の六割近くの「異民族」（大ロシア人以外の）が無権利と半封建的な搾取と抑圧の下におかれていた。この「封建的↔資本主義的」帝国主義の落差をうめる課題は、その後も「国家資本主義」をめぐる問題などにおいても継続されていく。

（三）帝国主義戦争と「祖国擁護」（第二インタナショナル）

帝国主義と世界大戦における民主主義の最大の世界史的課題が、平和と民族の自決権の擁護であったにもかかわらず、「いったん戦争が始まると祖国を擁護するのは、どの国の社会主義者にとっても義務となる」（カウツキー「戦時の社会民主党」一九一四年）として、第二インタナショナルの指導的幹部（ドイツのカウツキー、ロシアのプレハーノフら）は「祖国擁護」「排外主義」の立場への動揺をみせるようになる。

その論拠に、マルクス・エンゲルスが「民族戦争」を擁護した著述が使われたので、レーニンは上記のような「帝国主義という時代」の質的変化を強調したのである。そして、帝国主義戦争の内容を次のように要約した（《テーゼ》「ヨーロッパの戦争における社会民主主義派の任務」一九一四年九月、《宣言》「戦争とロシア社会民主党」同一〇月、第二一巻）――資本主義発展の最新の段階、市場獲得の闘争、君主国の王朝的利害が絡む、他国の土地を奪い征服する、競争国を没落させる、労働者を分裂させる、「民族主義」の看板で欺く。そこには、『帝国主義論』の主要なモチーフが姿を現している。「帝国主義的資本主義は諸民族の最大の抑圧者にかわった。……それは、生産力を非常に発展させたために、いまや人類は、社会主義にうつるか、それとも植民地や独占や特権やありとあらゆる民族抑圧によって資本主義を人為的に存続させるための『大』国間の武力闘争を……たえしのぶのか、そのいずれかをえらぶようにせまられている」（「社会主義と戦争」第二一巻三〇七頁）。少数者による支配と抑圧、「反・民主主義」的性格ということにその本質をみたのである。

（四）カウツキー「超帝国主義論」の批判

レーニンは、カウツキーらの「祖国擁護」論の基礎にいわゆる「超帝国主義論」と呼ばれる考え方があることを批判していく。それは、帝国主義の「平和的・民主的」な発展の可能性に期待をよせるもので、世界戦争後の世界で「平和的な」新時代、保護貿易主義の後退、軍備縮小の努力、「金融資本間の国際的な絡み合い（共同搾取）」などを、帝国主義の「政策・傾向」として注目していこうとするものであった。

さらにレーニンは、この「排外主義」の系譜をさかのぼって、源流としての「日和見主義」、一八九〇年代ドイツ社会民主党における「修正主義論争」（ベルンシュタイン『社会主義の前提と社会民主主義の任務』一八九九年）にまで検討を及ぼしていく。「日和見主義」の主要な特徴は、国家権力に対する階級闘争の軽視にあり、合法主義によって培われた階級協力にあると批判していった（「第二インタナショナルの崩壊」二一巻）。

ドイツでは、独占段階への移行にともない、大工業労働者が基幹的位置を占めるようになり、労働運動・社会主義運動が高揚していく。ビスマルク政府による「飴と鞭」の社会政策が展開され、部分的な経済的社会的改良（実質的な平等化）の積み重ね、議会における多数派の形成（政治的な民主主義）を求める傾向が生じてくる。議会を中心とする政治闘争と労働組合を中心とする経済闘争との乖離が生まれ、改良主義という「体制内化」の問題が議論されるようになる。たしかに、レーニンが原則的に批判を加えたような問題点――「革命（国家権力の変革）なき社会主義への移行」、「部分的改良の積み重ね」、「運動と過程がすべて」、「民主主義は手段でもあり目的でもある」、「自由主義＝市場経済の全面的容認」などの内容がそこには含まれていた。

この「体制内化」をめぐる問題は、現実の実践的運動においては「帝国主義戦争の擁護」の破産とともに、自滅を遂げていくような形となった。しかし、民主主義論の視角からすれば、「資本が国際的になった」という面での「民族自決権」とならんで、「資本が独占的になった」という面での新たな課題がそこには提起されていたと考えられる。一方での、産業と金融の独占化、金融資本による寡頭制支配、株式会社＝所有と経営の分離、産業・企業の組織化、少数の巨大独占体の支配と管理、中小資本の群立と分散、そして他方での、労働者と社会の構成における「複雑化と多様化」「分断」(1)といわれる問題である。そして、大工業と中小零細企業、諸部門の労働者、旧中間層（小営業者、職人、農民）などによる反独占の諸種の民主主義闘争、社会経済的次元における民主主義的変革をめぐる新たな課題の出現である。

（五）民主主義の問題としての民族自決

レーニンは、民族自決を帝国主義段階におけるなによりも民主主義の問題として位置づける。「プロレタリアートは、民主主義を通じるほかには、すなわち民主主義を完全に実現し、自分の闘争の一歩一歩を、もっとも明確に定式化された民主主義的要求に結びつけなければ、勝利することはできない。社会主義革命および資本主義にたいする革命闘争を、民主主義の問題のうちの一つに、いまのばあいでいうと民族問題に対置することは、ばかげている。われわれは資本主義にたいする革命闘争を、共和制、民兵、人民による官吏の選挙、婦人の同権、民族自決、等々という、すべての民主主義的要求についての革命的な綱領および革命的な戦術と結合しなければならない」。

そのうえで続けて、社会主義革命との連関について、「われわれは、すでに実現されている民主主義を拠りどころにし、資本主義のもとでの民主主義の不完全さを暴露しながら、資本主義の打倒とブルジョアジーの収奪を要求する。大衆の貧困を絶滅するためにもすべての民主主義的改革を完全に全面的に遂行するためにも必要な土台として、これを要求するのである。……社会主義革命〔社会革命〕は、一回の戦闘ではなく、それどころかブルジョアジーの収奪によってはじめて完成される経済的および民主主義的改革のあらゆる問題のための多くの戦闘からなる一時代である」（「革命的プロレタリアートと民族自決権」二一巻四二二頁）としている。そこでは、民主主義の問題を、もっぱら政治的次元および民族的次元におけるものとして位置づけ（「民主主義は、政治の分野だけのカテゴリーの一つ」後の一九二〇年、三一巻一二頁、参照）、「経済的および民主主義的改革」については社会主義革命（資本主義の打倒、ブルジョアジーの収奪）によってその完成がなされていくものとして、区別して論じられていた。

（六）「帝国主義的経済主義」論の批判

帝国主義戦争を容認する「社会排外主義」と戦争に反対して革命的大衆行動を組織しようとした「革命的国際主義」の立場が鋭く対立したが、その後者のなかから「帝国主義的経済主義」論（ブハーリンら）と呼ばれる主張が生まれてくる（「自決にかんする討論の総括」一九一六年、二二巻、「ペ、キエフスキー（ユ・ピャタコフ）への回答」二三巻、「マルクス主義の戯画と『帝国主義的経済主義』とについて」同）。帝国主義は社会革命の物質的基盤を生みだし、民主主義を否定する、それゆえ民主主義のための闘争には意義がないとして、社会革命のみを提起したり（左翼的偏向）、民族自決権の容認に反対したりした（右翼的偏向）。

これに対しレーニンは、「一般に資本主義、とくに帝国主義は、民主主義を幻想に変える──だが同時に、資本主義は、大衆のなかに民主主義的志向を生みだし、民主主義的制度をつくりだし、民主主義を否定する帝国主義と民主主義をめざす大衆との敵対を激化させる。資本主義と帝国主義を打倒することは、どのような、どんなに『理想的な』民主主義的改造をもってしても不可能であって、経済的変革によってのみ可能である。しかし、民主主義のための闘争で訓練されないプロレタリアートは経済的変革を遂行する能力をもたない。……ブルジョアジーから奪い取った生産手段に対する全人民（全勤労大衆、プロレタリアート、半プロレタリアート、小農民）の民主主義的管理を組織すること」「人民による……食糧の管理や食糧の生産と分配の仕事での完全な民主主義等々を実施することが必要」（二三巻一七

〜一九頁）である。資本主義・帝国主義の「経済主義的」な本質規定だけからでなく、その下での人民の運動・闘争の次元からする民主主義の視点、そしてそのつながりで奪い取った生産手段の人民による管理の組織化における民主主義についても言及されるようになっている。

（七）『帝国主義論』と民主主義論

すでにふれてきたように、帝国主義段階における民主主義の最大の課題は、「民族自決権」の擁護ということであり、また世界大戦の惨禍からの離脱、「平和的生存権」の擁護ということであったといえる。その「帝国主義の経済的本質の問題」を体系的に解明しようとしたのが『帝国主義論』（一九一六年執筆、二二巻）であった。

いま、経済的次元からの民主主義の問題に視点を合わせていこうとするとき、第一章「生産の集積と独占体」、第二章「銀行とその新しい役割」、第三章「金融資本と金融寡頭制」の次のような内容が、論点として残されてくるように思われる。

一つは、銀行の支配的役割という事実からではなく、「生産の集積・集中」という基礎的概念から出発して、「競争の自由にかわって独占が現れるほど、生産が大々的な規模になった段階……この点に帝国主義の経済的本質がある」（二二巻三八頁）として、それが資本主義の基本的矛盾（「生産は社会的になるが、取得は依然として私的である」（二二巻二三六頁）にそって「独占」―「国家独占」へとつなげられ、少数者の金融寡頭制による中小零細資本の支配と抑圧、民主主義の排除が説かれていく。このような展開の仕方ともかかわって、この資本の側からの民主主義の「排除・否定」ということと、他方からの労働者・人民の側からの民主主義を求める運動の「高揚」ということとの間で繰り広げられる、経済的次元におけ る民主主義的変革をめぐる新たな課題の位置づけである（ロシアではその機がまだ十分に熟していなかったとしても）。それは後に、ロシアでも「ネップ」のときに、経済の組織における管理や統治の民主主義をめぐって直面することになる課題でもあった。

もう一つは、「金融資本」について、レーニンは『帝国主義論ノート』のなかでヒルファディング『金融資本論』から引用をおこない、『資本論』第三巻の「社会主義にたいする銀行の役割」の叙述に注意を促していた（三九巻三〇五頁）。この第三巻には、「株式会社」や「生産協同組合」の問題も取り上げられ、次の社会へ向けて矛盾が止揚されていく通過点としての位置づけが論じられていた。『金融資本論』第五編「金融資本の経済政策」の第二三章「金融資本と諸階級」第二四章「労働協約をめぐる闘争」第二五章「プロレタリアートと帝国主義」には、経済の民主主義的変革をめぐる政策化と制度化の問題が取り上げられようとしていたと考えられる(2)。後のワイマール期に、ヒルファディングが提起しドイツ社会民主党ナフタリらが「経済民主主義論」（しかしそれは「組織された資本主義論」に立つものであったが）に取り組んでいくことになるのも、このような繋がりにおいてのことだと理解できるであろう。

【補注】

当時のドイツ社会民主党の「経済民主主義」についての一般的な位置づけかたについては、F・ナフタリ編『経済民主主義論』お茶の水書房、一九八三年。一九二〇年代ワイマール期の「経済民主主義論」は、周知の「組織された資本主義」論の立場にたつものであった。「労働の社会化」「資本の社会化」によって、「自由競争」から「共同経済」(＝非市場化)への転化がもたらされていくとされていた。これを基礎にして、資本による「専制」「独裁」に抗して、企業内のレベルにおいても社会全体のレベルにおいても、組織化された労働者と人民が「経営協議会」や「公共経済・経済指導機関」によって統制と管理を加えていく、というところに「経済民主主義」の本質と内容があるとされていた。そのさいの民主主義の前提と本質は、「住民の全面的組織化」「公共(共同)組織」「共同決定」にあるとされる。非独占企業家についても、市場と自由競争を「後向きに」維持しようと努めるのではなく、国民全体の利益のもとに「前向きに」組織された全体の経済力に服させる方向が求められた。市場経済に対する国家による上からの外からの組織化という枠組みが特徴的であった。

三節　一九一七年革命における「民主主義─社会主義」論

第一次世界大戦は、ロシアにおける革命的危機が、西ヨーロッパにおける社会主義革命の危機の増大と結びつく新しい国際条件をつくりだした。「二月革命」の後、「軍事的封建的帝国主義」の打倒に続いて、あくまで戦争を継続しようとし旧地主勢力とも取引をつづけた「ブルジョア的帝国主義」の打倒が課題になってくる。そのばあいでも、革命の社会的内容はブルジョア民主主義的課題であるとされ、国家権力の特殊な社会主義的な性格＝プロレタリアートと農民の革命的執権とは区別されようとしていた。

ところが他方で、ロシア革命自身にとっても社会主義革命に向かって前進する新しい局面が開かれてくるようになるとされ、そのような把握の結節点にたつのが「国家資本主義」という概念であった。それは「国民の全経済生活を単一の中央機関から指導する」というドイツなどでの戦時統制経済からイメージされてきたもので、「国家による統制・管理」、その「反動的＝官僚的規制を革命的民主主義的規制に」変えていくことであった。ただ、そのさいにも「人民による下からの民主主義的な参加と統制」ということは一貫して強調されており、「国家独占」「生産の社会化」の発展によって人民大衆の「管理」への参加もより容易になる、とむしろ楽観的にとらえられているところさえみられた。

「一〇月革命」期には、この「上から」の国家による統制・管理の軸と、「下から」の人民大衆による参加・統制の軸とが、併存していたように思われる。しかし、「戦時共産主義」期には、国家による全面的な統制と管理が全体として前に出ざるをえない状況に追い込まれていく。

（一）民衆の叫び——「平和」「パン」「土地」

世界大戦のさなか一九一七年に、ロシアの民衆が自然発生的に数十万のデモを繰り返すようになったときのスローガンは、まず「平和」、そして「パン」、「土地を農民に」であった。「第一次ロシア革命」では政治的自由・憲法制定と議会開設、地主的土地所有の廃止、八時間労働制などが課題となり同じ「ブルジョア民主主義」革命であったが、資本主義は「帝国主義と世界大戦」の段階へと大きく展開し、権力をめぐる状況も民衆の要求の内実もまた変化していた。

「二月革命」においては、ツアーリ絶対主義的専制権力の打倒そのものが労働者・農民階級との共同の力によってようやく成し遂げられ、資本家と地主を主とする「臨時政府」と労働者・兵士・農民代表「ソヴェト」とのいわゆる「二重権力」状態が出現することになった。このそれぞれを通じて、民衆の要求がどのように実現されていったのか、いかなかったのか。近年の見直しで新たな歴史的事実も発掘されてきていると云われるなか、民主主義論からも次のような論点がさらに深められていくべきではないかと考える(3)。

なによりも、世界大戦という「文明史的危機」から離脱し、人間が平和に生存する基本的権利の保障についてである。「臨時政府」は、三次にわたる政府危機を引き起こしながらあくまで戦争を継続しようとし、そのことが結局命取りになったと共通して指摘されている。このことを経済的基礎で制約していたイギリス・フランス金融資本への従属関係である。また、同じく民主主義の新たな世界史的課題としての「民族の自決」をめぐる権利についてである。資本の立場からでは、帝国主義戦争でのロシアとの同盟を条件にするか（ドイツ占領下のポーランドに対して）、「自治」は復活するが「自決」は認められないとするか（フィンランドに対して）、あるいは対応の混迷を続ける他なかった（ウクライナ・ソヴェトにあたる「ラーダ」に対して）。他方で、いわゆる「市民的政治的自由」と権利については、順次に立法化がおこなわれていった。レーニンは既述のように、獲得された「政治的民主主義」を最大限に利用して階級闘争を自由に推進していく、というところにもっぱら民主主義の意義を見出そうとしていたのである。事実、労働者・農民階級の要求と運動は〝無政府的〟〝街頭的〟と評されるほど新たな噴出をみせ始めていた。社会体制全体の「崩壊」「破局」といわれた状況は、旧来の帝政体制の崩壊という要因だけでなく民衆の要求・闘争の高揚という新たな要因をもはらみながら、誰がどのようにしてその危機からの救出をはかっていくのかを問いかけていた。「パン」と「土地」の要求は、食糧の生産と分配・調達をめぐる問題に関わっていた。世界大戦にともなう総力戦体制は、ロシアの農村では「ゼムストボ（地方の自治体、貴族と有産者が中心）」を通じてなされるようになっていたが、地方的分散状況を克服できず、統一的輸送の不備がこれに輪をかけていた。そして、その基礎にはつねに「土地の不足」問題、依然として続く地主的土地所有制が横たわっていた。「臨時政府」は国家による穀物独占を宣言したが、土地改革には手をつけず（「憲法制定議会による決定まで待つ」）、逆に頻発していた農民による土地奪取・再分配を元にもどす地主救済策を講じた。八時間労働制などの要求は、もともと半封建的雇役制の下での農民の低労働報酬・劣悪労働条件と相関する構造的な性格をもったものであった。「臨時政府」は、工場管理に労働者が関与する「工場委員会」を設置し、八時間労働制を導入するというペトログラードの企業家委員会とソヴェトとの特別協定には同意したが、立法化などの制度改革はなされず、終始否定的ないし受け身の対応に止まった。

（二）徹底した民主主義で「破局」を救う

レーニンは、この社会的破局からの脱出には民衆による民主主義のさらなる徹底以外にはないと、次のような論理を展開していった（「遠方からの手紙」一九一七年三月、二三巻、「四月テーゼ」一九一七年四月、二四巻、「さしせまる破局、それとどうたたかうか」一九一七年九月、二五巻）。

「平和」にかんしては、帝国主義的な領土的略奪の野望・資本の法外な戦時利潤・英仏金融資本の束縛を断ち切らなければならない。「パン」にかんしては、それが絶対的に無いというわけではなく、資本と土地所有の利害にとらわれない諸方策によってのみ食糧を余すところなく公に引きだすことができる。「土地」にかんしては、地主の土地と穀物の貯えの没収である。つまり、「この危機と真に民主的にたたかい、パンその他の物資の公正で迅速な割当を実現」すること、「全国家的な機能」「もっとも重要な物資の生産と統制」に対して「全人民の民主主義的な参加と統制」をおこなうというのである。

しかし、いうまでもなく「こういう方策は、まだ社会主義ではない。それらは、消費の割り当てにかんするものであって、生産の改造にかんするものではない」からである。だが、この方策や「全般的勤労義務」（すでに仏・英での戦時体制が生みだしたもの）の方策は、結局は「その総体において、またその発展において、社会主義への過渡となるであろう」（二三巻三二七〜三七七頁）とも述べられていた。

このような諸階級の利害からなる社会経済体制の構造およびその解体と再生の総体のなかに、執行権力と立法権力と軍事・警察権力をもつ国家機構としての「臨時政府」と「ソヴェト」を位置づけていかなければならないであろう。「ソヴェト」は執行権力と立法権力を併せもち、革命的変動の過程に機敏に対応しえたところに特徴があったとされる。他方の「臨時政府」はやがて選挙されてくる憲法制定議会によって国の形が決まるまでの臨時のものとして置かれ、たえずその執行権力と立法権力の根拠および両者の統合の必要性が論議されていたとされる。そして、そのいっそうの集権化の企図は、ますます民衆からの背離を意味することとなり、はては「反革命」（コルニーロフの軍事反乱）と一蓮托生の結末に落ち込んでいくことになった。

（三）革命的危機、「民主主義革命」（ロシア）と「社会主義革命」（西欧）

世界大戦とロシアにおける革命的危機が、西ヨーロッパにおける社会主義革命の危機の増大と結びつく新しい国際条件が生まれる（「戦争とロシア社会民主党」一九一四年九月、「ロシア社会民主労働党在外支部会議」一九一五年二月、二一巻）。「革命的排外主義」（戦争に勝つためにツァーリズムを打倒する）が台頭し、「二月革命」による「軍事的封建的帝国主義」の打倒に続いて、

「ブルジョア的帝国主義」（あくまで戦争を継続しようとし、また旧封建勢力とも取引しようとした）の打倒が課題とされるようになり、「民主主義革命」と「社会主義革命」との密接な連関が問題となってくる。

しかし、そのばあいでも革命の第一の任務——社会的内容はブルジョア民主主義的課題（その「三つの柱」が、民主的共和制・地主の土地の没収・八時間労働日）であり、プロレタリアートと農民の革命的執権によっておこなわれるブルジョア民主主義革命であるとされていた。そして、革命の第二の任務——ヨーロッパにおける社会主義革命の火をつける、ということとは区別されていた。ロシア革命の特殊なプロレタリア的性格、つまり社会的内容から見ればブルジョア民主主義革命であるが、プロレタリアートが指導勢力であり運動の前衛で、闘争手段（ストライキ）から見ればプロレタリア革命であるとされる。

（四）「国家資本主義」概念——「社会主義」

ところが、西ヨーロッパの社会主義革命との連携という面だけでなく、ロシア革命自身にとっても社会主義革命に向かって前進する新しい局面が開かれてくるとされるようになり、その把握の結節点にたつのが「国家資本主義」という概念であった。

それは、「国民の全経済生活を単一の中央機関から指導する」（「国際社会主義委員会およびすべての社会主義政党にたいする呼びかけのテーゼ原案」一九一六年一二月、二三巻二二九頁）という新しい形態、ドイツなどでの国家の戦時統制経済からイメージされてきたものであった。「国家による統制・管理、記帳」、その「反動的＝官僚的規制を革命的民主主義的規制に変えること」。「これまでの資本主義の発展によって、すでに大規模に『社会化』され……全国的な規模で組織され、すでに何百人何千人という職員や技師などによって運営されている」。「帝国主義とは独占資本主義にほかならない。……独占資本主義が国家独占資本主義（戦時国家独占資本主義とも表現されている）に成長転化している」。この「国家のかわりに、革命的民主主義的国家をもってきたまえ。そうすれば、国家独占資本主義が、不可避的に社会主義にむかっての一歩あるいは数歩を意味することがわかるであろう」。「社会主義とは、全人民の利益を目ざすようになったそしてそのかぎりで資本主義的独占でなくなった、国家資本主義的独占である」。「それと社会主義と名づけられる一段とのあいだにはどんな中間段階もないような歴史の階段の一段である」（以上、「さしせまる破局、それとどうたたかうか」）。そして、「大規模な国家資本主義へも、また社会主義へも、同一の道が通じているのであり、『物資の生産と分配に対する全人民的な記帳と統制』と呼ばれる同一の中間駅を経由して道が通じている」（「『左翼的』な児戯と小ブルジョア性について」一九一八年五月、二七巻一五七頁）、とされた。

レーニンにあっては、この国家によるいわば「上から」の「全一的な統制と管理」のばあいにも、つねに前述の「下から」の「全人民の民主主義的な参加と統制」ということが並んで強調されていくのが特徴であった。すでにふれておいたように、帝国主義段階における民衆の民主主義的な運動や制度、生産手段に対する全人民の管理、「社会の破局」にさいしての民主主義的な統制の徹底などの強調である。ただ、そのときには「資本主義の発展によって、すでに大規模に『社会化』され……全国的な規模で組織され、すでに何百人何千人という職員や技師などによって運営されている」（「さしせまる破局」、二五巻三六二頁）、生産の統制や管理の問題は容易になるとして楽観的にさえ捉えられていた。しかし「一〇月革命」後、これが現実の問題になってくると、この「上から」と「下から」との間のギャップがロシアにおいては「文明化と民主主義」をめぐるきわめて重い課題として浮上してくるのである。

（五）『国家と革命』――国家機能の「粉砕」と「改造」

この期に書かれた『国家と革命』については、国家と民主主義の観点から詳細な整理と検討を加えた不破哲三論稿(4)がある。そこでは、国家機構一般についての「粉砕」論の強調と「改造」のモメントの軽視、「強力革命」必然論と議会を通じる平和的移行の形態の無視、パリ・コミューン型国家の普遍化、などのレーニンにおける理解の特殊性が指摘されている。いま経済的次元からの民主主義論の視点からみると、「軍隊・警察・官僚制度」の「粉砕」の強調とならんで、「重要な物資の生産と統制という全国家的な機能」「計算と統制」については、「国家資本主義論」との関わりでその「改造」も説かれようとしていたといえるであろう。また、次にみる「ネップ」期には「社会主義・共産主義への過渡的段階」が設けられていくが、この時にはこのような位置づけの認識もまだなされていなかったといえよう。

（六）「一〇月革命」後の「過渡的な」経済政策

「一〇月革命」は、労働者と農民を権力の座につかせたが、変革の社会経済的内容では「ブルジョア民主主義的課題」の解決に取り組むことになる。労働者と農民の主権にもとづく「ソヴェト権力」の樹立が宣言され、即時の休戦と講和を呼びかけ（「平和にかんする布告」）、民族の自決権を認め、地主的土地所有を廃止して農民の平等な利用にゆだねる（「土地にかんする布告」）、八時間労働制・有給休暇・医療無料化などの社会保障制度・教育無料化制度にかんする布告がだされていった。

経済的次元における変革は、「上からの」「国家による統制と管理」の軸と「下からの」「全人民の参加と統制」の軸とが併存して進められていったところに特徴があった。それは、それ以前の「社会の破局」段階以来の枠組みを受け継ぐもので、政治権力を固めるための若干の重要拠点――銀行や軍需産業などの限られた企業の国有化の他は、広範な私営商工業に対しては「上からも下からも」統制を与えていくという「過渡的な国家資本主義」の経済政策であった（ドッブらの代表的な位置づけ）(5)。

この「下からの」統制が、企業の所有や経営・管理の基本的な権限は私的なままに残して労働者による統制を加えていくという「労働者統制令」として実施に移されていったが、現実の過程では「現場からの」工場接収や直接的な管理介入など「逸脱」をともないながら進んだとされる。また、この「下からの」統制と「全国的な生産の組織化と調整」（やがて「国民経済会議」など管理機関の整備に至る）との間の関係がたえず論議の的になった。そして、このころには、「下からの参加と統制」ということと関わって、「革命を始めること」と「革命を続行し、完成すること」との区別にふれられ、「資本主義が発達し、最後の一人まで民主主義的文化と組織性があたえられている国」とロシアとの違いにもしばしば言及されるようになっていた（一九一八年のレーニンの諸論文、二七巻五五、九四、五六四頁）。ネップ期に本格的に問われてくる課題、社会的に組織された経済の全体を管理・統治していくさいの民主主義の問題が、ここで顔を覗かせるようになっていた。

（七）「階級的視点」と農民の位置づけ

次のネップ期との対比で、もう一つの民主主義論をめぐる課題にもふれておきたい。農民との関係である。「一〇月革命」後の土地再分配によって中農化がすすみ、搾取・被搾取を離れた自立した小商品生産者・小経営が多数を占めるようになった。ところが、民主主義に関してはもっぱら「階級的視点」（ブルジョア民主主義かプロレタリア民主主義か）と「体制的視点」（資本主義的民主主義か社会主義的民主主義か）をまず先に立てて論じられようとしていた。

レーニンは、一九一八年「ロシアの現在の危機について」で、過渡期のロシア経済を「社会主義」「資本主義」「農民の小商品経済」「国家資本主義」「家父長制現物経済」の五つのウクラード（経済制度）からなるものとして特徴づけ、「小商品経済」については「小ブルジョア的自然発生性」をもつが故に「主な『内』敵」であるとしていた。しかし、一九二一年「食糧税について」では、同じウクラード論によりながら労働者と農民との同盟の再構築ということを「ネップ」の基礎に据えていく。私的所有一般と階級的所有との区別が必ずしも十分明確にされないまま、革命と反革命との死活をかけた対抗が基軸となり、それが世界大戦時の武力と結びついていく全体状況の下で、小商品生産者・小経営との関係をめぐる固有の民主主義の問題が埋没されていったことである。

関連してもう一つ、近年の「ロシア革命」の評価をめぐって、「憲法制定議会の解散」（一九一八年一月）問題が、議会制と立憲主義の立場から再び一つの焦点にのせられようとしている(6)。たしかに、その解散は「勤労・被搾取人民の権利宣言」の否認を契機として起こったもので、民主主義をめぐる政治的次元と社会経済的次元の相互関連の問題として深められていかなければならない論点が含まれているように思われる。

しかしその場合にも、「過渡的な国家資本主義」を「上からの国家」による統制と管理の側面だけで捉え、その上でそれを「武力」「独裁」として性格づけ、「下からの」労働者統制など「全人民の参加と統制」の要素を「ユートピア思想」に過ぎなかった、としてしまうのはあまりにも一面的に描き過ぎると考えるのである。また、その「国家」は、世界史的には「帝国主義戦争を内乱へ」とされるさいの国家に重ねられて、もともと現実的には（「平和」という「民衆的ユートピア思想」を掲げつつも）「軍事力」「武力」の性格をもたざるをえないものとされ、そのような内と外からの「国家」（＝「武力」）権力転換の結着点がレーニンによる「憲法制定議会の強行的解散」「社会主義への強力的転換」＝「第三の革命」だった、とされていくのである。私は、「下からの」人民・民衆による「労働者統制」や「平和」への志向は、「ユートピア思想」だけでなく現実の実践的な運動であったと理解しているし、それと「上からの」国家権力の性格との間のギャップを埋めていく努力のなかにこそ「民主主義」をめぐる主体的な世界史的課題があると考えるのである。「第三の革命」と「スターリンによる変質」とを本質的に変わらないものとして直結させていくやり方は、その後の「ネップ」への転換が民主主義論にとってもつ意義を見落としてしまうことにもなるであろう。

（八）「戦時共産主義」――国家の全一的な統制・管理

しかしながら、まもなく始まった「干渉戦」「国内戦」とともに「過渡的な国家資本主義」は短い「八ヵ月」で終わりをつげ、「戦時共産主義」期には国家による全一的な統制と管理の軸だけが全面に座るようになる。一九一八年六月には広範な工業部門の国有化が布告され、五・六月ころからは農民に対する強制的な食糧割当徴発制、私的商業の禁止、貨幣の廃棄・無料配給……といった戦時の非常政策を余儀なくされていった。逆に、それらが「生産の国家化」の原理と「貨幣と商業の廃止」「商品と市場」の消滅論（党綱領改定の論議、一九一八年）によって、「理論的に」根拠づけられようとした。政策的にも、後になって「われわれは、共産主義的な生産と分配に直接に移行することを決める、という誤りを犯した」（レーニン、三三巻四九頁）と自己批判されるような状況が出現したのである。

四節　「ネップ」の段階――「市場経済」と民主主義論

「干渉戦」と「国内戦」、反革命の危機が終わり、「一時の均衡」下での平和的な経済の復興期がおとずれ、「正常な社会主義社会の基礎」（「ロシア共産党第一〇回大会」一九二一年三月、二三巻二七九頁）の建設に立ち戻ることができるようになった。ここで、先の「政治権力」における「プロレタリア的性格」と「社会的内容」からみれば「ブルジョア民主主義革命」が必要とされるような遅れたものとの間の落差をどう埋めていくか、社会主義経済の基礎となるべき大規模機械制工業をどうつくりだし、どうその組織を管理・経営していくか、そしてそれに「人民大衆の民主主義的参加と統治」の原則をどう実質化させていくか、という新たな課題がでてくるのである。

それは、「革命の主要な段階区分における見地全体の根本的な変化」を要請するようになるとされ、いきなり直接に社会主義に移るのではなく、「国家資本主義」と呼ばれる過渡的な段階と改良的な方法を必要とする。資本主義を含む多様な経済制度（ウクラード）の存在を認め、市場経済の利用を基礎にして、労働者・農民や企業の自主性・創意性を引き出し、それらを対等平等な契約関係において競争させる。それらに対し、労働者と農民が掌握する国家権力（「管制高地」）の統制を加えていく、という「国家資本主義」の方式であった。

そして、この「上から」の国家による統制・管理と「下から」の全人民による民主主義的な参加・統制との間によこたわる落差の問題が、「組織・管理・経営・統治の能力の不足」、ロシアにおける「文明の不足」「民主主義的文化と組織性のたち遅れ」として現実化してくるようになるのである。この「新しい経済機構」（メカニズム）が、どのような諸要素から構成されるものとされていたのか、その内容が経済的な組織化の次元における民主主義の課題になってくると考えられるので、以下にそれらを抽出しておくことにしたい。

（一）労農同盟の再構築——「食糧税」に代える

七年間に及ぶ世界大戦、内戦と干渉戦によって国民経済と生活は破局に瀕し（「荒廃、窮乏、貧困化、絶望」）、基軸となるべき農民と労働者の階級関係は亀裂を大きくし、労働者自身の「脱階級化」も進みつつあった。なによりも基盤の広範な勤労大衆との結びつきが重要視された（先駆けとなった「労働組合」論争）。社会主義社会の基礎＝経済の建設は、労農同盟の再構築ということを主眼に置いたものでなければならなかった。「ネップ」の中心的な内容は、以前の穀物の「割当徴発」を「食糧税」に代えることで、「戦時共産主義」期には食糧の全余剰（時にはそれ以上）を農民から強制徴収せざるを得なかったものを、「食糧税」として約半減し、残余は自由な売買を認めることにした。その食糧・原料の増産によって、まず小工業と軽工業を復興させ、重工業の建設にもとりかかっていく。

（二）「個人主義」「自由な取引」――市場経済を基礎に

レーニンは、同じ五つの「ウクラード論（過渡期のロシア経済を構成する「社会主義」「資本主義」「農民の小商品経済」「国家資本主義」「家父長制現物経済」）をベースにしながら、以前には「小商品経済」について「小ブルジョア的自然発生性」をもつが故に「主な『内』敵」としてそれを位置づけていた。ところが「食糧税」では、「農民の『個人主義』、その『自由な取引』は社会主義にとって恐ろしいか？　いな」（三二巻三四七頁）とされた（一九一八年「ロシアの現在の危機について」と一九二一年「食糧税について」の対比）。

そして、国家と農民との間の「生産物交換」「商品交換」（一九二一年一〇月ころからは「商業」とすべきとされる）は、「創意、イニシアティヴの全面的奨励を無条件に要請されるような経済環境」（三二巻四一四頁）であり、また等価的な対等平等の「契約」「協定」の関係であって、それが社会主義の基礎＝経済の建設の「正常な関係」(同二七九頁)なのだとされる。

（三）「労働者国家」による「統制・監督」

この商業の自由からは不可避的に資本主義が成長してくるが、これは恐ろしくない。「労働者国家」による「統制」「監督」の下に置かれ(三二巻、三一七頁)、「われわれはすべての管制高地をにぎっている」(三三巻四四四頁)からである。「古い社会経済制度、商業、小経営、小企業、資本主義を打ちくだくのではなく……慎重に徐々にそれらを手におさめるとか、あるいはそれが活気づく程度でのみ国家統制をくわえる」(三三巻一〇〇頁)、「これを国家資本主義の軌道に導くようにつとめる」(三三巻三七二頁)。

このようにして、私的・個人的利害と国家によるそれの点検及び統制とを結合させる、私的利益を公共の利益に従属させる程度を見出すことが課題とされていった(三二巻四一四頁、三三巻四八八頁)。社会の多元的な構造と機能が問題とされるようになり、諸「利害」の分化、それらの「利用」をベースにした「制御」という、「国家」と「社会」の新たな相互関係の枠組みが構想されるようになる。

（四）あらゆる経済領域にも同じ原則で

だから、この枠組みの原則は農民だけでなくあらゆる領域に適用されていくべきものであった。「国民経済のあらゆる大部門を個人的関心にもとづいて建設することが必要である」（三三巻五八頁）。そして、「国家的な規制をくわえられる自由商業と資本主義が現在許され、発展しており、他方では、社会化された国営企業が、いわゆる採算制に、つまり商業的原則にうつされている。このことは、国が一般に文化的に立ちおくれ、疲弊しているので、大衆の意識のなかでは、企業の管理部と、その企業で働く労働者との対立を、不可避的に感じさせるようになる……。プロレタリア国家の規制がうまくいくかどうかは、国家権力のいかんにかかるばかりでなく、なおそれ以上にプロレタリアートと勤労大衆一般の成熟の度合いに、つぎに文化の水準などにかかっている。だが、このような規制が完全にうまくいくばあいでも、労働と資本の階級的な利害の対立は、無条件に残る。だから、労働組合のもっとも主要な任務の一つは、資本とたたかうプロレタリアートの階級的利益をあらゆる面から、あらゆる手段で守ることである。……労働者大衆と国営企業の企業長、管理者およびこれらの企業が属する官庁とのあいだに利害のある程度の対立をかならずうみだす」、だから「官僚主義的にゆがめること」と闘う労働組合の任務も無条件に残る（三三巻一八二～三頁）。より具体的に、例えば「国家資本主義」の典型的な一形態「利権事業」に関して、労働条件や労働基準の規制（三二巻三二六頁）、あるいは経営管理の契約をめぐる制約・闘争（三二巻三七三頁）の問題として提起されようとしていた（実際には、利権事業は広く実現をみなかったが）。

（五）過渡的段階としての「国家資本主義」

「経済建設……新しい社会主義の建築物の経済的土台をすえる」には「一連の過渡的段階が必要」（三三巻四四〜五頁）であり、「まず最初に国家資本主義に到達し、そのあとで社会主義に到達するほうが良い」（三三巻四三六頁）。その過渡的な段階は「真剣に、長期にわたって」「まる一時代も」（三三巻四九一頁）かけておこなわれるものとされた。その「迂回作戦」（直接に「純社会主義的な経済形態」にではなく、「過渡的な段階」「改良的な方法」での――「コミンテルン第四回大会」三三巻四三八頁）は、他方でのヨーロッパにおける社会主義革命への期待が絶望的になるなかで、より発達した国々でそれが勝利するまで持ちこたえるのは容易なことではない、という認識と関わるものであった。

それは、「社会主義にたいするわれわれの見地全体が根本的に変化し……以前は重心を政治闘争、革命、権力の獲得などにおいていたが……いまではこの重心は平和的な組織的・『文化的』活動にうつっている」（三三巻四九四頁）ことを意味した。ところが、この経済の組織、管理・経営、統治になってくると、その「能力と文化性の不足」がロシアの現実では深刻な問題となって現れてきたのである（三三巻二五三頁、二八二頁、二九三頁）。そして具体的には、「点検を下から、すなわち真の大衆によっておこなうこと、仕事を方向づけ、知識のあるもの（専門家）や大経営を設立した経験のあるもの（資本家）からまなぶこと」（三二巻三九二頁）が必要とされた。ここに、「国家資本主義」による「上から」の統制と「下から」の「全人民の民主主義的な参加と統制」との間に介在する、経済組織の次元における民主主義の課題が浮かび上がってきていた、と考えられるのである。

（六）「国家資本主義」の「文明史」的位置づけ

国家資本主義は「もっともおくれた国の一つでプロレタリアートが権力を獲得し、はじめは大規模生産と農民のための分配を組織しようと試み、ついで、文化的条件から言ってこの任務をおこなう力がないとき、資本主義に一役買わせる」（三三巻三一七頁）ことを意図したものであった。レーニンはこの「組織性と文化水準のおくれ」ということを手掛かりにして、最晩年の論稿（「わが革命について」一九二三年五月、三三巻四九六～五〇〇頁）のなかで、「東方」と「西方」を対比させ、「資本主義とブルジョア民主主義」の発展の相互関係を文明史的に位置づけようとしていた。つまり、世界史全体の一般的な法則は、東洋諸国の発展の独自な形態や順序を除外するものではなく、逆に前提している。第一次世界大戦によって決定的に文明に引き入れられた全東洋諸国との境に立つロシアは、もちろん世界の一般的な方向にそってはいるが、いくつかの独自性をもあらわしている。大戦の災厄に遭遇したロシアの人民は、「文明のいっそうの発展の見込み」のために闘争に起ち上がらざるをえなかった。西欧的見地からは、「社会主義の客観的な経済的前提がなかった」と批判されるが、「一定の文化水準が必要ならば、なぜ、この一定の水準の前提を、まず革命的方法で獲得することからはじめ、そのあとで労農権力とソヴェト制度をもとにして、他の国民においつくために前進してはいけないのであろうか」（三三巻四九九頁）と答えていた。この革命的方法でつくられた前提の下での内実化が、社会経済的次元および文化的次元における民主主義の課題と結びついているものに他ならない、と考えられるのである。

（七）民主主義論における「東方」と「西方」

レーニンは、過渡的段階としての「国家資本主義」や「商業の自由」の問題にふれながら、「経済体制からみて非常な後進国であり、いまでもやはりそうであるといった国の立場からばかりでなく、共産主義インタナショナルと西ヨーロッパの先進国の立場からも、このことに注意をはらわなければならない、と思う」（三三巻四三六頁）と述べていた。ちょうどこのころ、コミンテルンの場（一九二一年の第三回大会、一九二二年の第四回大会）でイタリアのグラムシと交わり、ムッソリーニのローマ進軍（一九二〇年）、ファッシズムの台頭、「労働者と被搾取勤労住民の多数者の獲得」、民主主義のための広範な共同闘争などについて、両者の課題意識の重なりを確認し合うようになったとされる(7)。

グラムシの側から、幾つかの論点を取り出しておきたい。

①「東方」と「西方」――「東方では、国家がすべてであり、市民社会は原初的状態であった。西方では、国家と市民社会とのあいだに適正な関係が存在し、国家が動揺すれば、すぐ

さま市民社会の堅固な構造がたちあらわれた」(8)。西方には、市民生活のもろもろのアソシエーションの複合体、近代民主主義のがっしりした構造がある、というのである。そして、その違いのうえで、「東方」における国家権力に直接向けられる「機動戦」と「西方」における「陣地戦」の積み上げとが対比されていた。逆にここに、西欧諸国における変革過程の異常な困難、「最後の一人まで民主主義文化と思想性が与えられ」「文化の最高の思想」がプロレタリアートに対立する。

②「政治権力の掌握」と「産業内権力」との区別(9)――「産業内権力」の内容は「生産と分配の諸関係のなかに新しい秩序をうちたてる」「共産主義的経済組織の自主的発展を可能とする」「工場評議会は中央経済評議会となり、生産と分配の計画を決定する。そしてそれによって資本主義的自由競争の撤廃に成功する」「全国的な生産機構を、抑圧のための金融寡頭支配の道具から、共産主義的解放の道具にかえてゆかなければならない」「社会経済組織を通じての」自主性と民主主義。

③「ヘゲモニーと民主主義」――「民主主義という言葉には多くの意味があるが、そのうちでもっとも現実的で具体的なものは、『ヘゲモニー』の概念との関係からひきだすことができると私は思う。ヘゲモニー的な体制のなかでは、経済発展、したがってまたその表現で立法措置が、被指導集団から指導集団への移行（分子的な）を有利とするその度合におうじて、指導集団と被指導集団とのあいだに民主主義が存在する」(10)。民主

主義が「治者と被治者との同一」を原理的理念とし、「民主主義の試金石は、政治社会の底辺からの民衆の政治化から一歩進んで、民衆の自己解放とその能力の不断の再生産に求められざるを得ない」(11)とされるが、そのさいの経済の組織と機能の発展を通じて、指導集団と被指導集団の間の乖離が縮められていくことが、その内容をなすのであろう。私が以下の諸章で試みようとするのも、「アソシエーション」概念の拡充（その内実と枠組み）を媒介環として「市場経済の利用と制御」の次元を通じて、民主主義の発展がどのようになされていくかということである。

◎レーニン「民主主義論」を媒介として

もちろん、レーニンの諸論文のなかから「民主主義」の概念理解におけるロシア的特殊性を拾いだすことは可能であろう。先にも「個人主義」について引用しておいたが、そのさいにも「自立した市民」としての位置づけは不確かであるように思われる。一般に「われわれは、ブルジョア民主主義革命の諸課題を、われわれの主要な、ほんとうの、プロレタリア革命的な、社会主義的な活動の『副産物』として、通りすがりに、ことのついでに、解決してしまった」（三三巻四〇頁）という位置づけであった。しかしいまは、「東方」と「西方」における経済的民主主義をめぐる課題意識と理論枠組みの重なりに、より注目したいのである。レーニンは、つねに実践的な具体的歴史的課題に直面して、理論の枠組みと内容を次々と創造的に拡充していった人のように思われる。

「ネップ」期にも、経済の次元における新しい方向の出現とは裏腹に、政治の次元においては「退却期間中は、規律が百倍も必要」ということで、逆のねじれ現象ともいうべき事態も進行し、党や国家の機構の集権化が進んでいった面もあったとされる。したがって、全社会構造的な明確な位置づけがあったとは云えないであろうが、経済的基礎における変化がやがては上部構造にも及んでいかざるをえなくなる、という確信をもっていたのもまたレーニンであった。

残念ながら、この「ネップ」における経済的民主主義の枠組みが本格的に政策化され制度化されていく前に、レーニンはその生涯を閉じた（一九二四年一月）。そして、後を強襲したスターリンは、その民主主義的な要素を次々と縮減し、国家による上からの全一的な計画と管理の軸だけを肥大化させ、社会主義をめざす方向とは逆に変質させていった。「商品・市場」経済の「否定」「断絶」、「経済的基礎」からも乖離した「国家」による「行政的」計画・管理方式が、「二〇世紀・社会主義」の大半を占めることになっていく。その後の旧「ソ連」における変容の過程を批判的に総括していこうとするばあいにも、またその後の先進資本主義における「民主主義的変革――社会主義」論の積極的な展開の試みを辿っていこうとするばあいにも、レーニン「民主主義論」の最後の到達点が、その達成と残された課題を含めて、必要な媒介環としての役割を果たしてくれるのではないかと考えるのである。

スターリンによる大転換（一九二八年）も、「市場経済」に逆らった経済政策をめぐる政治主義的な権力闘争が契機をなしていた、というのが教訓的である。「鋏状価格差」問題（農産物の価格と工業製品の価格の比率が、前者に不利に後者に有利に戦前比で約三倍にも開く）で、トロツキーら「左翼」反対派は「工業製品価格をいくぶん高める」、ブハーリンら「右翼」はもっと「穀物価格を引き上げるべき」と主張し、スターリンはこれらに断固反対する。そして、工業生産財を低価格水準に抑え（補助金を与えて）、穀物調達価格を引き下げ、結果として「商品飢饉」を深刻化させ、価格統制と「商品飢饉」との悪循環を招く(12)。その無理を起点として、一連の輪をかけた経済政策――計画・管理メカニズムの中央集権化、強制的な穀物調達方法と農民の全面的集団化、消費者への配給制度が連動させられていった。要となったのが「取引税」の導入（一九三〇年）で、工業の生産財と消費財・農産物の「労働支出・価値―価格関係」の構造的乖離が生じ、社会的再生産過程の分断と不均衡、物動を基本とする超重工業優先のマクロ経済構造が形成されていく。各生産主体（企業やコルホーズ）との関係においても、生産物は「何をどれだけ」という現物の「総生産高」指標や「義務供出」あるいは「機械・トラクター・ステーション」への現物支払いによって調達され、逆に生産諸手段はまた現物の「資材技術供給」によって補給されるが、そのさいの企業・組織の自立性は全く存在しなかった。

【脚注】

（1）E・ラクラウ、C・ムフ『ヘゲモニーと社会主義的戦略』一九八五年（その第二版が『民主主義の革命――ヘゲモニーとポスト・マルクス主義』ちくま学芸文庫、二〇一二年）。「労働者の闘争」と「諸種の民主主義的闘争」との「分断」の出現、それらの「政治的節合」をめぐる課題が鋭く提起されている。その問題が核心としての「ヘゲモニー」概念あるいは「アソシエーション」概念の新たな展開の必要を呼び起こすのであるが、私の以下の諸章も市場経済化という社会経済的次元からするそのような試みである。

（2）R・ヒルファーディング『金融資本論』（原書は一九一〇年、岩波文庫、一九五五年）。

（3）拙稿「『ロシア革命』の評価と民主主義論」『比較経済体制研究』二〇一七年・第二四号（二〇一八年九月）。主な参照文献――池田嘉郎『ロシア革命――破局の八か月』岩波新書、二〇一七年。岩波講座「ロシア革命とソ連の世紀」第一巻『世界戦争から革命へ』二〇一七年。岡田進『ロシアでの討論』ロゴス社、二〇一五年。亀山郁夫・沼野允義『ロシア革命一〇〇年の謎』河出書房新社、二〇一七年。聴濤弘『ロシア十月革命とは何だったのか』本の泉社、二〇一七年。他に、『季論21』二〇一七年秋号、『現代思想』二〇一七年一〇月号、『比較経済体制研究』二〇一七年、『歴史評論』二〇一七年一〇月号の特集に掲載の諸論稿。

（4）不破哲三『レーニンと「資本論」』第五巻、新日本出版社、二〇〇〇年。

（5）M・ドッブ『ソヴェート経済史』新評論社、一九五六年。

（6）和田春樹・池田嘉郎「討議：革命はいかに語りえるか」『現代思想』二〇一七年一〇月、三九～五一頁。

（7）松田博「グラムシと『レーニンの遺産』」『唯物論と現代』五七号、二〇一七年。

（8）『グラムシ選集』合同出版社、一巻一八〇頁、訳語は松田博氏によるもの。

（9）「二つの革命」一九二〇年（『グラムシ選集』同、五巻一一七～一二三頁）。

（10）『グラムシ選集』同、四巻一〇一頁。

（11）福田歓一『デモクラシーと国民国家』六二頁、岩波現代文庫、二〇〇九年。

（12）ノーブ『ソ連経済史』（原書は一九六九年）第六・七・八章、岩波書店、一九八二年。

Ⅱ部　二〇世紀 国家の市場介入と民主主義制度

◎「社会主義をめざした」国々——二〇世紀と二一世紀

一九世紀から二〇世紀の境目にかけて、資本が独占的となり・国際的となる新たな「帝国主義」の段階を迎える。現代の主導的な歴史家の一人E・ホブズボーム（英）は、第一次世界大戦——大恐慌——第二次世界大戦へと至る二〇世紀の前半によって性格づけられた歴史の大局的な流れを、「極端な時代」「最も残酷な世紀」という言葉で表現しようとしていた（『二〇世紀の歴史』）(1)。科学技術の未曾有の発展の傍らで、戦争や大量殺戮や飢餓など、人間による人間の破滅の人類史上かつてない記録を残した世紀であった。先進国でも住民の何割という大量失業と生活破壊が襲った。しかし、これに抗する人間の基本的な自由と権利——平和的な生存権と民族の自決権が広く市民権を獲得するようになり、国民主権が普通選挙権や婦人参政権などで質的に伸展し、労働権・生存権・社会権も新たに確立をみるようになった。ホブズボームは、そのような二〇世紀の経過全体を、次のような三つの小段階に分けてフォローしようとしていた。

（一）「破局の時代」（一九一四年〜第二次世界大戦終了）

二つの世界大戦に続いて、地球的な規模での叛乱と革命が起こり、資本の体制的な危機が深刻になる。第一の波は、地球人口の六分の一以上のところで（ロシア）、第二の波は、三分の一以上のところで（東欧、中國、アジアとラテン・アメリカの一部）、資本主義体制からの離脱が試みられるようになる。これらは、資本主義の発展が相対的に遅れた国々で、帝国主義段階における内外の矛盾がもっとも集中して現れていたところであった。

帝国主義列強による植民地・従属国争奪のための長期にわたる死闘は、総力戦と国民総動員の体制を不可避とさせ、国家による市場経済への介入を導く。先進資本主義国では、「ニュー・ディール」などケインズ主義的な財政・金融による「マクロ経済規制」と「福祉国家」（「完全雇用」・「社会保障」）の試みが生まれるが、後発資本主義国ではファシズムが台頭する。「ニュー・ディールははじめから専門家による計画と集権的な運用とを予定していた……。民衆の利益関心を管理することによって、民主主義運動を解体した」[2]とされる。この「国家から企業（資本）へ」という上からの枠組みは、しばしば「コーポラティズム」（団体協調主義）型民主主義とも称されるが、二〇世紀の大半を覆う特徴をなすものであるように思われる。一九三〇年代以来のスターリンによる「国家」を頂点に立てた上からの一元的な所有・計画・管理の「二〇世紀・現存社会主義」体制も、資本主義・帝国主義の側からのこの促迫に「覇権主義的に」対抗していくという性格を色濃く帯びていた。

（二）「黄金の時代」（一九六〇年代「高度成長」前後二五〜三〇年の短い後半の一部）

一九四七年から七三年までの異様な経済成長と社会変容、人類史的ともいうべき経済的・社会的・文化的な大転換が生じた。これに比べれば、米ソ超大国の「国家や政府の介入」による世界的覇権＝「冷戦体制」というこの期の特徴は、もっと限定された歴史的意義しかもたないだろうとさえ云われる。

「国家―企業」のコーポラティブな枠組みが生産過程の蓄積にもち込まれ、巨大企業体制とその大量生産―大量消費、「産業社会」「大衆社会」が形成されていく。この背景には、長い戦争と恐慌の下で押し付けられていた民衆の諸欲求の爆発があった。国民主権の伸長、生活や労働に関わる社会権の確立、そして「農民層の死滅」、中等とくに高等教育の大衆化、女性の労働への進出などの「社会革命」が起こり、さらに耐久消費財（「三種の神器」や「3C」など）による「繁栄と私生活化」、「個人化」「市民化」といった近代の社会構成原理の変化＝「文化革命」につながっていった。

高度成長の経済的メカニズムについては、「レギュラシオン理論」が説くような市場経済に対する社会の側からの調整の制度（その五つの制度諸形態――「賃労働関係」「競争形態」「貨幣制度」「国家」「国際関係」）が特徴づけられるであろう。その中心に座るのが「賃労働制度」で、生産工場ではテーラー主義的労働・生産編成による搾取の強化があり、それが「生産性インデックス賃金」上昇にもとづく利益配分や福祉国家の完全雇用・社会保障などによって国家の介入の下で調整・妥協させられていく。それが基軸となって生産財部門と消費財部門、大量生産――耐久消費財――大量消費の好循環（「内包的蓄積体制」）、高度経済成長がもたらされていった、とされるのである。［Ⅱ部四章参照］

「二〇世紀に社会主義をめざす国々」――まず旧ソ連・東欧で「経済改革＝市場経済化」の第一段階が始まるのは、この「黄金の時代」においてであった。一九三〇年代いらい形成されてきた「国家による上から」の一元的な所有・計画・管理の方式が、六〇年代ころから「内包的経済発展」の段階（労働力や投資の量的拡大にたよるそれまでの「外延的」方法とは違って、技術革新や質の向上が求められるようになる）に達すると成長のダイナミズムを失い、市場経済の導入によって企業や労働者の「自主性」と「効率性」を高めていく措置をとらざるを得なくなったのである。しかし、それは続く「危機の時代」に至るや、さらに進んで労働者や国民、市民のレベルへ民主主義を深化させていくことができなかった。［Ⅱ部二章・三章参照］

（三）「危機の時代」――（一九七〇年代初めから、とくに八〇年代以降）

一九七〇年代の初めには、このような「国家―企業」の枠組みによる蓄積の仕方はすでに破綻をきたすようになっていた。前代未聞の「スタグフレーション（インフレと不況の同時存在）」、投資乗数効果の低下、財政赤字、「政・官・財癒着」の弊害が叫ばれるようになる。それと共に、西側でも東側でも、「市民」を中心とした「新しい社会運動」（人権、女性差別、消費者、住民要求、地方自治、環境、原発……問題など）や「連帯運動」が一気に叢生してくるようになる。［Ⅱ部一章参照］

一九八〇年代以降、「小さい政府」による「市場原理主義」「新自由主義」政策がうち出されるようになり、企業の設備過剰と資本過剰、異常に肥大化した貨幣—金融を主導とする多国籍企業・資本の蓄積と循環が全世界をグローバルに覆うようになり、「金融化」と「投機化」が進む。その「市場経済化」が国の社会経済構造全体のなかに浸透して、矛盾を鋭くさせている。その下では、一方からは、金融危機、銀行危機—財政危機—国家債務危機の悪循環によって、従来の「マクロ経済的調整」制度の弱体化と解体がひき起こされ、他方では、賃金の抑制と社会保障の削減、失業と非正規雇用の拡大、格差と貧困など、これまで獲得されてきた「社会的保護」制度の衰退と解体がもたらされようとしている。［Ⅱ部六章参照］

いま、これに抗して「人間の生、人間らしい生活と労働」の回復、民主主義の再生のために、社会経済構造のあらゆる領域と次元から「グローバルな市場経済化」に立ち向かい、「諸個人の自立とアソシエーション」をそれぞれの場で構築していこうとする新たな胎動が起ころうとしている。全般的な「労働改革」「生活・社会保障改革」による社会的な「労働基準・生活基準」とルールの押し上げ、制度の改善、「労働権」「生存権」あらゆる「社会権」をめぐる社会的制度化、その上にたった「企業の社会的責任CSR」に基づく規制と管理が求められようとしている。空洞化と奇形化を極める企業・産業の実体経済の回復、内需主導型で環境重視型の「生活と労働、地域」にねざした「内からの」「下からの」経済社会（市民の生活社会）をどうつくりだしていくか。マクロ経済を、本来の「所得再分配機能」を再生させた税制・財政民主主義にそって再建し、金融に対する民主的規制をどう強めていくか。

二一世紀には、これらがグローバルに「国家」の枠組みを超えて、全人類的な民主主義の「アソシエーション」の力によって創造されていかなければならないであろう。核兵器廃絶などの「平和的生存権」や「自然環境権」も、このような枠組みのなかでのみ達成しうる。〔Ⅱ部五章・Ⅲ部参照〕

一章 「市民社会論」と自由—民主主義

【Ⅱ部一章の要点】

一九八〇年ころから華々しく復活を遂げるようになった現代「市民社会論」(3)の展開のなかから、注目すべき二つのもの——一つは、官僚主義的国家に対するラディカル民主主義的批判の伝統と資本主義経済に対するマルクス主義的批判の伝統とに結びつくA・アラートとJ・コーエンのもの、もう一つは、コミュニタリアニズム(共同体主義)を志向するM・ウォルツアーらのものを取りあげ、現今の課題をめぐる理論的枠組みの全体像を確かめておこうとした。それらの根幹には、「システム」(「国家」と「経済」)と「生活世界」(後に「市民社会」）の論理を分けるJ・ハーバーマスの二元論的な社会理論があったとされる。それによって、一方では近代市民社会の肯定面、自律した行為者の出現の条件を明らかにすることができるが、他方ではその否定面、「国家」と「経済」によって「生活世界」「市民社会」が歪められ「物象化」「植民地化」される現実をも明らかにしうるからである。

アラートとコーエンは、この「植民地化」から「市民社会」を防衛するという側面だけでなく、逆に攻勢的に資本主義の「国家」や「経済」に働きかけ民主主義的な変革を加えていくという方向性を重視する。そして、それらの関係の具体化をはかるため、「市民社会」と「経済」との間に「経済社会」（企業や共同団体などの組織）、市民社会」と「国家」との間に「政治社会」（政党や政治組織など）と呼ばれる仲介概念（中間組織）を置き、それらを共通の媒介環「諸主体の自由と民主主義的な権利の制度＝平等な基準（ノルム）や規則（ルール）」を設定していこうとする。ウォルツアーらの「共同的社会」概念のなかには、近代主義的解答では無視されがちな「親密共同体」型のもの、非西欧の「伝統社会」「基層社会」における「生活世界」に対する民主主義的な協同の課題が宿されていた。

「市民間関係の平等性」を基礎において、どう「国家」と「資本」の「民主主義的変革」に迫っていくのか、そのことに「市場経済（その利用と制御）」はどう関わっていくのか、以下の諸章で検討を深めていくべき課題枠組みの全体的な在り処を描き出しておきたい。

一節 「市民社会」概念のカムバック

すでにI部一章でふれておいたように、「市民社会」概念の歴史的回顧をしながらJ・コッカは、①期――一七・一八世紀の「市民革命」、近代社会におけるその確立、②期――一九世紀前半に資本主義の下で「市民からなる社会」という意味の用語が後景に退き、「ブルジョアジーからなる社会」という使い方が広くなっていく、と辿った後で、③期として、ところが一九八〇年ころ、中東欧の全体主義的な国家に抵抗する運動において、「市民社会という語は、見事なカムバックを果たした」とする。そのとき、ソ連型の国家による上からの全一的な所有と計画・管理――市場経済の否認――自由と民主主義の疎外というその構造全体に対する批判のなかでは、一九六〇年代半ばころから始まる「経済改革」＝「市場経済の導入」は、「民主主義」の回復とほぼ並行して肯定的に受け取られていった。そして、このような国家に対する批判は、西側の干渉主義的（ケインズ主義的）福祉国家に対しても向けられ、上からの過度の規制と過重負担が限界に近づいていると受け止められるようになっていた、とされる。

コッカは、このような「市民社会」概念の歴史的整理をたどったあと、それが華々しく再生をとげるようになった八〇年代以降の新たな段階で、「国家」と「経済」との区別と関連のうえに立った注目すべき展開として、一つは、官僚主義的国家に対するラディカル民主主義的批判の伝統と資本主義経済に対するマルクス主義的批判の伝統とに結びつくA・アラートとJ・コーエンのもの、もう一つは、コミュニタリアニズム（共同体主義）を志向するM・ウォルツアーらのものを挙げている。他にも、リベラル派のものがあるが、それは「市民社会」を「国家」からは区別をするが、「経済」からは峻別しようとしないものであったとされる(4)。

二節　アラートとコーエンの「経済社会」概念

もっとも豊富な手がかりを与えてくれるのは、アラートとコーエンの研究のように思われる(5)。彼らは、「システム」（「国家」と「経済」）と「生活世界」の論理を分化させるJ・ハーバーマスの二元論的な社会理論(6)が、市民社会の概念の再構成にとってもつ決定的な意義を強調する。「生活世界」の概念は、後ではっきりと提起されてくるようになる「市民社会」の概念にほぼ対応するものであろうが、両者の連関についてはさまざまな解釈があるようである。アラートとコーエンの整理では、「生活世界」は「文化」「社会」「パーソナリティ」という三つの異なる構成要素からなり、それぞれ専門化された諸制度の出現をつうじてその構造的分化が引き起こされ、この制度的次元を介して「市民社会」に接合されていく。「市民社会」の核心は、自由な意志にもとづく非国家的かつ非経済的な結合関係およびアソシエーションというところにあって、制度的には権利によって保障されるところの「生活世界」の一つの次元であるとされる。「市民社会」は一連の諸権利の形態においてさまざまな領域の再生産を法的に保障するようなところにのみ存在するとして、その権利の三つの複合体――文化的再生産にかかわるもの（思想、出版、言論、コミュニケーションの自由）、社会統合を保障するもの（結社、集会の自由）、またパーソナリティと社会化を保障するもの（プライバシー、親密性、人格の不可侵の保障）――が分けられる。

さて、上のような「国家」「経済」と「生活世界」あるいは「市民社会」との二元論的な分化によって、一方では、近代市民社会の達成の肯定的な面を分節することができ、それ以前の習慣にもとづく規範的コンセンサスを公開的なコミュニケーション過程にねづいたコンセンサスに置き換え、合理的で連帯的な集合的アイデンティティの能力や責任を発展させる自律的行為者の出現のための条件をあきらかにする。他方では、近代の否定的な面、「国家」と「経済」という二つのサブシステムによってその近代化された「生活世界」が歪められ、「物象化」「植民地化」されていく現実をもあきらかにしうる。

このようなメリットを積極的に評価しつつ、アラートとコーエンは、しかしながらハーバーマスにあってはその制度の記述が不完全であって、一つの核心的な点でこの理論枠組みに欠陥があると批判を加えていくのである。つまり、「市民社会」が「物象化」「植民地化」されていくという否定面だけに還元されうるものではないという点である。それはより進んだ平等主義的かつ民主的なアソシエーション形態をうみだす傾向もあるという、市民社会の制度とオルタナティヴの二重性にかんすることであった。これは「新しい社会運動」において、「生活世界」や「市民社会」を消極的に「防衛」するというだけでなく、「国家」や「経済」の「システム」に攻勢的に働きかけて逆にそれを民主的に「制御」していくという性格づけの置き方にかかわる問題でもあった。ただ、このようなラディカル民主主義の立場は、ただちに「全体化する」革命に結びつくのではなく、「生活世界」と「市民社会」の上述の制度的核をとおして、境界を接するさまざまなサブシステム（「国家」と「経済」）の領域へ間接的に影響を与えていく、という「自己限定的な自己反省的なユートピア」であるとされていた。この「市民社会」「民主主義」と「体制変革」との関連については、後でさらに検討を深めていくことにしたい。

コーエンは、さらに進んで「国家」と「市民社会」の間を媒介し調整する機能をもつ「政治社会」という概念、および「経済」と「市民社会」の間を媒介し調整する機能をもつ「経済社会」という概念を区別する五項モデルを提起し、より具体的な分析へとつないでいこうとする(7)。前者は、政党、政治組織、政治的公共圏（議会）によって構成され、後者は、生産・分配のための組織と共同団体、通常は企業、協同組合、団体交渉のための諸制度、組合、評議会などによって構成される。「市民社会」における共同が自律的なコミュニケーション的行為と自由闊達な意思伝達によって調整されているにもかかわらず、近代の政治制度と経済制度は権力と富という媒体によって調整されるしかない。「政治社会」や「経済社会」が「市民社会」の影響力のための受容体を準備し、「政治社会」や「経済社会」が「市民社会」と「国家」や「経済」との間を調整する機能が必要不可欠となるが、「政治社会」や「経済社会」が「市民社会」に深く根ざしていることもまた必要不可欠である。「市民社会」を「国家」や「経済」と切り離して対抗するものとして考えるのは誤っており、「政治社会」や「経済社会」という観念が意味しているのはそれらに対する調整のための諸制度であって、それにより「市民社会」が影響力を保持することができるのである、とされる。ただ、そうであれば、その具体的な「経済社会」の企業という組織や団体交渉の制度や組合について、市場経済一般とは異なる資本主義経済としての特有な性格づけを与えていかなければならなくなるが、初めにあげた論文では「さしあたり我々はこれらの（さきの市民的な）権利複合体が、市民社会を資本主義経済（財産、契約、労働の自由）または近代官僚制国家（市民の政治的権利、クライアントの福祉権利）と媒介する他の諸権利に対して、いかなる関係にあるかという点は興味をもっていない」(8)とされるに留まっていた。この問題は、後でさらに検討を深めていくことにしたい。

このようなアラートとコーエンらの展開に注目するのは、「市民社会」と「経済（市場経済あるいは資本主義経済）」との相互関係をほりさげていこうとするとき、それらを切り離したり逆に一体化したりするのではなく、また一方的な「植民地化」の傾向だけでなく逆の「民主化」の運動においてもこれをみていこうとする、両者の区別と関連のさせ方がもっとも全体的であるように思えるからである。そして、両者を媒介するものとして自由と民主主義的権利の「制度」が置かれることである。それは、「人と人との相互作用と調整にかかわる規範や規則が、自立した諸個人の平等な水平的な相互関係のうえに置かれたもの」で、その性格ゆえに市場経済や民主主義ともつながっていく。また、「経済社会」としてより具体的に展開されていくときにも、企業という組織の内部構造における諸主体の自由と民主主義的権利（後で具体化されてくるような所有主体の「所有権」、経営主体の「経営権」――労働主体・生活主体の「労働権」「生活権・生存権」）が問われていきながら、他方で市民的な諸権利の複合体というより広い社会的基盤とそれらの相互連動がたえず確かめられようとしているからである。

三節　ウォルツァーの「共同的社会」概念

では次に、ウォルツァーの展開をみてみることにしよう(9)。それは、「市民社会」「経済」「国家」の区別を強調するアラートやコーエンと対照されたとき、「市場」と「市民社会」をより重ね合わせて論じていこうとするため、二元論であるともいわれる。アラートやコーエンが、「市民社会」の「自立した個人」の方に重心をかけるのに対して、ウォルツァーがその「アソシエーション」の方に重点をおこうとするのも、「コミュニタリアニズム」とされる特徴なのであろう。

ウォルツァーは「市民社会」を、「非強制的な人間の共同的社会（アソシエーション）の空間の命名であって、家族、信仰、利害、イデオロギーのために形成されこの空間を満たすネットワークの命名である」とする。そのネットワークとは、具体的には「さまざまな組合、教会、政党、そして運動、生活協同組合、近隣、学派、さらにあれこれを促進させ、また防止する諸々の共同的社会」である。いま、中東欧だけでなく先進資本主義国においても、この共同的社会の生活はますます危険に晒されようとしているとして、政治的経済的存在である以前のより根源的な人間のあり方としての「社会的存在」、「社会性それ自身のためにお互いに自由に交わり、意見を交換し、あらゆる種類の集団を形成し、再形成していく人々」(10)の共同社会的生活という概念がまず基底に置かれようとするのである。

そのうえで、善き生活のための「政治」「経済」と「社会」の好ましい枠組みを求める一九世紀、二〇世紀の社会認識論は、いずれも「単一性」の志向のゆえに誤っており、この共同社会的生活の総体をくみ尽くすことができなかったとして、四つのイデオロギーが批判的に検討されていく。一つは、それを「政治共同体」とし、「民主主義国家」とする左派からの解答である。しかし、国家は市民の手のなかに完全に掌握されているとはいえないし、政治は市民の十分な注目をほとんど引いてはいない。つまり、大多数の人々の「現実の生活」ではない。二つは、それを経済活動に絞り「協同経済」のなかに求めようとするもう一つの左派的な解答、マルクスに見出される解答である。社会的分業と闘争が無くなるとき、国家は消滅するとされる。しかし、経済調整のためにはある種の行政機関が必要であろうし、こうした経済主義的解答がもつ反「政治」性は国家や民主主義の問題への過小評価をもたらす。左派的見解はともに、すべての共同的生活を体系的に過小評価している。三つは、それを「市場」に求めようとする資本主義からの解答である。しかし、その下での自立的個人の自由は不平等をもたらすし、社会的結束にも寄与し得ない。四つは、ナショナリズムからの解答であり、好ましい枠組みを国民国家とする。しかし、それは個人を一つの民族と歴史にかたくなに同一化することである。その生活は感情的な高揚があるが、社会と経済に関しては危険なことに気ままに浮遊した高揚にとどまり続ける。市民、労働者、消費者が熱狂的なナショナリストに安易にもなってしまうのは、最初の三つの解答が不十分だからである。以上四つの枠組みを批判的に検討したうえで、それらを部分的に否定し（消極面を）、部分的に結合する（積極面を）、「それら四つすべてを受容していて、それぞれが他の三つの答えに対して余地を残すように要求するがゆえに、最終的にはどれをも受容しない」（二一一頁）という多元主義的な認識の必要性が強調される。

そして、そのそれぞれを接合していく基底に、上述の「共同社会的生活」概念が置かれようとするのである。まず、「市民社会」「共同的社会」と「市場」との関係についてみれば、「もっと現実的な見解」をもち、両者は「もっと順応している」とされる。「市場はそれが共同社会のネットワークに組み入れられる時、所有の形態が多元化する時、疑うべくもなく市民社会論と最も調和する経済編成なのである」（二二頁）。共同社会的ネットワークでは、小集団の人々が数多くの小さな決定をなし、ある程度は国家や経済にかかわる大きな決定をくだすが、より濃密に組織されたより平等な市民社会ではこの両方の決定をさらに効果的におこなうことができる。しかし、このことは資本主義経済を受容する必要があるということを意味するものではない。「すべての資本主義社会において、市場は不平等を生み出す」、「問題なのは、不平等が、通常、支配と根本的剝奪へと移行してしまうことである」（二四頁）。「市場」が「市民社会」の内部にしっかりと措定され、「組み込まれ」、政治的に制限されているのなら、不平等を制限し抑制することができる。同様に、「国家」や「ナショナリズム」についても、その質は、市民社会のなかで決定され、共同的社会のネットワークの強度と密度とに依存する。

そのさい、市民社会は「家族的企業、公共企業体、労働者のコミューン、消費者団体、多種多様な非営利団体など、さまざまな市場の行為者」を包含し、「これらはすべて市場外に源泉をもつにもかかわらず、市場内で機能する」。「国家」と「市場」の質は、これらの集団や組織によって拡大され高められる。国家に帰属するのではなく「その内部にある諸集団のなかに市場組織が存在し」、市場に帰属するのではなく「その内部にある諸集団のなかに国家の組織が存在する」（以上、二四〜二五頁）のである。つまり、このような行為者の集団や組織の内実を媒介として、「国家」「市場」と「市民社会」との相互関係が展開されていこうとするのである。この枠組みは、アラートやコーエンの「経済社会」における企業や組織による媒介の構造と相似のものといえるが、ウォルツァーが資本主義企業を含む企業一般にかんしてはそれから除外しているように思われるのが注目されるところであろう。

また、「市民社会」「共同的社会」と「国家」の関係についても、共同社会のネットワークは国家権力の諸機関を包摂しうるとしても、それらとの連携、それへのある種の統制や活用なしにはやっていけない、とされる。国家は、市民社会の枠組みをつくるとともに、そのなかで一つの位置を占めており、すべての共同社会的生活の行為領域の限界条件や基本的規則を定める。また、構成員たちに共通善についての考察を促す。市民社会は、それ自体が任意なもので大小の諸集団の間の不平等な力関係を一般化してしまうからである。市民社会は、自分たちの利害が自分および仲間の利害よりも広がっていき、共同的社会のネットワークを養い擁護する政治的共同体を育むような市民を生み出す能力の有無によって真価が問われる。民主的市民社会は、それを構成する人々による単一的な自己決定の過程ではなく、数多くのさまざまな調整されない諸過程をつうじて統制される。民主的国家のみが民主的市民社会を創造でき、民主的市民社会のみが民主的国家を支えることができる。

このようにして、「批判的共同的社会論」と呼ばれる視点が擁護され、「(1)市民が国家の(いくつかの)行為に責任を負うためのより多くの機会がもてるように、国家の非中央集権化を推進すること。(2)協同的であり同時に私的な市場の行為主体により大きな多様性をもたせるように、経済を社会化すること。（3）種々の歴史的アイデンティティを認識し、擁護するのにさまざまな方法を駆使して、宗教的モデルを基礎として、ナショナリズムを多様化して飼い慣らすこと」（三三二～三三三頁）という市民社会のプログラムが提起されるのである。

さて、以上のようなウォルツァーの「市民社会論」のなによりの特徴は、その「共同的社会」といわれるものについての理解にあるであろう。論議のなかでも、「コミュニタリアニズム」の「アソシエーション」の内容をめぐって、それが個々人の自由意思による選択的な「連帯共同体」型であるのか、あるいは生得的・運命的にはめ込まれた伝統的な「親密共同体」型であるのかが問われていた(11)。ウォルツァーの「共同的社会」のなかには、「近代主義的解答のなかではおもに無視されている」ものも含まれ、前者のものだけに限定されないところにその特徴があるように思われる。おそらく問題はあれかこれかではなく、山口定氏がいわれるように「『親密共同体』型アソシエーションの裾野の広がりと『連帯共同体』型アソシエーションのレベルの高さ」(12)というなかでの位置づけが必要とされてくるであろう、と私も考える。そして、そのさいの「裾野」に当るものが、後の「体制転換」過程であらたに注目を集めるようになった「社会的な制度」「インフォーマルな（非公式な）制度」をめぐる問題とつながってくる内容のように考えられる。そこでは、現実の「インフォーマル・セクター」にそくして、それらの基礎に広くみられる「家政経営」と呼ばれるもの（ウォルツァーの「家族的企業」にほぼ当る、仕事を自分でおこして労働と生活を支えていくという、所有＝経営＝労働・生活がまだ未分化のままで一体化したもの）が起点におかれ、やがてそれが「所有」と「経営」と「労働」「生活」のそれぞれに機能分化していって私的小営業・企業の生成につながっていく、という一連の進化的な過程のなかに位置づけされて「市場」との連関がたどられていこうとしていた。そのなかにあっては、たんに自立した個人のばあいについていてだけでなく、社会の各発展段階におうじて異なった諸主体のさまざまな「インセンティヴ・自発性」と「協同性」を最適に引きだすことが、経済的パーフォーマンスの最大化をもたらしていくのである。「市民社会」「共同的社会」と「経済」（市場経済あるいは資本主義経済）とを媒介する接点をより具体化していこうとするとき、その中核に企業や組織、それらのネットワークが共通してとりだされていきながら、ウォルツァーのようなこの「家族的企業」などの置き方とアラートやコーエンのような「（資本主義的）企業」の置き方の違いが見られるのであるが、その双方を結びつけていく手掛かりを与えてくれるような「裾野」の位置づけが大事であろう。これは、中国やアジアの市場経済化における「伝統社会」「基層社会」論と呼ばれる問題とも関わってくるもので、「市民社会論」を西欧社会だけにシフトさせないためにも重要な視点ではないかと考えるのである。

四節 「市民社会」概念のいちおうの整理

この章は、複雑多義といわれる「市民社会」概念について正面からその明確化をめざそうとしたものではなく、「市場経済―民主主義」論との相互関係の展開に必要なかぎりでの整理を試みようとしたものである。しかし、ここで私の「市民社会」の理解について、いちおうは述べておかなければならないであろう。私は、I部一章で述べたようなマルクスの理解の上にたって、管見のかぎりでは吉田傑俊氏のような「市民社会」概念の整理にもっとも共感を覚えるものである(13)。それは、マルクスの理論にあってはいわば「階級社会史観」とともに「市民社会史観」が両立して、それらが内在的な相互関係にあるとし、その「市民社会」という用語が使われている内容を次のような三層――①「これまでのすべての歴史的諸段階に当然存在した生産諸力によって規定され、逆にそれを規定しかえす交通形態」としての歴史貫通的な「土台」としての市民社会、生産様式・交通形態、生産諸関係という意味、②ブルジョア的市民社会＝資本主義社会、③「諸階級とその敵対関係を排除する一つの協同社会」としての市民社会――からなる重層的なものとしてとらえる(14)。その②も、「商品生産・商品交換関係」と「資本・賃労働関係」の拮抗(「領有法則の転回」の問題)としての下部構造――「市民間関係」と「階級関係」が拮抗する上部構造――公的表現としての「国家」という重層的構造からなる。従来、その「階級社会」論の側面が強調され、「市民社会」論の側面が軽視されてきたといえるが、マルクス市民社会論の全体的検討をとおしてその現代的意義はむしろ大きくなっているとして、両者の区別と結節をふまえて、市民間関係の平等性を軸にして不平等の根源である階級関係に迫っていく、またそれと関わって「市場」についてもそれを利用しつつ止揚していくという過程が明らかにされるべきではないかとする。私の課題意識もこのような整理とほぼ同じところにあって、その「市民間関係の平等性を軸にして」および「市場を利用しつつ」ということに関わらせながら「民主主義的変革」論を展開していく、さらにそれが「不平等の根源である階級社会に迫っていく」「市場を止揚していく」――社会主義へ繋がっていくことを明らかにしていきたい、とするものである。

◎「市民社会」をめぐる理論的課題の整理（コッカ）

本章冒頭に掲げたコッカによる「市民社会」概念の歴史的回顧は、主として「独裁制国家あるいは介入主義国家」の段階までについてのものであったが、それはその後の大きな変化と新たな課題の登場を示唆するものともなっていた。今度は「市場経済」がグローバルにあらゆる領域や次元にまで浸透し、そのことが「民主主義」に対する深刻な脅威と危機を引き起こそうとしているからである。諸国民の貧困と格差が極端になり、実体経済が空洞化・奇形化し、一国のマクロ経済が「財政破綻」や「ソブリン（国家債務）危機」に追い込まれ、国の経済的自主権を喪失させていく。そして、一方では国家の枠組みを越える民主主義が求められるようになるが、他方では国家（日本式・「復古主義」やアメリカ式・「一国主義」など）の暴走が指弾される。

コッカは、その歴史的現実の総括の上にたって、次のような理論的課題を整理しようとしていた(15)。「市民社会」の論理は個人の権利を保障するが、また連帯と社会化、市民的徳性と普遍的福祉への志向をも要求する。ところが「市場」は競争と交換、個人的決定と個人的利得の論理にもとづいており、市民社会とは区別されなければならない。市場の諸原理が「経済」を超えて「社会」的諸関係、「文化」的活動、「生活」世界に浸透するならば、市民社会を脅かし空洞化させる。しかしまた、経済は正当にも市民社会の中心的位相とみなされてきたし、その推進力でもあった。「労働」という範疇は、経済に属するだけでなく、社会の領域にも属するが、資本主義は労働力が市場化されていく社会であり、「経済」と「社会」の間の緊張関係が厳しくなる。また「資本」による決定と権力が集中化していく場合には、市民社会の展望は暗い。だから「資本主義」と市民社会の関係は、多義的でアンビバレントであり、相互に規定的である。同様に市民社会と「国家」の関係についても、対立と断絶だけでなく、人権と市民権の擁護、法治国家・立憲国家の原則、高い水準での広範な参加など両者の緊密な関係も要求される。

要は、これら「市場」「労働と資本」「経済」――「社会」「文化」「国家」の間で歴史的に変化していく関係こそが、「市民社会」の概念にとってむしろ本質的な意味があるとされるのである。私もまた、それらの間の構造的編成の変化のなかに、民主主義をめぐる今日的課題の内容が探れるのではないかと考えて、以下の諸章において、「市民社会」の回帰とされるいわばその「第一局面」(「独裁制国家あるいは介入主義国家」に対する批判が主軸となる)から今日の「第二局面」(「グローバルな市場経済化」に対する批判が主軸となる)への枠組みの移行を対比させながら、検討を深めてみようとするわけである。

【脚注】

(1) E・ホブズボーム『二〇世紀の歴史』上・下(原書は一九九四年)、三省堂、一九九六年。
(2) 福田歓一『デモクラシーと国民国家』五八頁、岩波現代文庫、二〇〇九年。
(3) それぞれの専門領域に重心をおきながら「市民社会論」の全体に接近しようとする諸研究を参照。哲学の領域では、吉田傑俊『市民社会論—その理論と歴史—』大月書店、二〇〇五年、政治学では山口定『市民社会論—歴史的遺産と新展開—』有斐閣、二〇〇四年。社会学では、マーティン・ジェイ編、竹内真澄監訳『ハーバーマスとアメリカ・フランクフルト学派』青木書店、一九九七年。歴史学では、J・コッカ『市民社会と独裁制』岩波書店、二〇一一年。
(4) J・コッカ「歴史的問題および約束としての市民社会」『思想』二〇〇三年九月号、三八頁。
(5) A・アラートとJ・コーエン「市民社会と社会理論」(ジェイ編、上掲書、第二章)。
(6) J・ハーバーマス『コミュニケーション的行為の理論』(原書は一九八一年)未来社、一九八五年。同『公共性の構造転換』第二版(一九九〇年)序文、未来社、一九九四年。
(7) J・コーエン「市民社会概念の解釈」(M・ウォルツァー編著『グローバルな市民社会に向かって』第三章、日本経済評論社、二〇〇一年)。
(8) A・アラートとJ・コーエン、上掲論文、五五頁。
(9) M・ウォルツァー「市民社会の概念」(ウォルツァー上掲書、第一章)。
(10) 同上、一〇頁、二〇〜二一頁、この節のウォルツァーの引用で頁数のみは、いずれも同上論文。

(11) 山口定、上掲書、二四三～八頁。
(12) 同上、二四六～七頁。
(13) 吉田傑俊、上掲書、第一部第二章。
(14) 代表的なものとして挙げられるのは、『ドイツ・イデオロギー』邦訳大月書店版全集、三巻三二頁、『哲学の貧困』四巻一九〇頁、「アンネコフへの手紙」四巻五六三頁、『フランスにおける内乱』第一草稿、一七巻五一四頁。
(15) J・コッカ、上掲論文。

二章　二〇世紀「現存社会主義」と市場経済化

【Ⅱ部二章の要点】

一九六〇年代半ば、旧ソ連や東欧で「市場経済」の導入による「経済改革」がおこなわれるようになる。それは、「生産物の市場化」（第一段階、中国では遅れて七八年末「改革開放」）から始まり、やがて「生産手段の市場化」（第二段階、ソ連・東欧では八〇年代、中国では九二年「社会主義市場経済」）へと進んでいく。このなかで、一九三〇年代以来の「国家」による一元的な所有・計画・管理の方式が弛緩し、これまで一枚岩的に覆われていた「経営」（企業・組織）や「労働」（個人）の機能が蘇生し、それらの自立化を促すことになっていった。

しかし、「国家―企業」の枠組みの下で「上から」企業の経営に「市場経済」を導入していくやり方は、やがて制約にぶつからざるをえない矛盾を抱えていた。一つは、企業に残されるようになった剰余が企業の利潤（M）と労働者の賃金（V）とに分配されていくさい、「自立性」よりも「効率性」の基準・指標が優位に置かれざるを得なくなっていったことである。二つは、企業の枠組みの下での「労働集団の自主管理」の置き方が、実際にはその「自主管理」→「共同管理」→「共同参加」へと退行していき、変容・変質していかざるを得なくなったことである。労働者階級全体の「アソシエーション」の力に基づく社会全体との広く大きい連動関係がないと、「労働権」「生存権」「社会権」の現実化は困難であろう。

「経済改革」の最終段階（ソ連では「ペレストロイカ」）で析出されてきていた共通のモメントは、生産や労働における諸主体の権利の確立、自主性・自由と同権・平等ということであった。おそらく、そのなかで現実的な課題の焦点となってくるのは、一方における企業の「経営権」の重視ということと、他方における「最大限の慎重さを要する」とされた「労働権」「生存権」との相互関係であろうし、またその各企業の「経営権」と「市場にまかせられない」とされたマクロの社会や国家による制御との相互関係であろう。当時の党や政府の中枢は、このなかで「新しい社会主義経済システム」の構築の方向を目指そうとしたが、その具体的な戦略プログラムを提起しえないまま、社会的な分散・分断と破局をむかえ、体制崩壊に陥っていった。

一節　「経済改革」における「市場」導入の論理

ソ連や東欧における「経済改革」は、「市場」の導入を軸として展開されていったが、その論理の筋道は次のように整理できるであろう(1)。

即ち、「一九三〇年代型」とか「スターリン型」とかと呼ばれるこれまでの体制のもとでは、国家による上からの全一的な「所有」＝「経営」＝「労働」の統合のシステムがつくりだされていた。「経済改革」は、これまでのような企業や労働者が国家から与えられる指令の一方的な遂行者としてではなく、自立した商品生産者として自主的に判断を下して、消費や需要にもっともあったものをもっとも安いコストで効率的に生産する、そしてその生産物を市場の需要・供給関係をつうじて販売していくことによってそれを実証していくようにする、というのである。そのさい、その剰余（利潤）の一部が与えられ、それがその労働者の賃金あるいは企業の投資や集団的消費に利用され、いわゆる物質的刺激と結びつけられていく。

企業や労働者の「自立性・自主性」と「効率性」を高めていくということと結びつけた「市場」の導入は、生産物の分配（いわば生産物のフロー）の次元から始まっていった。労働者や企業が生産した生産物が賃金（V）や利潤（M）あるいは所得（V＋M）として分配されていくときに、労働者個人や企業集団の活動が好いか悪いかによって、彼らの労働や生産の最終的成果におうじて、差をつけるようにしていく。

まず、利潤Mの部分にかんしては、その形成と利用に物質的刺激と結びついた企業の自主性と効率性ということが貫かれていこうとする。企業の利潤は、国家と企業の間で分配され、企業に残される利潤は、企業の技術の進歩と生産の発展（例えば、「生産・科学技術発展フォンド」）、その集団的および個人的な消費的欲求（「社会的発展フォンド」あるいは「物的報奨フォンド」）の充足にあてられる。まず、この企業留保利潤からの「物的報奨フォンド」の形成に、企業の経営活動の評価指標とリンクさせたノルマチフ（ふつう基準率などと訳され、一定の比率の遵守を規制するもので、個々の課題を直接に規定する計画指標とは異なって自主性の拡大をもたらす）を適用していく、というような部分的な導入から始まり、やがてその他のフォンドの形成にも及ぼされていった。他方では、国家集中利潤のところにも適用されていくようになり、国家集中利潤と企業留保利潤とがノルマチフによって直接に按分されるようになる。報奨フォンドなどの形成も企業留保利潤に直接依存するノルマチフでおこなわれるようになる。そして、このようなノルマチフに、一律的性格と長期安定的性格が求められていく。つまり、企業の経営活動の成果と結びつけて効率性を徹底させていこうとするかぎり、あらゆるノルマチフがますます利潤との直接的な依存関係に収斂していかざるをえなくなるのである。

賃金Vの部分にかんしては、基本的に全国一律の賃率（労働の質に応じた）・ノルマ（労働の量に応じた）制度が基礎に置かれ、企業の賃金フォンド（総賃金額）の増減によって一定の修正が加えられていた。その賃金フォンドの形成にかんして、次の三つの形態にそった展開がみられた。これまでは長年のあいだ「限度額設定方式」などと呼ばれる仕方が用いられ、国家によって与えられた生産物の量と品目にかんする課題（計画および計画遂行度）に応じて賃金フォンドが形成されていた。六五年の「経済改革」以降、利潤からの物的報奨フォンドが経済活動のある評価指標にしたがって支払われるようになった。七〇年代に入って「ノルマチフ方式」が普及してくるなか、七九年以後には純生産高当たりのノルマチフで賃金フォンドが形成されるようになる。「ペレストロイカ」のなかでは、ノルマチフ方式による第一形態とならんで、「財務的方式（あるいは残余方式）」と呼ばれる第二形態も認められることになった。そこでは、企業であらたに生産された価値部分＝所得Ｖ＋Ｍが一体化され、国などへの第一次的支払いをおこなった残余の部分は自主的に利用して必用なだけの額を賃金に充てることができるようになる。賃金フォンドの形成が、企業の経営活動の総括的な指標としての利潤との直接的な依存関係（所得マイナス利潤イコール賃金）に置かれることになり、企業に残される利潤の使い方と賃金との相互関係が企業の自主的決定よってなしうるようになる。

このように、企業集団の経営や個人の労働の「自立性・自主性」の拡大と「効率性」の向上を軸として進められていく利潤や賃金、所得の分配＝生産物の分配の次元における「市場」

の導入は、以前には「国家」（「社会的所有」）のもとにいわば一枚岩的に覆われていた「経営」と「労働」の機能を蘇生させ自立化させていくものであった。ただ、そのさいの特徴は、「効率性」指標であるかぎり賃金Vがますます利潤Mとの直接的な依存関係に置かれ、企業の所得V＋Mとして一体化されて扱われていくところによく表われていた。また、賃金の基本的部分については国家的賃率・ノルマ制度によって規定されるものが置かれており、この自由化にまで及ぶのは労働市場が認められるようになる「ペレストロイカ」の最終段階であった。とともに、後で問題とする「労働権」や「生存権」、そしてそれらとの関連で「経営権」に対する規制や参加の課題が出てくるのであるが、これに関する提起はかなりの立ち遅れをみせていたのである。

もっとも、このような直接的な国家的計画化からノルマチフなどへの価値指標にもとづく間接的な誘導的計画化へ向かっての移行の歩みは、ストレートなものではなく紆余曲折と一進一退を続け、七〇年代は全般的に停滞期に陥ったとされる。その背景には、実体経済における〝重い〟客観的な構造、国民経済におけるバランス性の欠如（「不足」）の問題や産業・企業のレベルにおける甚だしい技術的経済的格差の問題が横たわっていた。一律的な価値・利潤指標を適用するとしても、始めから三割か四割の企業はその枠外に置かれざるをえないほどの不揃いがあるといわれた。この市場経済化と実体的な産業・企業構造との間の相互連関のなかにこそ、その後に続く難しい問題が宿されていたといえるのであるが、ここでは市場経済化のさらなる展開の論理だけを追うことにしたい。

二節　「生産物の市場化」から「生産手段の市場化」へ

「市場」導入の次の段階を画するのは八〇年代の前半ころで、生産された生産物の分配、賃金や利潤、所得などのいわばフローの次元の問題から、生産手段（資本）のいわばストックの次元の問題への展開であった。生産物の市場化から資本の市場化へということは、経営や労働の自主性と効率性を徹底させていこうとするばあい、避けてとおれないものであった。所得の効率化は、それを生みだす元になる資本の利用のしかた、その維持と拡充の効率化にまで及んでいくときに、一貫したものとなっていくからである。

とくに、ソ連のばあいこれにはさしせまった実践的な背景があった。企業はおしなべて「ユニバーサル企業」（万能型あるいは百貨店型企業）という構造的特徴をもち、それが国家と癒着して巨大な独占的性格の強い組織的構造をつくっており、技術や経営のイノベーションには全く鈍感な体質をもつものとなっていた。八〇年代に入って、国際化と競争の新しい段階で科学技術と生産力の決定的なたち遅れが明らかとなりつつあった。

「労働」と「経営」の機能の自立化は、生産手段とその「所有」に対しても新たな問題を投げかけてくることになった。所有の主体に関する占有・利用・処分の権利と責任、その意識と行動の問題が論じられるようになる。「ペレストロイカ」におけるゴルバチョフの次の言葉――「社会主義的所有について特別に述べなければならない。誰が、どのようにして、それを管理するか、ということに対するコントロールがきわめて弱かった。……真の主人公がいない『誰のものでもない』かのような、無償のものとなり、多くのばあい不労所得を得るために利用されるようになった」（八七年一月共産党中央委員会）――がそれをよく表していた。その報告は、続いて「協同組合的所有」と「個人副業経営」「個人営業活動」の再評価にもふれていたように、多様な所有・経営形態の積極的な容認にもつながっていくものであった。「市場」の位置づけが、機能論的な次元での計画化の道具（ブルス）というところから、主体に関わる本質論的な次元へと深化していくのである。

この所有の主体の強調は、「ペレストロイカ」においてその新たな段階を画するものとされた「人間的要因」の重視という課題と重なるものであった。そこでは、「経済管理の根本的再編（ペレストロイカ）の本質」が「利害をつうじての管理」という軸と「人間的要因の全面的活性化」という軸に求められようとした。その前者の核心をなすものとして、すでにみてきたように企業集団や労働者個人の活動の最終成果におうじて利潤や賃金、所得を分配していく、そこに「市場」の導入がはかられていこうとしたのである。

後者の「人間的要因」についても、これまでとは異なる新たな位置づけと内容が展開されようとした。一つは、人間が生産の諸資源・諸要因と同一視され、管理の客体としてしか見られてこなかった従来の認識の反省にたって、生産と管理の主体としての新たな〝人間の獲得〟といわれる位置づけである。もう一つは、発展の「経済的目的」と「社会的目的」との相互関係における逆転といわれたものである。以前には、消費需要にたいする欲求充足が第一義的であり、生活・社会インフラストラクチュアなどの「社会的課題」はその「経済的課題」を達成するための手段としてしかみなされていなかった。新たなより広範なアプローチでは、さらに創造的活動、情報、民主主義、社会的尊敬、興味深い交際、充実した精神生活への欲求なども前面に出されてきて、社会生活の主体としての人間能力の全面的な発揮の社会的条件をつくりあげる課題そのものが目的となる、とされていったのである。

しかしながら、「ペレストロイカ」においては、このような新たな「社会的課題」は「経済的課題」（「生産の集約化と効率化」）と分断されて二極的な構造に置かれ、経済や生産の領域では先の「利害をつうじての管理」、「生産の最終的成果におうじた分配」――「投入資源・支出と対比された最終生産物の最大化」という「効率性指標」が「市場」の導入とともに貫徹されていく。そして、そのもとで経済的次元における「労働・人間疎外の克服」の課題が、もっぱら「労働集団の自主管理」という概念にそくして展開されていくことになるのである。

三節　疎外の克服と「労働集団の自主管理」

では、その「労働集団の自主管理」が、市場経済化のさらなる展開とともにどのような推移をたどっていかざるをえなかったか、それを追跡してみよう。そのさいの視点は、市場経済化が必然的にもたらす次のような二つの方向性にそくした「労働集団の自主管理」の変容である。一つは、資本の「経営」機能の自立化といっそうの発展のなかでの〝自主管理〟の変容である。もう一つは、「脱国家化」＝個別化が進み、「所有」「経営」についても「労働」についても、「国家的なもの」から「集団的なもの」へ、さらには「個人的あるいは私的なもの」へという過程が進むなかでの〝労働集団〟の変容である。

「ペレストロイカ」の初期の段階は、八七年六月「国有企業法」を基軸にして展開されていったといえる。そこでは、国有企業が完全独立採算制と資金自己調達制のもとに置かれ、「社会主義的商品生産者」として自主的に計画化をおこない、国家がノルマチフなどの経済的レギュレータで誘導する間接的経済規制に移ることになった。そして、労働者に「生産における真の主人公」としての地位を保証するために、従来の労働組合をつうじた参加という枠を質的に越えた労働者自主管理システムが導入されることになった。企業長ら企業管理者の選出制がしかれ、企業管理に関わる最高意志決定機関としての労働集団総会とその常設機関である「労働集団評議会」が設立され、それが企業経営の基本問題の決定権をもつようにされたのである。

これと前後して、八六年一一月「個人労働活動法」と八九年「協同組合法」が制定され、「個人的な」形態あるいは「集団的な」形態における「所有」「経営」「労働」のあり方が積極的に公認され、この先行的な試みは国有形態にも逆にインパクトを与えていく。そして当然、多様な所有・経営形態のすべてに共通する論理のたて方が次第に強まっていくのである。

ところが、八七年以降経済危機が深刻化し、八九年後半には東欧の激動が伝播して、八九年秋ころから市場経済移行の具体化をめぐる改革構想論議が新たな段階を迎えるようになる。そのなかでは、労働市場や資本市場が容認され、財産所得や貯蓄・投資がもつ積極的意義などの強調が次第に比重を高めていった。同時に、「搾取や疎外の排除」もうたわれ、「経済的効率性と社会的公正とのバランス」をとった「新しい社会主義経済システム」が求められようとした。

「ペレストロイカ」の後半の段階を象徴するのは、九〇年三月『ソ連所有法』と九〇年六月『ソ連企業法』であろう。『所有法』では、なによりも所有権が「所有者が自己に属する財産を自分の判断で占有・利用・処分する権利」であると規定された。「他の市民の労働を利用する権利」も認められるが、「搾取」と「疎外」の排除も述べられる（九〇年一二月『ロシア所有法』ではその排除は述べられていなかった。また、小企業や協同組合に関する他の法規では雇用労働が認められていた）。特徴的なことは、個人と集団と国家の形態別に分けた規定であろう。「市民所有」

（『ロシア所有法』では「私的所有」）――には、従来の個人的所有に加えて個人企業の所有も入れられる。労働所得以外に個人の財産所得も認められたが、労働している経営からのものに限定されていた。市民は自己の労働力を処分する排他的権利をもつことが明記される（職場・職業選択の自由）。また「集団所有」――には、従来の協同組合などと並んで、労働集団による国有企業の賃貸借または買取りにもとづく企業、さらにはその株式会社化が挙げられ、これが所有改革の基本的な筋道として置かれようとしたといえる。さらに「国家所有」――のところでは、国有企業の財産は、企業の「完全な経営管理権」をもつとされ、上のようなその集団所有化――株式会社化の方向が原則的に承認されていった。

九〇年六月『ソ連企業法』では、すべての企業形態に共通性をもつということもあって経営権がいちだんと重視され、所有にもとづく利益の実現と労働集団の利益の実現との並立、所有者の自己資本に対する経済的利用権と労働者の自主管理との結合がうたわれるようになる。そして、国有企業における企業長らの選挙制が任命制に変わり、「労働集団評議会」が廃止されて、所有者と労働集団から同数で構成される「企業評議会（理事会）」がつくられ、そこでの合議あるいは共同決定へと大きく変容していくのである。この後、株式会社化と民営化、経済危機のなかで、労働者自主管理は退行の一途をたどり（自主管理→共同管理→共同参加）、やがては消滅させられていくことになるのである。

このように、所有主体の権利が明確にされ、脱「国家」化ということから企業など「集団」

の「完全な経営管理権」、「個人・市民」の「排他的権利」の確立が強調されていった。その「集団所有」や「個人所有」なるものの中身をとってみれば、「所有」と「労働」との一致か分離かという点でも異なった性格をもつものが混在させられており、また他の諸法規との整合性でも矛盾するものが含まれたりしていたが、そこでの主要な区別の標識は「集団化」および「個人化」というところに置かれていたのだといえるであろう。そして、当面の環であるる「労働集団」にもとづく「集団所有」化が、そのさらなる株式会社化とのつながりで提起されようとするのであるが、周知のように株式化は所有としての資本と機能としての資本の分離、所有と経営の分離をもたらす。初めは、株式の売却は当該企業の労働するものにかぎるといった制限がなされたり（非公開型）、労働集団による所有や統制のもとでといった制限がおかれたりするが、やがては分散した私的所有の社会的な集積としてのその本来の性格から株式所有の「個人化」へと進んでいく。ともに、上の経営権の重視による「自主管理」の退行と重なって、「経営」と「労働」の切り離しが完了し、後は民営化のなかでその株式が労働者の手から取上げられて、所有者や経営者に集中されていくだけのことになる。

四節　諸主体の権利と「新しい社会経済システム」

「ペレストロイカ」の最終段階で、九〇年の春から夏にかけて市場経済移行の具体化をめぐる〝プログラム論争〟が熾烈におこなわれるようになる。ルイシコフ首相主導の「政府案」とその修正「新政府案」、ゴルバチョフとエリツィンの調整会談にもとづく「シャターリン案」（「五〇〇日計画」）、ゴルバチョフの指示によってそれらの調整を試みたアガンベギャンの「統一案」などが作成されたが、九月の最高会議ではいずれも採択されず、混迷は深まるばかりで一一月のソ連崩壊を迎える。

これらのなかでもっとも〝ラディカル〟といわれた「シャターリン案」は、諸主体の「個人化・市民化」をその極致にまで推し進めようとするものであった。なによりも〝新しい経済的ドクトリン〟＝あるべきシステムの基礎および出発点に、市民と企業の所有・経営・労働と消費の完全な自由と平等ということが置かれ、その上にたった市場経済化が構想されていく。したがって、私的所有はそのシステムにとって適合的なものでありこそすれ制約的なものでは決してないことになる。さらに、市場メカニズムは、商品市場だけでなく、労働力市場、資本市場、金融市場にも及ばざるをえないとされた。それは、すでに社会主義的な方向性への規制や枠組みには必ずしもとらわれないものとなっていた。また、新しいシステムへの移行の仕方も、「体制転換」後のマネタリズム的手法と同様の問題点をはらむものであった。急いで価格の自由化と脱国家化をはかり、貨幣・信用・財政を主要な手段として、貨幣流通の正常化、市場価格のメカニズムを媒介にして、生産や労働の構造的整理・効率化を一挙にはかっていこうとする傾向が強かった。

　他方で、ゴルバチョフらは「シャターリン案」への支持を表明しながら、〝社会主義的な枠組みと方向性〟は堅持しようとしていた。そのさいの「市場」認識について、九〇年七月共産党二八回大会における報告のなかに興味ある内容が語られていた。「市場とはなにか」として挙げられるその要点は次のようなものであった。市場は数千年間の進化を経てきた経済過程を調整し刺激するものであること、経済効率と生活向上の手段であって経済に社会的方向性をあたえ人間の利益にそう課題を促すこと、所有形態の多様性と経済的政治的同権をもとめ社会の民主主義的基盤をかためること、生産手段と労働の結果に対する真の主人公としての関心を促し搾取の土台がないこと、などである。ただ、市場にまかせられない領域として、長期大規模な科学技術、文化、社会計画、エコロジーなどの問題があること、また、最大限の慎重さを要するものとして、労働の権利にかんする問題、資産による分化の問題があること、などが触れられている。

　さて、このような「ペレストロイカ」の最終段階で析出されてきた共通のモメント――生産や労働における主体の権利の確立、自主性・自由と同権・平等、その上にたった、一方での企業に関わる「経営権」の容認、他方での労働者や国民に関わる「労働権」（労働力の自由な処分権だけでなく、就業や労働過程における権利をも含めて）や「生活権・生存権」、さらには先の「社会的課題」にともなう広義の「社会権」を基礎において、どのような「社会的方向性」をもった、さらには「社会主義的方向性」を堅持した新たな社会経済構造を構築していくのか。おそらく、そのなかで課題の焦点となってくるのは、企業の「経営権」の重視ということと〝最大限の慎重さを要する〟とされる「労働権」（あるいは「生存権」「社会権」）との相互関係であろうし、またその「経営権」と〝市場にまかせられない〟とされるものについてのマクロの社会や国家による制御との相互関係であろう。

これらの問題は、後の第五章でより詳しく理論的に整理をしていくことであるが、このような「経済改革」のいわば極致の時点で、東西の著名な経済学者の「社会主義と市場経済」にかんする国際的な論議が交わされるようになっていくのである。しかしながら、ソ連においては、ゴルバチョフらの党や政府の中枢は、このような「新社会主義経済システム」（八九年一二月アバルキン副首相報告）の明確な戦略プログラムをとうとう具体的に提起しえないまま、多くの労働者や国民はただ分散化にとり残され戸惑うばかりであった。他方で、資本主義体制か社会主義体制かよりも、まずは諸主体の自由と権利を重視しようとする〝ラディカルな〟「シャターリン案」のような社会的雰囲気の下では、それが資本主義へ向かっての決定的な体制転換につながっていったとしてもそう不思議なことではなかった。もちろん現実の転換過程には、東欧の体制崩壊や民族問題、「クーデター」事件など内外の政治的諸条件が大いに介在したのであるが。しかし、これらの経緯を全体として振り返ってみれば、理論化の試みにおける立ち遅れと言うよりは、「経営権」や「労働権」「生存権」「社会権」など諸主体の自由と権利の問題を社会全体に深く意識化させうるような実体的基盤がすでにソ連の長年の歴史過程のなかで侵蝕されていた、と言ったほうがむしろ適切であろうと思われる。「三〇年代体制」下における社会主義の変質過程も、このような内実とつなげて社会経済学的次元においても追跡し直されなければならないと考えるのである。また、それまでの「経済改革」も、「自主性」と「効率性」の標識にそって労働と利潤・資本とが一体化されたり包摂されたりして展開されていくという経済的次元からだけでなく、なによりもこれら人間的諸主体の権利の覚醒と醸成ということと結びつけられながら推進されていかなければならなかったのである。そのなかで「労働・人間主体の疎外の克服」も、「国家―企業」の枠組みにおける労働集団の自主管理としてだけでなく、なによりも人間の主体的な「労働権」「生存権」「社会権」などの〝自由と民主主義的権利〟を支える社会的制度化を拡充していくことによって、「経営権」に対する社会的な制御を次第に包摂・強化していく、というもっと広い基盤の上でそれらを再構築していかなければならなかったのではないか。

【脚注】

（1）Ⅱ部第二章と三章は、「経済改革」――「体制転換」の経済学的論理を整理し直してみようというのが趣旨であるため、実証にかかわる資料的裏付けは省かざるをえなかった。また、この問題にかんする内外の諸研究も直接言及するもの以外は、膨大をきわめるため挙げなかった。この再整理にあたってとくに貴重な示唆を受けた日本の代表的なものだけを掲げると――「市場経済化」につては、西村可明『社会主義から資本主義へ』日本評論社、一九九五年、「労働集団の自主管理」については、岡田進『ロシアの体制転換』日本経済評論社、一九九八年、「ロシアの企業制度」については、溝端佐登史『ロシア経済・経営システム研究』法律文化社、一九九六年、およびその後の一連の諸論文、加藤志津子『市場経済移行期のロシア企業』文真堂、二〇〇六年。

　私自身のこれまでの整理と依拠している文献については、『ロシア体制転換と経済学』法律文化社、一九九九年、「ロシア企業の制度的特徴」『ロシア・ユーラシア経済調査資料』二〇〇三年七月号、「『社会主義』と市場経済」『立命館経済学』第五四巻二号、二〇〇五年七月、「『市場経済化』と『労働・人間疎外の克服』（1）」『ロシア・ユーラシア経済調査資料』二〇〇六年一二月、「同（2）」改題『ロシア・ユーラシア経済』二〇〇七年四月、を参照。

三章　「体制転換」――「市場経済化」と主体形成の歪曲

【Ⅱ部三章の要点】

旧ソ連や東欧の「体制転換」は、ＩＭＦなどの主導によるマネタリズム的経済政策にもとづいて、価格の自由化（九〇％以上の）、貿易為替の自由化、財政縮減、そして民営化を一気にやってのけようとしたもので、国内の改革バリアントでいえば「シャターリン案」のたて方に近いものであった。しかしながら、それは以前の一〇倍にも達するようなハイパー・インフレと工業生産を半減させてしまうような実体経済の崩壊をもたらした。なによりの問題は、そのなかで生産や労働の主体の形成が大きく阻害され歪曲されていったことで、企図された「文明的な市場経済」化とは正反対の〃ノメンクラトゥーラ・マフィア的〃と称される「粗野な市場経済」化になっていったことである。

一節　IMF主導「マクロ経済政策」——「民営化」

ＩＭＦ主導のマネタリズム的「マクロ経済政策」が実体経済の崩壊をもたらし、「一回限りの」急いだ「民営化」が生産や労働の主体の形成を阻害し歪曲していったつながりを、これらに対する批判的論点の内容とつき合せながら確かめておくことにしよう。

周知のように、ＩＭＦ主導のマネタリズム的政策による「コンディショナリティ」は、経済危機の主要な原因をインフレーションにもとめ、またそれを余剰な貨幣発行の結果であるとするところから、最大限の支出の縮減をともなった予算の毎年の義務的均衡化、貨幣量の抑制を厳しく求めた。その背後には、需要・供給の価格メカニズムのための前提条件、市場メカニズムを上から強制して押しつけていけば、自らその需要に照応した効率的な生産構造が生み出されていくはずである、とする新古典派的な理論的想定が置かれていた。しかし、結果は予想をはるかに上回る深刻な不況と超インフレーションを引き起こした。実体経済の中核には、特異な企業の構造と行動の問題があったのである。先にふれた独占的な巨大企業は、金融上の制約が厳しくなったとき、まず産出の引き下げと価格の引き上げに走り、ついで供給者への支払延期、銀行や国家予算からの譲歩の交渉、労働者の休暇と最後には解雇に訴えようとした。ロシア企業が市場原理にしたがった行動をとるであろうとする想定は誤っていたのである。実体経済の全般的崩落のなかで、産業構造の歪みと退化が進んでいった。価格と貿易の自由化により、原料・燃料の価格が国際的水準に引き上げられてその輸出が倍加し、それとの交換でロシアの消費財の約半分が輸入でまかなわれていく。原・燃料部門やこれらの取引に関わる商業部面と金融部面の資本には莫大な利潤を与え、それらが財政収入の過半を支えるという構造ができあがる。他方では、労働者数の約四分の三を占める国内製造業や農業は、外国製品の急激な流入もあって深刻な危機に陥っていく。九一年からの五年間に、非鉄金属の生産の落込みは約二割余、燃料・エネルギーは三割余であるのに対して、機械製作は五割余、軽工業は実に八割余であった。ロシアはますます発達した諸国の原料・燃料基地化していくことになる。これらをベースとして、エネルギー部門を中心とする独占的な巨大企業の「ノメンクラトゥーラ」的な支配管理構造は逆に強化され、国家との癒着がますます強められていくことになった。他方で、企業や個人の横のレベルでは、この「人為的貨幣不足政策」は企業相互間の未払い、企業ファイナンスの貧血状態、賃金の大量的遅配という市場経済とは逆の「現物化」をうみだした。加えて、租税の低い徴収、財政システムの危機、銀行セクターの圧縮、擬似貨幣・貨幣代用物など、まさに国民経済の全般的な非貨幣化現象といわれる事態を招いていったのである。九四・九五年ころから、それまでの「インフレ的漸進政策（財政赤字を中央銀行の発券でまかなう）」から「非インフレ的漸進政策（財政赤字を国内および外国の金融市場で借用する）」へとマネタリズム的政策がさらに推進されていくが、そのもとで逆に「未払い」と「現物化」はいっそう深刻化し、「制度の罠（市場化が制度と乖離していくとき逆の結果をもたらす）」の問題が論議されていく。それだけでなく、ロシア経済はこれによって「金融化」と「国際化」のなかに投げ込まれることになり、やがて九八年の通貨・金融危機に呑み込まれていく構造がかたちづくられたのである。

このようなマクロ経済政策と重なるもう一つの軸――「民営化」のロシアにおける特徴は、なによりも、新しい経営的実体を創設していくという側面よりも、旧所有制度をとにもかくにも解体していかなければならない、という政治的・イデオロギー的考慮が先に立ったものであったところにあろう。そのために、きわめて短期間に画一的な形式が上から押しつけられていくことになった。九二年一〇月「民営化小切手（バウチャー）」の交付からスタートしたが、当初は私的所有者の広範な階層、新中間層を形成するという〝大衆的民営化〟〝人民的資本主義〟がスローガンとして掲げられた。しかし、まもなくそれが欺瞞にすぎないことが明らかとなり、株式の少数者（企業の指導者、代理者をつうじて国家のノメンクラトゥーラ、闇屋）への集中が始まるとともに、労働者や国民は所有と経営から追い出されていくことになった。他方で、企業における経営と管理の多くは、旧来のインサイダー的労資統合の性格を残しつつ、かつてのノメンクラトゥーラの横滑りによって実質的に支配されたままであった。その企業家層は、生産崩壊と財務危機のもとで、「生き残り戦略」を余儀なくされ、旧いネットワークへの依存を強めて、新たな経営活動には踏み出せないでいた。貨幣資金を手に入れた銀行、投資会社、商業機関などは、それを企業の生産に向けないで投機と闇経済のなかに変形させていった。商業やサービス業で生まれかけてきた私的企業家層も、経済崩壊のなかで投機と闇経済のシステムにとり込まれていった。九四年後半から始まる第二段階＝「貨幣的民営化」では、「戦略的投資家」の育成と「国有資産の売却益」の確保が目指され、「担保型民営化（担保競売）」がおこなわれていく。銀行が企業のもつ政府株を担保に政府に融資する方式で、後でその株式が売却されたり引渡されたりして返済がなされる。この過程で、「オリガルヒ」と呼ばれる銀行と産業を結合する巨大産業グループが、国家の直接的間接的な働きかけによって形成されていったのである。それは、石油・天然ガスなどの資源産業を中心とした一〇位のビジネス集団が国民経済の過半を支配しているとされ、きわめて短期間に「ノメンクラトゥーラ型オリガルヒ」や「成り上がり型オリガルヒ」によって国家の資産が二束三文で〝強奪〟された結果であった。「市場経済のルール」と「法の不足」のもとでは、さまざまな〝腐敗、犯罪、マフィア〟とまみれながら。そして、その他の多くの大・中・小の企業はその支配構造のなかに組み込まれていく。

二節　企業の制度的特徴──「経営」主体と「労働―生活」主体

「体制転換」の当初の段階で、ロシア企業の制度的特徴として論じられるものを整理すれば、次のような構図が描けるであろう。なによりも、「経営」主体としての自立性がきわめて脆弱なのである。①企業と国家（連邦および地方の権力）との癒着が深く、国家からの資金取得や交渉力・ネットワークが重視され、ロビーをとおした結びつきが企業システム内部に強固に存在する。国家は、資産の所有者として、行政的テコをつうじる規制者として、商業的・経済的エージェントとして、利害紛争の枠内で作用する主体となっている。②旧ソ連体制のもとで、「ユニバーサル型（百貨店型）」と呼ばれる部門で一つあるいは数個の巨大な企業が国家と癒着して「独占的な」「官僚的・ノメンクラトゥーラ的な」経営管理構造をかたちづくっていた。この独占的構造が維持され、独占の領域が占める比重が大きく、中小企業の発展度が低い。子会社・関係会社、ビジネス組織の「パートナー・システム」（「ネットワーク資本主義」）をつうじた複雑な所有関係が編成され、集中化・垂直的統合化の傾向を強めるとともに、意志決定権の所在を不明確にしている。九〇年代半ばに金融・産業グループ、「オリガルヒ」と呼ばれる国家と結びついた「統合ビジネス集団」が形成され、企業の〝隷属化〟過程（企業の自立機能の喪失とオリガルヒによる商品生産者からサービス生産者への転化）が強まっている。③ロシア企業にはレント取得行動に走る動機が大きい。企業の主要な構成員（社長、経営幹部、従業員、外部株主）のなかに、企業の発展を積極的に求める者が誰もいない。④企業間での非貨幣的な現物的・人的連関が強く、市場構造は多様に細分化されたものに分裂している。非公式経済（未払い、バーター、予算の目的外への運用、税の減免交渉、賃金未払いと遅滞、第二就業、隠れた資金、など）と緊密に依存し合う。「交換のルール」

の性格も、新しい「市場」型（資源の合理的利用、合法的な利潤志向、社会的評判を維持する価値をともなった）が弱く、旧い「社会主義的調達」型（生産のための生産、集団主義と温情主義、資源の非合理的利用）や犯罪的な「闇の市場」型（合法的な枠組みにとらわれない最大限の儲け、狭いグループ内での風評の維持）がかなりの領域を覆う。

さらに、企業の内部構造における「所有」と「経営」さらには「労働」の機能の分化、それぞれを担う主体の自立化のプロセスがきわめて未成熟であり特異である。①インサイダー所有の持分の大きさと相対的に大きい経営者の所有が挙げられる。国有企業民営化により大量の従業員所有企業が生み出され、その後従業員株式は経営者やアウトサイダーの手に渡りつつあるが、依然としてその比重は非常に高い。②経営者層へのコントロールの集中、コントロールと所有の分離も進みつつあるが、支配株主とマネージャーとの融合はこれからも保持されるであろう。外的環境（企業金融の〝灰色の〟〝黒色の〟図式、課税の最適化、金融的流れのコントロール、資産の逃出、複雑な組織的構造、犯罪、など）がそれを必要とするからである。③ロシア企業はきわめて少数の人によって牛耳られ私物化され（資金の流れを独占し、支配株主たちは会社の資金を恣意的に私用する）、利益を外国に不正に蓄積している（個人の行動が規定する「自然人の経済」）。④金融システムは〝前期的〟性格を帯び、金融システムが企業・産業から分断されて、〝その物自体〟で機能している。銀行資金による国債への投機行為が広くおこなわれている。企業の内部資金に依存した投資行動が主である。

資本市場が未成熟で、銀行の仲介機能が不十分で銀行信用も低い。法人セクター間における債務（例えば未払い）、ベクセルのような非通貨決済が広くみられる。⑤ロシア株式会社の規制の問題については、透明性が極めて低い。有価証券市場、破算、企業コントロール市場など、企業統治の伝統的〝外部〟メカニズムは全く弱い。株主の権利保障の発達した法的システムが無い。私的利害によって左右される恣意的な法適用（国家強制）の問題は、システム的性格をもった現代ロシア・モデルの不十分さの根底をなしているといわれる。（その後、二〇〇〇年代以降のプーチン時代になって、オリガルヒー政治の一定の手直しがおこなわれたが、新たに経営の座についた「高級官僚」と「悔悛オリガルヒー」とが癒着する専権的構造はずっと続いている。）

このような「経営」主体の脆弱と歪曲の対になっているのが、「労働」と「生活」の主体のさらに酷い社会的退行状況であった。①賃金と所得については――実質賃金は九〇年代に転換以前の三五％にまで落ち込み、加えてその遅配が広範にみられた（八割以上、うち三分の一が二ヵ月以上の）。賃金はその基本的機能（労働力の再生産費としての、及び、労働の物質的刺激としての）を停止して、労働支払システムの崩壊過程が続いた。根拠のない格差（職種・資格ごとの、部門ごとの、企業ごとの、地域ごとの）が発生し、例えば最高水準の石油採掘部門と最低水準の縫製部門との平均賃金の格差は六対一で、それぞれで資本の利潤追求やレント・シーキングに包摂された格差と分断の姿が表されている。最低生活費以下の所得しかない住民は、各時期で四〇％から四五％にのぼるといわれた。②労働の諸条件と社会的保障――多くの労働者が安全と衛生にかんするノルマと基準をひどく攪乱された条件で労働し、健康阻害、職業病、事故と災害が増加している。資金の不十分な蓄積、技術的装備替えの欠如、磨損設備の著増のもとで、企業家が最大限の利潤のために節約をはかろうとするからである。危機的状況の重要な原因の一つは、市場移行のなかで国家的コントロールが全く弱くなっていることである。その他に「社会的コスト」の大きな問題として注目されたのは、医療・教育サービスの悪化、保育園・幼稚園や学校の入学者減、死亡率の悪化、疾病率の急増などである。予期をはるかに上回るあまりにも大きな社会的崩壊をもたらしたのは、旧体制のもとで制度的には保たれていた労働や生活の社会的保障が一挙に解体され、それに代わる新たな制度が未確立であることによる。旧労働組合は弱体化したが、新しい労働組合も勤労者を貧困から擁護し権利と自由の侵害に抗議する現実的勢力を結集することができていない。

三節　「ポスト・ワシントン・コンセンサス」と制度構築の課題

以上のようなところから、「経営」の主体および「労働」や「生活」の主体の形成にかんして、「政治的・法的領域での」「フォーマルな自由と権利の拡大」が「社会的・経済的領域での個人的自由の縮小」と同時に起こったが、今日のロシア社会は転換前夜よりも西欧的な制度的法的自由からもますます遠ざかっている、と評されるのである(1)。この「体制転換」から一〇年ほどが経過して、このようなIMF主導のやり方に対する批判が「ポスト・ワシントン・コンセンサス」という形をとって国際的にも展開されるようになった(2)。その共通点は、インフレ抑制や緊縮財政や経常勘定バランスなどの「マクロ経済安定化」および「私有化」をなによりも重視する「ワシントン・コンセンサス」が、市場のための基盤を幾つか創り出しはしたが、不完全で時にはミス・リーディングなものであった、と手厳しく論難するものであった。そして、それに代わる実体経済の「下からの」「有機的な」持続的成長政策および「制度の構築」の課題が提起されてくるのである。その「制度」をめぐっては、個人や企業など経済主体の相互関係、それらの意識と行動、そのさいのルールや制度、社会的な規範（ノルム）が問われてくることになる。

「ポスト・ワシントン・コンセンサス」を主導した一人はJ・スティグリッツ（アメリカ）であり、その他に理論的枠組みの全体を知るうえではコウォトコ（ポーランド）の展開が欠かせないように思われるが、ここでは後の「市場社会主義論の第五段階」（第五章）とのつながりもあって、スティグリッツの世銀基調報告「改革はどこに？――移行の一〇年間」（一九九九年）を中心において整理をしておくことにしたい。

彼は、少しまえに書いた論文「市場社会主義と新古典派経済学（後で検討を加えるバーダン・

ローマー編著『市場社会主義』一九九三年、第一論文、本書の二二八頁参照）の導入部で、市場社会主義の考え方は市場システムの長所である経済効率性を、私的財産から生じる弊害を取り除いて達成しようとするものであり、エコノミストたちに大きな影響を与え続けてきた、と述べている。しかし、市場経済の誤った叙述であるアロン―ドブリュー・モデル、新古典派経済学に立脚していたために失敗した、もし正しいモデルをもっていたなら成功のチャンスがあったかも知れない、と云われる。そして批判は、完全競争価格システムを作動させる困難の過小評価、非価格配分メカニズムの役割の過小評価ということを基礎にして、一つは、「インセンティヴ問題」、所有とコントロール（経営・管理）の分離にもとづく「エイジェンシー問題」、情報問題の欠落をあげる。もう一つは、マクロの長期の投資配分における困難の問題、将来の先物市場の欠如、政府の役割の過小評価である。奇妙なことに、市場社会主義に関する論議はこのマクロ経済的メリットにはあまり的を当てでない、とも述べられていた。

「体制転換」から一〇年が経過した一九九九年に、スティグリッツは以前の論文を想い起こしながら、価格情報だけを絶対化して「インセンティヴ」や「コーポレート・ガバナンス」の問題およびマクロの投資配分の問題を欠落させているとしていた批判をそのまま延長させて、その新古典派経済学モデルのうえにたった「ワシントン・コンセンサス」による「体制転換」が危惧したとおりの結末、成長の崩壊と停滞、甚だしい不平等と貧困の拡大を招いたのだと主張したのである。貨幣と価格だけを絶対視する「マクロ経済政策」が実体経済や市場経済を支える制度的基盤(institutional infrastructure)を乖離・崩壊させ、急いだ「私有化・民営化」の上からの強行が諸主体のインセンティヴやコーポレート・ガバナンスを歪曲してしまった。市場経済だけが目的化されるのではなく、生活水準の向上、持続可能な成長、平等主義的・民主主義的な経済発展が求められるべきである。そして、「体制転換」後の理論展開の軸が、一つはミクロの企業の「民営化」と経営組織構造の問題、もう一つは、マクロの社会的な制度的基盤の問題に置かれていくのである。なお、以前の論文にあったマクロの経済政策における政府の役割についても、「東アジアの奇跡」とかかわって貯蓄の動員や資本の効率的配分などのファイナンシャル・システム、人的資本と技術移転に対する公的投資における政府の大きな役割の問題が、前後する別の論文にはとりあげられている。また、移行の順序などを批判した上記論文の後半部も、いわば政策論に属するのでここでは割愛したい。

「コーポレート・ガバナンス問題」がもつ理論的意義についてはすでにふれておいたので、ここではその後の「民営化」の実際の進行にそくして具体化されていった内容だけを纏めておくことにしたい。スティグリッツは、移行諸国でおこなわれた「民営化」の方式を、「国家資産の海外への売却」(中欧で多くみられた)、「バウチャー民営化」(チェコや当初のロシアでみられた)、「非正統的あるいは強奪的民営化」(九五年以降のロシアについてみたような)、「自生的民営化」(ソ連末期の協同組合や労働集団による自然発生的な)に分け、諸主体の「インセンティヴ問題」と「エイジェンシー問題」からして自生的なかたちが最良だとする。それは「利害関係者への民営化」でもあり、経営者と労働者との自発性にもとづく分権的なボトムアップによる進化的プロセスを表しているからである。

このように「ポスト・ワシントン・コンセンサス」に共通する理論枠組みは、諸主体の「インセンティヴ」ということを軸にして、①企業の「コーポレート・ガバナンス」の問題にかかわる柱と、②社会的な「制度の構築」の課題にかかわる柱、そしてここではあまり詳述できなかったが、③それらと「グローバル化」のもとでの新たな政府や国家の役割との関連、というところにほぼ集約されていく構成をもっていたといえよう。

九〇年代の後半から新しい世紀にかけて、「ポスト・ワシントン・コンセンサス」やOECD「企業統治原則」(九九年)などの国際的な動きに影響されて、ロシアでも再び企業における「所有」や「経営」をめぐる「ノメンクラトゥーラ・マフィア的な」「粗野な」あり方が厳しく問題にされるようになった。そしてその論議のなかで、それを「文明化」していく方向性について「市民社会の制度構築が必要である」(3)といった言葉に、しばしば出会うようになる。すでに前の第二章で検討しておいたように、「市場経済化」と「市民社会」的モメントの一面をストレートに追求しようとした「シャターリン・プログラム」やIMF主導の「マネタリズム的経済政策」が、ロシアの社会経済構造の現実のなかではその正反対の結果をもたらしていったのである(「制度の罠」)。ここで改めて、「ペレストロイカ」の最終段階での課題の枠組みに立ち返らざるをえなくなる。市場経済化の極致で析出されてきた生産や労働における主体の権利の確立、それらの自主性・自由と同権・平等ということを基礎において、一方では企業に関わる「経営権」を正当に容認し、他方では労働者や国民に関わる「労働権」や「生活権・生存権」さらには「社会権」を、どのように現実の社会経済構造の全体のなかで展開していくかという課題である。

そのさい、社会の諸主体の一部分（資本の「経営権」）だけを重視し、他の大きな部分をなすもの（労働者や国民の「労働権」や「生活権」「社会権」）については軽視ないし無視していってもよいというたて方では、本来の「市民社会」の論理にもそぐわないであろう。現実にも、ロシアの社会経済構造の下にあっては、資本が産業ごと・企業ごと・地域ごとに分断され国家と犯罪の〝屋根〟にたよって庇護されるという独占的な位階制的な格差構造のなかでその自立性を喪失している姿は、労働がその資本に一体化され包摂されて自立性を確立しえないでいる姿と、相互に重なりあい連動しあっていたのである。賃金や労働の諸条件について数倍といわれるような格差構造が無くなり、社会全体でほぼ平等なその社会的規準・制度が確立されていくにしたがって、資本の側でもその上にたった自由な競争の公正な基盤が醸成されていくのである。それが欠如していると、どうしてもレント・シーキングに走ることになる。資本の側が「私的所有のいっそうの収奪——資本の集中」によって独占や国家と結びつき易い傾向をもっているのに対して、労働の側は生産と労働の社会化にもとづく運動化と組織化、社会的な結合（アソシエーション）を強めていくという本性をもち（『資本論』資本主義的蓄積の歴史的傾向）、平等な社会的規準・制度の押し上げにはより積極的な動因をもっている、と言えるであろう。かくて、後の第五章で検討を進めていくように「市場経済化」の最終段階で先進資本主義諸国の多くの研究者が到達していたような枠組みの展開が、不可避なように考えられるのである。つまり、市場経済化が資本と労働の間にも及ばなければならなくなることを認め、生産や労働における主体のそれぞれの権利の確立、自由と平等ということを基礎において、一方では企業に関わる「経営権」についてもそれを正当に容認して、その自由な公正な競争を徹底して追求していく、他方では労働者や国民に関わる「労働権」や「生活権・生存権」さらには「社会権」を、一般民主主義的諸権利と並んで社会全体の基盤において拡充させていく。そのさい、それらの相互連関においては、生活の現代的社会化のもとで「生活」や「コミュニケーション」をめぐる社会的制度の拡充が、労働や生産の次元に対してより積極的な反作用を及ぼしうることも、認めなければならないであろう。「ペレストロイカ」における新たな「社会的課題」の提起が、本来もつべきであった意味もそこにあったのではなかろうか。労働運動と新たな社会運動と呼ばれるもの（消費者運動や市民運動、環境擁護運動など）との連動によって、「労働権」「生存権」「社会権」をめぐる社会的なルールや規準（ノルム）、制度がしだいに押し上げられていく。そしてそのことは、とりもなおさず他方の資本の「経営権」に対する社会的な制約と規制を強めていくことにほかならず、労働や生活の人間主体がしだいに資本の「経営」に対する制御から「所有」に対する制御へと進化していく途筋を切り開いていくものになるであろう、ということである。

【脚注】

（1）R・ヌレーエフ、Yu・ラトフ『経済の諸問題』誌（ロシア語）二〇〇二年一月号、一〇七～八頁。

（2）J.Stiglitz,More Instruments and Broader Goals : Moving Toward the Post-Washington Consensus,*UNU World Institute for Development Economics Research Annual Lectures 2*,Jan.1998.

J.Stiglitz,Whither Reform ? Ten Years of the Transition,*The World Bank Annual Bank Conference on Development Economics*,Keynote Address,April 28-30 1999,Washington D.C.

G.Kolodko,Ten Years of Post-Socialist Transition: Lessons for Policy Reform,The World Bank Working Paper,No.2095,April 1999.

EBRD,Transition Report 1999,chapter I.

EBRD,Transition Report 2000,chapter I.

これらについて、毛利良一『グローバリゼーションとIMF・世界銀行』第五章、大月書店、二〇〇一年、のなかに詳細な検討がある。その時点での「制度論」にかんして、私が依拠した文献と整理については、「ロシア『移行経済』と制度論的アプローチ」（関西大学『商学論集』第四七巻第二・三合併号、二〇〇二年八月）、「『社会主義』と市場経済」（『立命館経済学』第五四巻第二号、二〇〇五年七月）を参照。

（3）A・オレイニク『経済の諸問題』誌（ロシア語）二〇〇二年四月号、四五頁。ロシアで「制度論」を主導的に展開しているオレイニクらについての文献と整理は、上掲の拙稿を参照。

四章 「レギュラシオン理論」と国家による調整の諸制度

【Ⅱ部四章の要点】

「国家による市場経済への介入」の問題に焦点を当てて、一九六〇年代の「高度成長期」から七〇年代の「危機の時代」への転換を論じていこうとしたのは「レギュラシオン・アプローチ」であった。「市場は社会の側から調整されねばならない」とし、その社会的な調整・妥協の「制度」という概念を中心として展開されていく。

調整制度のいろいろな形態は、社会的諸集団の闘争のなかから生まれてくるとされ、そのなかで支配的な位置を占めるのが「賃労働制度」である。六〇年代には、生産工場ではテーラー主義的労働・生産編成方式による搾取の強化が、「生産性インデックス賃金」上昇や福祉国家の完全雇用・社会保障によって調整・妥協がはかられ（フォーディズム形態）、生産財部門と消費財部門、大量生産と大量消費の好循環がうまれた（内包的蓄積体制）。だが七〇年代に入って、この調整様式は危機に陥り（大危機）、一方からはテーラー主義と機械化という技術的パラダイムが生産性の低下と収益性の危機に転化して「供給サイドの危機」が起こり、他方からは生産性低下にともなう賃金騰貴が国外移転を招いて「需要サイドの危機」をもたらす。そして八〇年代になると、国際・金融関係が支配的な位置に据わるようになって、「金融主導型」を重視していく流れと賃労働関係や「企業主導型」を重視していく流れとの分岐がみられるようになる。

そのような社会的調整制度が、この時期の「資本主義」と「(旧)社会主義」にも共通する理論的枠組みとして適用され、「社会主義のレギュラシオン理論」がうちだされていった。しかし、一九三〇年代以降の「社会主義の伝統的システム」は、その調整形態が「市場」(水平的関係)とは全く逆の「集権的計画化」(垂直的関係)が基本をなし、価値規定よりも使用価値規定が主要なモメントになって、剰余価値・利潤は生産の目的と動機にはなりえないものであった。「市場」は不断に攪乱され「不足」に陥る。このことが、東側では「内包的蓄積」「高度経済成長」が起こらなかった根本原因だとされた。

問題となってくるのは、「国家―市場」の相互関係を調整する「社会的制度」のこのような理論的枠組みが、「市場経済」の導入による「体制改革」そして「体制転換」の過程のなかで、どのような変化を遂げていかざるを得なくなったかである。「レギュラシオン・アプローチ」の次のような変遷が辿られる。まず、「システムの動態的展開」を分析していくとなると、企業組織の自立化の行動が問われざるをえなくなる。そのさい、「制度」は一律的性格が特徴であったが、「企業・組織」(「所有」「経営」――「労働」の結合)は多様性をもつ。

現実には「制度」と「組織」の多様で複雑な混合経済が現れてきたのである。ついで、個人や組織の主体の行動が問われるようになる。人間主体の「未来への期待にもとづく創造的行為（経路形成的）」の要因が重視される。そして、ある既存の均衡状態の下で社会的制度がもつ規定性とは逆に、体制の生成や転換、変革・革命の過程に関しては、個人や企業組織の主体的な行動によって新たな制度が創り出されていく、という出発点とは反対の相互関係が展開されていく。「自立した諸個人」が基礎に置かれ、企業・組織にそくした「アソシエーション」の力に基づいて、基準・規則＝「社会的制度」が改変されていく、という民主主義的変革論の内容と重なっていく理論的枠組みがうち出されてくるようになるのである。

一節　「市場」は「社会（国家）」によって調整される

「レギュラシオン・アプローチ」は、「資本主義（市場）は社会の側から調整されねばならない、飼いならされねばならない」とする「経済」と「社会」にかんする基本的な見方に立っているところに特徴があるとされる(1)。そして、その関係が社会的な調整あるいは妥協の諸「制度」という概念を中心として展開されていく。

なかんずく一九七〇年代に入って、資本主義経済がそれまでの高度成長から何故に危機に転換していったのかを説明するために、それを社会的に調整する様式の変化ということを中心に置き、五つの制度諸形態――「賃労働関係」「競争形態」「貨幣制度」「国家」「国際関係」――にそくして分析していこうとするところから生まれた(2)。六〇年代「黄金時代」の高度安定成長期においては、階層制をなすこれらの諸制度のなかで支配的な中心的な位置を占めるのが「賃労働制度」(ラボール・サラリアール＝剰余価値の領有の仕方)であって、それは生産工場ではテーラー主義的労働・生産編成方式による搾取の強化が、「生産性インデックス(に応じた)賃金」にもとづく利益配分(蓄積ノルム・率)や福祉国家の完全雇用・社会保障(消費ノルム・率)などによって調整・妥協がはかられ(「フォーディズム的調整」)、生産財部門と消費財部門、大量生産と大量消費の好循環がうまれた(「内包的蓄積体制」――生産条件の絶えざる変化・生産性向上のもとでの、両部門の動態的均衡)。これに、国内生産者間の節度ある競争(寡占的行動)、総量的な通貨調節が可能な国際レジームの下で順応的な貨幣金融政策によるインフレ圧力の緩和、短期の需要管理政策による安定化と成長、景気変動の防止、ということが整合していた。

しかし、七〇年代初頭からこのような調整様式は危機に陥り(「大危機」)、一方からはテーラー主義と機械化という技術的パラダイムが生産性の低下と収益性の危機に転化して「供給サイドの危機」がおこり、他方からは生産性低下にともなう賃金騰貴が国外移転を招いて国内的レギュラシオン様式の機能不全と「需要サイドの危機」をもたらすようになる、とされる。そして、八〇年代になると、国際・金融関係が支配的位置に据わるようになって、これまでの賃労働関係との相互関係が問い直されるようになり、「金融主導型」を重視していく流れと賃労働関係や「企業主導型」を重視していく流れとの分岐がみられるようになる。

◎社会的諸集団の闘争から生まれた制度諸形態

「数多くの制度は社会的諸集団の闘争のなかから生まれるのであり、国家によって正当化され、法によってコード化されたうえで、続いて、新しい経済活動と技術の出現およびそれらの全体的整合性を保証することになる。……フォーディズム的ラボール・サラリアールは政治的経済的闘争のなかから生まれたのであって、経済的原理に対して政治的形態が先行している最良の事例である」(3)。つまり、資本主義的生産様式は、その制度諸形態からなるレギュラシオン（調整）様式の違いによって、次のように時期区分される。①外延的蓄積体制（生産規模の外的拡大、生産性の大きな上昇を伴わない）、競争的形態（自由競争的形態――勤労者の消費が資本制的生産に統合されていない場合）、②テーラー的形態（労働編成によって大量生産は可能になっているが、賃金生活者の生活様式は根本的に変容していない場合）、生産性が急上昇しているのに、実質賃金の動きがそれに並行していない過渡期（二〇世紀初頭のアメリカ）、③フォード的形態（消費基準と生産基準が結合されるようになる場合)、「高度経済成長」期、大量生産と大量消費を伴う内包的蓄積体制(生産性と実質賃金の並行的上昇)、④七〇年代以降の「大危機」。

このように「市場経済」に対する「国家」による調整の諸制度は、社会的諸集団の闘争を反映した概念であるとされ、経済的原理と政治的形態を統合しようとするところにその特徴があったといえる。民主主義論の視角からも注目される所以であろう。またそこでは、高度成長が示した資本主義の柔軟性と共に一転して「大危機」へ陥る、この経緯に対する従来のマルクス主義の「万年危機論」への反省が問題意識として語られもする。私もまた続いて検討していくように、「社会的制度」をめぐる民主主義的変革の位置づけに重要な意味を見出そうとするものである。それだけに、③期から④期にかけての「資本主義」と「(旧)社会主義」とを対照させながら、「国家―市場経済」の関係における「制度の転換」を論じていこうとする「レギュラシオン」の理論枠組みに、大きな関心を寄せるのである。

二節 「社会主義」レギュラシオンの枠組み

そのような社会的調整制度が「社会主義」経済の「改革」と「解体」、そして体制「転換」の過程にも適用されて「社会主義のレギュラシオン理論」がうちだされていく。そのなかでその枠組みがどのように変化を遂げていくのか。「(社会)制度」と「(企業)組織」の相互関係、企業組織における「所有」や「経営」、さらには「労働」などの諸主体がそれらにどう関わっていくのか、ということを検討していくことにしたい。

「社会主義のレギュラシオン理論」は、このような分析の枠組みと方法が一九八〇年代になってその構築が試みられるようになる。ロシアや東欧の経済は、七〇年代から八〇年代にかけて成長の漸次的低下が顕著になり、その危機の分析、さらに遡って東側では何故に「フォーディズム的高度成長」が存在しえなかったのか、それを解明しようとしたのである。論者によってニュアンスが異なるところがあるが、最も体系的に改革と転換の全過程を一貫して論じているのはB・シャバンスであろうと思われるので、その理論的枠組みの特徴をエポック毎に追跡していくことによって、それらが変化していく意味を考えてみたい(4)。

過程の出発に置かれるのは、「社会主義の伝統的システム」である。それは、一九三〇年代初頭以降ソ連における「上からの革命」によってつくりだされたシステムで、その社会的調整形態が「市場」(水平的関係)とは全く逆の「集権的計画化」(垂直的関係)であるところに特徴があるとされるが、しかしそれが「賃労働関係」などの同様の制度諸形態にそくして分析されていくのである。即ち、その総体にとって決定的な側面をなすのが、核心にある「賃労働制」なるものの特殊で独自な形態であるとされる(③論文、第一章「賃労働制」)。旧来の「公式」のとらえ方とは違って、あえて「賃労働制」(したがって「国家資本主義」である)と規定される理由は、ソ連型では「労働者と生産手段の分離・疎外」関係があるだけでなく、商品・貨幣関係もまた存在しているからである。すでに見ておいたように（本書七七頁）この後者の論点は、ソ連型経済を「社会主義」と見るか「資本主義」と見るか、はたまた「非社会主義・非資本主義」とするか、諸説の分岐をうみだす元となっていたものであった(5)。シャバンスは、ソ連型の商品・貨幣は「受動的な性格」（③第二章五）しかもたないこと、その価値規定よりも使用価値規定が主要なモメントをなすこと、また剰余価値・利潤が生産の目的と動機をなさないことを事実の分析によって認めている。そうなると通常は「非資本主義」となるのであるが、それにもかかわらず「商品経済」「貨幣経済」「賃労働関係」がソ連などの「伝統的システム」と資本主義に共通に存在するとされていくのである。つまり価値規定と使用価値規定の矛盾があって、そのどちらが主要な契機をなすかという本質論的な内容の違いよりも、それらが社会的調整の要素として解決されていく形態論的な様式のほうに重点が置かれるからであろう。私は、これは内容と形態との顛倒したアプローチの方法ではないかと考えるのであるが、これは最後に「体制の転換」が問題になってくるときに、先の三〇年代の「上からの革命」の始点の問題と合わせて、再び「価値」と「使用価値」の両契機の主―従の革命的逆転が問題になってくるときの論点にも繋がってくるものである(6)。

さて、「社会主義の伝統的システム」の賃労働制と社会的調整形態との相互関係については、次のような展開がなされる。賃労働制は、労働力の売買と使用と再生産の条件の全体をあらわすもので、労働市場と雇用（不足と過剰）、労働編成、賃金、消費、などによって特徴づけられる。これらは、全体としては集権的計画化・官僚主義的調整様式によって規定されていくが、この領域ではそれが著しく制限される（労働力不足のなかでの需給関係や移動の多さ、職種の構造と技能形成の不適合、賃金の押し上げ圧力、など）。他方では、全般的な消費の「不足」が存在する。いちばん異なるのは労働生産編成であって、技術的には西側の資本主義と類似の「テーラー主義」的編成（③二二三頁）がみられるのであるが、社会的調整形態の違い＝「とりわけ資材調達の集権化がもたらす攪乱作用および典型的な不足」（③二二三頁）による不規則性と不連続性への傾向を主要な特徴としてもつことになる（「リズムなきテーラー主義」）。消費の不足とあいまって、「フォーディズム的高度成長」が起こりえなかったのは、ここにその根本原因があるとされた。つまり、全体としての「集権制」およびベースとなる「市場経済」における根本的な〝不足〟がその原因であった。

三節　市場経済の導入と社会主義「システムの改革」

次に、市場の導入による「経済改革」の過程を理論化していく試みのなかで、制度諸形態の階層制にもとづく体系化が図られるようになる（一九九〇年ころからの論文③④⑤）。そのさい、「経済改革」とは、「経済における水平的関係を拡張し垂直的関係を縮小することによって、調整様式と成長様式の大幅な進展をめざすシステムの内部変革（この変革は一連の制度的措置と結びついている）の総体的な構想」（④二六二頁）である、と定義される。これまでの特に第一波の改革の多くが失敗したのは、このシステムの体系性を理解せず、整合性と一貫性を欠いていたからである。

そして、社会主義の「伝統的システム」は、「核心部の複合体システム」（「基本的な制度的基盤」と「集権的な計画化領域」とからなる）と「それ以外の要因・周辺部」とに分けられる（④三六〇～一頁）。「制度的基盤」は「国家所有」と「単一政党」（「ノメンクラトゥーラ制度」を含む）で、最優位の序列を占め、存在論的な核をなしている。「集権的計画化」の内容は、「管理のヒエラルキー」「各レベルへの目標の分解」「行政による投入物の配分」「行政による価格の設定」「利潤の再分配」「賃金ファンドと賃率表のマクロ経済的管理」「単一銀行」に整理されていく。「それ以外の要因・周辺部」には、「農業―集団農場」「対外経済関係―外国貿易の国家独占」「私的セクターの制限」、そして「独裁的な企業経営」（自立した労働組合と共同決定方式の不在のうえに成り立つ）が含められる。ここで留意しておきたいのは、この段階では「企業経営」がまだ核心から外されて周辺部に位置づけされていることであり、その後の枠組みの変遷にそってみていくように、「企業」などはやがて「組織諸形態」と呼ばれるようになり「制度諸形態」と並んで中心的な位置に据えられてくるようになるのである。

このような理論化にもとづいて、経済改革が「システムの手直し」と「ラディカルな改革」

と「システムの解体」にタイプ分けされ、その諸階梯が分析されていった。「システムの手直し」は、「制度的基盤」には手をつけず、また調整様式の実質的な変革や制度の大幅な変更をおこなわずに、「集権的計画化」や「それ以外の要因」に柔軟性を導入しようとする改革である(六〇年代の第一波におこなわれたほとんどの経済改革、六五年コスイギン改革など、一般に失敗に終わった)。「ラディカルな改革」は、「制度的基盤」には手をつけないが、「集権的計画化」あるいは「それ以外の要因」を大幅にまたは同時に修正し、実質的な制度的変革をおこなうものである(典型は、ハンガリーの「六八年新経済メカニズム」、中国の八〇年代鄧小平改革も)。「システムの解体」は、「制度的基盤」をも含みこんだ質的な転換であり、それはたんに集権的モデルからの脱却だけでなく、社会主義的とみなされるシステムそのものからの脱却、したがって「システムの革命」でもあるとされる(当時、六五年以降のユーゴスラビアの改革、九〇年のハンガリーやポーランドの改革などがそれに向かいつつあるものとして挙げられ、八五年以降のゴルバチョフ「ペレストロイカ」については「システムの手直し」と「ラディカルな改革」との中間に位置する二重の体制をもつ構造とされた)。

ところが、このような改革過程の「システムの動態的展開」(④二七二頁)をどのように分析していくかということに関わって、「企業」や「労働」における経済主体としての自立化の行動が問われざるを得なくなるのである。市場経済の導入は、これまで「国家」＝「社会的所有」の指令的計画の下で一枚岩的に覆われていた「経営」(企業組織)と「労働」(個人)

の機能を蘇生させ自立化させていく。その諸主体の自立化の内容に立ち入らないで「垂直的関係の縮小」と「水平的関係の拡張」の大小関係だけで説明していくのは、改革過程が進展していく動因を明らかにすることができない。もともと「垂直的関係」と「水平的関係」は本来的に対立し矛盾したものであって、〝一貫性と整合性を保つために〟を徹底させれば、諸「制度形態」の適合的な変革に、さらには「制度基盤」の変革に、結局は「社会主義システムの脱却」にまで至らざるをえない、という一義的な変化しかありえないことになる。初めは、旧・新の調整様式の角逐が主として「システムの惰性」（後では「経路依存性」）という要因で説明されようとしていた。だが続いてみていくように、この社会的な調整制度と企業組織との相互関係が次第に前面に登場してくるようになるのである。

四節　社会主義「システムの解体――転換」と多様な調整様式

「ポスト社会主義」の体制転換が始まったとき、西側でこれを主導したＩＭＦなどは純粋または単純システムとして理解された市場経済概念にもとづいて、混合経済モデルを避けるべきであると強く主張した。しかし、中欧で実際に現れたのは多様な所有と調整、制度と組織の混合した形態であった。もともと資本主義のシステム自体が多様性をもった存在であるだけでなく、旧システムからの歴史的な経路依存性が強く働くからである。「転換」を三つの段階――（1）「転換の第一段階」の前半「多様な経路依存的混合経済」（⑦論文）の時期、（2）その後半の「ポスト・ワシントン・コンセンサスと制度論・進化論アプローチ」（⑧論文）の時期、および（3）一九九七年ころから始まる外資導入に主導された第二段階――に分けて、シャバンスらの論文をとりあげ、その調整様式の枠組みの変遷を確かめておきたい。

◎「第一段階」前半の「経路依存的混合経済」論

そこでは、多様で複雑な「所有」と「調整様式」の相互関係が分析される。中欧における所有形態をめぐっては、二つの顕著な様相が指摘される。一つは、民間の私的な中小企業の驚くほどの増大で、多様な企業形態が拡散している（有限会社、合弁会社、個人企業、パートナーシップ、非合法企業……）。もう一つは、旧国営部門の大中企業の民営化と組織形態の転換の結果として出現しつつある絡み合った所有であり、次のような三つの特徴をもっている。第一は、所有者の複雑性と多面性で、従業員所有、経営者所有、銀行・外資の参与、公的所有などが結合しあっている。第二は、公的所有部門と民間部門との境界が曖昧な混合型である。第三は、企業、機関投資家、銀行、国家の間での株式の相互の持ち合いである。資本所有と経営の関係はかなり分岐しており、その間のさまざまな形態がみられるとされる。

このような多様な形態を分析していくために、「調整様式レパートリー」が拡充されていくことになる。従来の国家と市場の二元モデルに、企業とネットワークを加え、さらに市場化の進展の範囲が区別されるレパートリー〔「国家」――「ネットワーク」――「ミクロ位階組織（企業）」――「消費財に対する市場」――「生産財に対する市場」――「労働市場」〕である。そして、それらを縦軸に置き、横軸に「伝統的社会主義システム」――「改革社会主義システム」――「ポスト社会主義転換経済」を配して、整理がし直されていく。とくに注目されるのは、垂直的な「位階組織」概念について、「企業の上位にある巨大位階組織・一般的支配位階組織」と「企業内にあるミクロ位階組織」（⑦七七頁）とが区別され、その後者が企業として独自に置かれるようになる。この企業組織における多様性を生みだすものが、資本の所有と経営の関係にみられる広範な多様性であって、それらの調整がもたらす動態的帰結はさまざまであることが認められる。ポスト社会主義中欧では所有の「境界線の不明確化」が広範にみられ、改革社会主義中国をとっても所有権明確化の第一義的意義は疑問視される。コルナイは、私的所有と市場調整の間、国家所有と官僚調整の間に強い「親和性」があると主張したが、「このような合理的だが一般論的見解は厳密に展開された理論的根拠に基づいているわけではない」（⑦七九頁）として修正が加えられるようになる。そして、「市場化」についても、かつての標準的見解はあまりにも還元主義であるとして、「市場と他の調整様式（国家、ネットワーク、企業）との間のバランスの取れた関係とともに、市場形態の根本的変革の過程として理解されるべき」（⑦七八頁）であるとされる。

◎「第一段階」後半の「ポスト・ワシントン・コンセンサスと制度論・進化論」

転換から一二年が経ったところで、組織的・制度的・システム的変化にかんする独特の歴史的経験が蓄積され、経済理論に新たな挑戦の課題がつきつけられてくるようになったとして、主として方法論的な論点からこれに応えていこうとした。「安定化」――「民営化」――「自由化」の「聖三位一体」論に基づく「ワシントン・コンセンサス」に表わされる新古典派の主流の伝統を特徴づけたのは、静学的な効率性基準と理想的な均衡状態、経路独立的な変化に関する目的論的・決定論的な概念であった。しかし、そのマネタリズム的市場経済化が実体経済の崩壊をもたらし、制度や主体の形成を逆に大きく疎外し歪曲していくなかで、制度学派や進化理論への反動が生まれてくるようになった。それらは、過去の遺産を重視し、社会的変動の革命的タイプの危険性を強調し、制度変化における漸進主義を擁護し、長期的な歴史的傾向の役割や社会主義システムの末期の影響を強調した。均衡概念ではなく、プロセス概念を中心に置こうとする。中国の経験も、「ワシントン・コンセンサス」への強い異議申立てとして、制度学派の転換理論においてしばしば考察されるようになる。歴史の現実も、「移行のサプライズ」と呼ばれる予想外の進展を示した。「体制転換不況（大恐慌）」、民営化における困難と遅滞（従業員所有や経営者所有にみられるような所有権の分配、コーポレート・ガバナンスの観点からの構成攪乱）、金融・銀行危機、国家の形態や力能およびマクロ経済的制度的変化における著しい多様性、などである。

このようななかで、一九九〇年代後半には移行ドクトリンに修正が加えられ、「ポスト・ワシトン・コンセンサス」という再定式化をみるようになる（前の第三章を参照）。しかし、シャバンスは、それらは限定的な表面上の修正であって、制度的・組織的な転換様式の間にある相互依存性を明らかにしたシステム的アプローチが必要であろうと批判して、次のような新たな諸論点の提起をおこなうのである。まず、進化的理論の限界にかんする問題である。経済における制度学派の理論は、進化的変化、プロセスの概念、累積的因果性の概念の役割を強調しているが、それらは主として漸進的かつ進化的な変化を分析するために発展してきたものであった。ポスト社会主義の「転換」（あるいは三〇年代の社会主義システムの「形成」）のような広範な大規模な構造的システム変動の理解に、それが適用されるときには限界があったとされる。危機とレヴォリューションの概念が欠けていることも度々であった。経済変化の進化的理論の一部としての制度的・組織的変革の概念が真に必要とされている。さらに、制度学派は過去の重み、経路依存性を正当に重視してきたが、逆に「未来性」の役割、「期待の経路形成的な役割」「期待された制度」の役割も過小評価されるべきではないとする。

つまり、「未来性に基礎を置いた個人および集団の創造的行動」の要因をどうとり入れるかという問題である。転換期には比較的短期に、「個人および集団の行動は、新しいタイプの不確実性、……システム全体に波及するようなシステム的な不確実性に直面させられる」⑧九頁）。シャバンスとならんで社会主義レギュラシオンの理論家といわれるJ・サピールは、

「制度」と「慣行」（集団の事実了解）と「組織」（企業など、その内部構造をもった）との区別と関連、マクロ経済とミクロ経済の相互作用の問題を次のように提起する。新しい社会的制度が発生するさいには、主体の行動と組織の行動の間に特有な連携関係がうまれ、「局地的な」調整状態が安定するゾーンがまず現れる。この断片化された事実了解としての「慣行」が、フォーマルな正当化を得るかどうかは、社会的な制度との相互作用のなかで決まってくる。さらに、その「局地的な」安定圏が定着していくかどうか、そのような組織形態が生成していくかどうかは、制度（フォーマルな）と慣行（インフォーマルな）の作用によって主体と組織の行動にもたらされる規則性の程度いかんによる、特殊な社会を支配する主要な慣行が決定的な仕方でこれに関与する、とされる。

体制の大転換は、制度と組織の変化・変革におけるそれらの内在的な相互関係の問題を鮮明に浮かびあがらせることになる。これまで、ある均衡状態のもとで、社会的制度によって主体の行動が調整されていくことが強調されてきた。しかし、生成や転換、変革・レヴォリューションの過程に関しては、ある個人や企業組織の新たな行動によって「局地的な」「一部の出来事」の調整状態の下でのインフォーマルな「慣行」が生みだされていくという次元が先ず起こる。それが「社会的な」（「強い」連関で・あるいは「弱い」連関で）制度と相互連動していく（ある場合には「補完的に」・ある場合には「自律的に」・ある場合には「矛盾して」）という複雑な次元が続く。そして、その総結果として新たなフォーマル・ルールが「社会的な」制度（マクロ）として確立されていくという次元を迎える。企業などの組織的レベル（ミクロ）が、独自なものとして重視されていかざるをえなくなる所以であろう。さらに、その個人や組織の主体の行動についても、過去からの「経路依存性」だけでなく、未来にむけての「期待された経路形成的な役割」も重視されなければならない。その内容に当たるものに関わって、シャバンスは「調整レパートリー」のなかでの「ミクロ位階組織（企業）」について、大企業内の権威と支配が強化されていく傾向、しかし温情主義や協働主義の残存ということも指摘して、「利害の代表、とくに賃金稼得者の利害は個々の国の労働組合の危機によりほとんど組織されていない。より一般的に言えば、市民社会の構成は遅々としてのみ進化している」（⑧八三頁、七八頁）、と述べていた。

私は、この主体の行動を論じていくさいの内容をなすものこそ、すでに第一章の「市民社会」論で検討してきた諸主体の自律性と協同性の発展にかかわる問題にほかならないと考えるのである。諸個人が「欲求の充足」と「労働力能の全面化」を求めて「自立的な制御主体」として発達を遂げていく。企業組織の内部構造においても、各主体（所有主体、経営主体、労働主体、生活主体）が自立性と連帯性を発展させていくなかで、主体間の平等性のレベルが、所有から労働・生活の次元へと次第に押し上げられていく（剰余価値・利潤に対する制御を通じて）、つまりそれは「アソシエーション」概念の内実をなすものに他ならないと考えるのである。そして、そのそれぞれに市場経済の利用と制御、止揚の過程が関連づけられていかなければならない。主体の自立と協同が展開されていく水平的な次元（「市民社会」と称される）、市場経済や民主主義が展開されていく場が広がっているという現代の特徴をふまえながら、その全体を推進し変革していく動因と過程をこのような方向で深くほりさげていくことが肝要だと考えるのである。

五節　「国際・金融主導」か「企業主導」か

一九九七年ころから中欧では外資の果たす役割が重大となり、ハイブリッドな形態によって特徴づけられる第一段階とは明らかに異なる軌道が出現するようになる。この第二段階についての、シャバンスとマニャンの分析枠組みの変化をみておきたい（⑨論文）。ハンガリーでは、一九九四年から九七年の間に、大量の大産業企業と主要銀行が外国の戦略的投資家に売却され、外国直接投資が流れ込んだ。疑似公的所有の絡み合いと企業に対する国家のパターナリズムが転換し、外資主導のコーポレート・ガバナンスが導入され始めた。温情主義的福祉国家と三者協議制はますます弱体化した。一九九八年からの進化過程は、資本主義の社会民主主義型からアングロ・サクソン型への傾斜をあらわしているが、国内には明白な部門的・地域的・社会的矛盾を抱えており、この収斂シナリオに不安を投げかけている。チェコでも、一九九七年金融危機をきっかけに、絡み合った所有を解体し、コーポレート・ガバナンスと金融規律を改善しなければならなくなる。外国の戦略的投資家へ売却する民営化方法に傾斜していき、直接投資が流入して企業のリストラが始まっていく。しかし、まだ国家の福祉関与が相対的に強く残っており、社会的市場経済のドイツ型モデルへの経路依存的な引力をあらわしている。これまで国有の大中企業が残存し多数の私的小企業が発展していたポーランドでも、一九九七年に連帯主導政権のもとで緊縮政策、外国の戦略的投資家への企業の直接売却、医療改革、年金システムの多元的改革などがおこなわれた。このように一九九七年以後、第一段階における資本主義の国家主導モデルから、第二段階におけるアングロ・サクソン型への、方向変換をあらわしている。しかし、それは国家的保護と経済的自由主義化との間の緊張を鋭く例証するものでもあり、ポーランドではまだ国家の関与が経路依存的に生き残っている、とされる。

第二段階における傾向と軌道を分析していくために、シャバンスとマニャンは四つのサブシステム――「生産システム」「銀行金融システム」「社会―経済的妥協」「国家」――を設定していく。その新たな展開には、レギュラシオン・アプローチの第二世代の旗手といわれたB・アマーブルの「資本主義の多様性論」(7)の影響が強くみられるようになるので、以下ではそれとの対比に配慮しながらその特徴をとりあげていくことにしたい。シャバンスらの枠組みは、縦軸に先の四つのサブ・システムが置かれ、横軸に「ポスト社会主義混合経済に向けての共通傾向」と「ポスト社会主義国民的軌道の多様性」(ハンガリー、ポーランド、チェコに区別された）が置かれ、それらが第一段階と第二段階の一覧表にそれぞれまとめられて対比されていく、という構成をもっていた。そして、その「共通傾向」が、旧い「経路依存的特徴」の要因と新たな「ＥＵ引力」および「国際的圧力」（グローバリゼーション）の要因ごとに分けて考察される。

それらの枠組みを満たす内容であるが、なによりの特徴は、第二段階における全体の起動的な力が外資に置かれようとするところにあり、これは制度の階層制にかんするアマーブルらの新たな展開と軌を一にするものであろう(8)。すなわち、相互に補完性があり階層制をなす諸制度のなかで最上位にある支配的な規定的なものがとりだされ、これまでは「賃労働関係」がそうであったがグローバリズムの時代においては「国際関係・金融関係」がその位置を占めるような逆転が起こる、とされるのである。シャバンスらは、外資による直接投資という新たな動因が旧い経路依存的特徴に抗して、どのように他の諸制度との相互関係を変化させていくかを、基礎として置かれた「生産システム」をはじめとして「銀行・金融システム」―「社会―経済的妥協」―「国家」の諸制度エリアにそくして分析していくのである。そのさい、この「生産システム」という新たな置き方の登場は、アマーブルらの「社会的なイノベーション・生産システム」の概念（上掲書、二一八～二四頁）に触発されたものといえるであろう。アマーブルも、一方で「理論的スキームの基礎」として「科学」―「技術」―「産業」からなる「生産イノベーション特性」なるものを置き、他方で三つの基本的制度エリア―「教あたっては、さらに「製品市場競争」「社会保障と福祉国家」を加えた五つの基本的制度エリアとしても）――からなる「制度特性」に繋げていこうとしていた。そこには、先の国際・金融関係と賃労働関係との相互関係の問題、「金融主導型」を重視していく流れと賃労働関係や「企業主導型」を重視していく流れとの分岐を生みだしてくるようになる論点が介在していた。そして、それと関わって再び「組織的レベル」（企業など）の位置づけが問われてくるのである。

アマーブルも、他方では労働―生産過程の重要性を強調し、それを「イノベーション・生産システム」という「理論的スキームの基礎」として中核的な位置に据えようとしていた。しかし、それは技術論―産業論の生産力的な置き方になっていて、それに社会―経済的規定性を与えるのは三つの社会的な制度エリア――「労働市場システム」「金融システム」「教育・職業訓練システム」であるが、それらは制度における資本と労働、産業（経営者）と金融（株主）などの間の〝社会的な〟調整と妥協によって規定されていくとされる（「社会的イノベーション・生産システム」なるものの図解説明にある「三つの制度エリア」―「科学―技術―産業」の矢印が示す規定・被規定関係を参照、上掲書一一九頁）。そこでは、〝企業組織の〟「コーポレート・ガバナンス」としての固有の問題は消えてなくなり、「金融システム」における経営者と株主の調整・妥協の問題としてのみそれが登場してくるにすぎないものになっている。変革的な契機としての企業の「組織的レベル」の問題は分解されて、一方では生産力的な展開に委ねられ、他方では再び「制度的レベル」による説明に解消されてしまうのである(9)。だから、その社会的な制度の変革の問題も、全社会的レベルにおける諸階級・諸階層の利害関係、そのコンフリクトをめぐる政治的妥協というレベルだけを強調して展開されていくことになる。私は、その前提的基礎として、なによりも「組織的レベル」にあらわれてくる「資本―労働」の間での本質的な「分配問題をめぐる利害関係」が置かれていなければならない、そして所有・経営・労働・生活の諸主体の相互関係が「コーポレート・ガバナンス」問題として展開されていかなければならない、ついでその旧新の〝局所的な〟「制度的レベル」における相互連動がくりひろげられていくなかで、それらの総結果として新たな〝社会的な〟〝集計的レベル〟での制度（上掲書、一〇三頁）の確立がおこなわれる、というアマーブルとは逆の組織と制度の関係が説かれていかなければならないであろう、と考えるのである。

その点に関するシャバンスらの展開をみると、「生産システム」という同じ用語を使ってはいるものの、その内容には技術論・産業論的なものだけでなく「所有関係」や「マネージメント（経営や管理）」「コーポレート・ガバナンス」なども含められ、それはむしろ生産関係と言い直したほうがよい内実をもつものとなっているのである。そして、それが次の「社会―経済的妥協」の次元とされる内容――「労資産業関係」「失業」「労働市場」「労働組合」「集団的取引」「社会的コンセンサス」など――に、ノーマルに（逆転した関係においてではなく）つながっていくことにもなる。しかし、そのことはレギュラシオン・アプローチとしての方法論的特徴を無くしてしまうことにつながるものでもあろう。変革の過程においては、このような「組織的レベル」や直接的生産過程における諸主体の生産関係的な相互関係、そしてそのなかでの個人や組織の主体の経路形成的な行動と発達が展開されうる理論的構造が必須となってくるように思われる。外資による直接投資の流入は、その「コーポレート・ガバナンス」における変化をつうじて、他の旧い「コーポレート・ガバナンス」の構造にも影響を及ぼし、そのうえで全体を社会的に包摂していくものとなっていく。貨幣―資本―金融（さらに国際金融資本）の資本循環的運動は、「組織的レベル」におけるこのような生産関係の内実をはなれては構造化されえないであろう、と考えるのである。

アマーブルも実践的課題としては、「大陸欧州型資本主義はどこへ行く」という問題を提起して、イギリスのような「市場ベース型」のものではなく、またデンマークのような「社会保障ベース型」でもない、大企業雇用主と労働組合との妥協にもとづいた刷新された「大陸欧州型モデル」の「第三の道」を求めようとしていた（上掲書、第六章）。それは、労働力の再訓練・フレキシビリティを可能とする積極的労働市場政策と拡大された社会保障（高技能、高生産性、高賃金）をもち、そのような労働・生活主体の発達を軸にして「規制された資本主義」に進んでいく、というプロジェクトを実施しようとするものであった。そのような人間主体の民主主義的発達を保証しうる社会経済的構造の理論化を、労働―生産過程における「資本―労働」関係を離れて、果たしてなし得るのであろうか。レギュラシオン・アプローチでは、「多様性は中心的問題である」(⑧一四頁)と言われる。だが、何のための多様性の解明であろうか。私は、人間主体の自由・平等と民主主義、主体的な協同と「アソシエーション」の内実の発展における多様性、それをつうじた新しい未来社会への多様な途というところに焦点が合わされなければならない、と考えるのである。

【脚注】

(1) 山田悦夫「レギュラシオンの経済学―フォーディズムからグローバリズムへ―」(塩沢由典『経済学の現在1』日本経済評論社、二〇〇四年、第四章)、一九五～六頁。

(2) M・アグリエッタ『資本主義のレギュラシオン理論』(原書は一九七九年)、大村書店、一九八九年、増補新判二〇〇〇年。B・アマーブルの簡潔な要約を参照(『五つの資本主義』藤原書店、二〇〇五年、一〇六頁)。

(3) R・ボワイエ『現代「経済学」批判宣言』序、Ⅻ頁、藤原書店、一九九六年。

(4) B・シャバンスの一連の諸論文。以下の引用は、とくに断りのないかぎり、この番号と頁数のみで掲げる。①「ソ連型経済における危機の今日的形態」一九八三年(R・ボワイエ・山田悦夫編『転換―社会主義』一九九三年、藤原書店)、②「社会主義体制における経済改革」一九八八年(『大阪産業大学論集』第八九号、一九九二年)、③『ソ連経済システム―ブレジネフからゴルバチョフへ』一九八九年(斎藤日出治訳『社会主義のレギュラシオン理論』一九九二年、大月書店)、④「ゴルバチョフの経済改革への比較論的アプローチ」一九九〇年(同上『転換―社会主義』)、⑤「東欧における過渡期と経済不況」一九九二年(同上『転換―社会主義』)、⑥『一九五〇―九〇年代東の経済改革』一九九二年(斎藤日出治他訳『システムの解体』一九九三年、藤原書店)、⑦B・シャバンス、E・マニャン「ポスト社会主義中欧における多様な経路依存的混合経済の出現」一九九五年(『比較経済体制研究』第四号、一九九七年)、⑧「ポスト社会主義の転換の移行ドクトリンと進化論的アプローチ」二〇〇三年(『比較経済体制研究』第一〇号、二〇〇三年)、⑨B.Chavance and E.Magnin,Convergence and Diversity in National Trajectories of Post-Socialist Transformation

(edited by B.Coriat, P.Petit and G.Schmeder, *The Hardship of Nations ; Exploring the Paths of Mordern Capitalism*, Edward Elgar, 2006).

なお、それらが資本主義の多様性論につながっていく問題について、堀林巧『自由市場資本主義の再形成と動揺——現代比較社会経済分析』世界思想社、二〇一四年、同『中東欧の資本主義と福祉システム—ポスト社会主義からどこへ』旬報社、二〇一六年、そのなかのD・ボーレとB・グレシコビッチの中東欧資本主義論から多くの教示をうけた（続く第六章をも参照）。

（5）例えば、P・チャトパディヤイによる諸論者の整理（『ソ連国家資本主義論』大月書店、一九九九年。

（6）同じレギュラシオン派のなかにも、ソ連型を「国家資本主義」（シャバンス、J・サピール）とするもの以外に、「国家独占主義」（W・アンドレフ）とするものもある、といわれる（斎藤日出治「社会主義システムとレギュラシオン理論」『比較経済体制研究』第三号、一九九六年、一八頁）。サピール「レギュラシオンとシステム転換」一九九二年（同上『転換——社会主義』）。

（7）B・アマーブル『近代資本主義の多様性』（原書は二〇〇三年、『五つの資本主義』藤原書店、二〇〇五年）。

（8）山田悦夫、註1の前掲論文、二二一～三二頁。

（9）資本主義の多様性を論じていく方法論にかんして、アマーブルは「企業を出発点とする」置き方と対比させて、「制度を出発点とする」自らの方法の特徴を明らかにしようとしていた。そのさい、P・ホールとD・ソスキスの「企業を出発点とする」置き方（『資本主義の多様性』ナカニシヤ出版、二〇〇七年）の特徴として——「関係としての企業」は「動的な諸能力と自ら活動する制度的枠組みの発展を追求する行為主体として定義される。かれらは、労使関係、職業訓練・教育、コーポレート・ガバナンス、企業間関係、そして企業が自らの雇用者とわかちもつコーディネーション問題——という五つの分野を取り出す」（アマーブル上掲書、一一〇頁）ものとして性格づけていた。問題は、あれかこれかではなく、どちらを基軸に置いて、他をどのような相互関係で展開していくのか、にあるように思われる。

五章　「二一世紀・社会主義」のあり方と民主主義論

【Ⅱ部五章の要点】

一九八〇年代ころから、ソ連や東欧の「経済改革」が第二段階「生産手段の市場化」へと進んでいくにつれ、従来の「国家—企業」の枠組みは理論的にも質的転換を迫られていくことになる。西側の広範な理論家をも巻き込んでおこなわれるようになった論議のなかから、「諸個人の自立と協同」を基軸に据えた新たな理論的枠組みの諸契機が生成してくる状況を描き出しておくことにしたい。

「生産手段の市場化」は、旧「社会主義論」で支柱とされてきたものとの整合性を問い直すことになっていく（一節）。市場が生産手段（ストック）の配分にまで関わるようになることと「国家による計画化」との関係、企業の自立的な経営行動と「国家的所有」との関係、所得分配における非労働的要因（生産手段・資本）と「労働に応じた分配」との関係、などの問題である。これに伴って、「市場経済と社会主義」の関連のさせ方についても分岐が生じてくる（二節）。一方からは（東側の多くでは）、市場経済はもともと原理的に「私的所有」としか両立しえない、「経済改革」は砂上の楼閣だったとするような主張がなされてくる。しかし他方からは（西側の多くでは）、市場経済と社会主義とのつながりを「所有」の論理次元だけで分断してしまう（あるいは反対に「所有」とは全く関わりのない手段的ものとしてしまう）やり方を批判して、現実に資本主義・市場経済の矛盾を克服していくという展望の側から見ていくとき、それへの移行における「実現可能な社会主義」にとっての、市場経済をベースとした「利用と制御」のあり方として論じられるべきだ、という主張がなされてくるようになる。その背景には、七〇年代ころからの発達した資本主義諸国における「自由・民主主義をつうじる社会主義」への新たな路線探求の動きがあった。

一九八〇年代後半以降の特徴は、「旧社会主義から市場社会主義への移行」と「現代資本主義から市場（をつうじた）社会主義への移行」とが重ね合わせて論じられることが多くなっていく。社会主義の公的所有と資本主義の私的所有それぞれの内部の構造（所有と経営と労働・生活の諸主体間の）にまでたち入り、「自立性―効率性」と「社会経済的な平等＝民主主義」を論じていこうとする次の段階（三節）が切り開かれていく。国家の権力主義的な変革だけに止まらず、社会経済構造の全体にそくして企業や個人の次元からも、自由と民主主義をどのように成熟させていくのか、という二一世紀に向けての共通した世界史的課題意識が次第に強くなっていくのである。

新たな段階では、「公的所有（国家的所有）＝排他的国家管理」の想定が拒否され、「所有」

と相対的に切り離された企業の「経営」の「自立性—効率性」が問題とされていく。その上で、あらためて「所有」の主体（株主）および資本調達や金融（資本市場や銀行）、さらには労働者、もっと広く消費者・市民など「ステイクホルダー（利害関係者）」との相互関係が問われていく（「コーポレート・ガバナンス問題」）。そして、それらを展開していく基本視点として「平等化」という課題が設定されて「総利潤が均等に分配されていく」ような民主主義的な制御のシステムが追求されようとする。これらには、二つの方向性があり、一つは、「経営者管理型」企業論と呼ばれたもので、企業の「経営」と「資本蓄積・資本調達」に重点を置く展開であった。もう一つは、「労働」の要因をもっと重視していかなければならないとする「労働者管理型」企業論と呼ばれる系列のものであった。しかしいずれの場合にも、これまでの「国家—企業」の上からの枠組み（国家による所有・計画・管理）を超えて、「労働」・「生活」さらには視野を広げて「社会」・「自然環境」の側からもっと広く、資本に対する社会的な制御を加えていかなければならない必然性を孕んだものであった。

　では、従来の「国家」による上からの介入に替わって、自立した諸個人や諸集団が自主的・自由に平等にとり結ぶ「アソシエーション」を基軸とした関係がうちたてられていくとき、その国家の社会全体に対する「ガバナンス（統治）」の経済的機能は、どのように変化していかざるをえなくなるのか（四節）。かつてのような垂直的なルートによる直接的な指令型のものから、次第に水平的なレベルの関係に基礎をおく間接的な誘導型のものが優位を占めていくようになる。

「体制転換」過程においては、さらに大きく社会経済構成全体のなかで市場経済を位置づけ直していく問題が出てくる（五節）。「社会的制度」の展開をめぐって、一つは、「生産」過程だけでなく「消費や生活」、文化やイデオロギーについての「コミュニケーション的連関」など上部構造との関わりである。もう一つは、「インフォーマル制度」など現存の体制の基底に広くみられる伝統的・共同体的な、先資本主義的社会諸関係との関わりである。これらの社会的生活の多元的で多様なあり様を無視したマネタリズム的「市場経済化」の反省のうえに、複数的な諸制度の「共生的」な発展の方向が批判的にうちだされていく。自立した諸個人および諸集団が、対等平等の立場で、それぞれの「基準・規則＝制度」の共約化＝協同化をお互いに成し遂げていくさいの、民主主義の原則である。

一節　「国家」規制―「市場経済」の枠組みの転換

「市場の導入」＝「経済改革」の最終段階に至る理論的展開の軌跡をよく物語ってくれるのは周知のポーランドのW・ブルスであった。彼は、自らの研究の諸階梯を振り返って、次のように区分をした。第一段階は、「規制された市場をもつ中央計画化」の新しいシステムが創唱されていった段階（『社会主義経済の機能化の一般的諸問題』一九六一年（1））で、「市場メカニズム」が不可欠の用具として位置づけられたのであるが、中央計画化は資源配分における優越的な力として留まらなければならない、また国家的所有も支配的役割を果たさなければならない、とされていた。第二段階は、経済的変化と政治的変化の相互関係の問題に焦点があわされていく段階（『社会主義的所有と政治体制』一九七五年（2））で、中央計画化は複数主義的政治システムをつうじて民衆の必要を反映しそのコントロールに従うばいにのみ合理性をもちうるとされた。重要なのは、次の第三段階（3）で、ハンガリーとユーゴスラビアにおける改革の経験から生まれてきたものであるとされ、「生産物市場の導入」と関連した期待が多くの理由によって実現しえないことが明らかとなり、市場の原理的機能を貫いていこうとすれば「資本の市場化」や「労働の市場化」の問題にまでたち至り、〝経済の機能化システムの基礎〟との関連の解明が迫られるようになるからであった。

ここに至って、「生産手段（資本）の市場化」は、従来の社会主義経済システムのすべての主要な支柱と衝突するものを生みだすようになる。それは、「中央計画化」と矛盾し、また所得分配の非労働的要因の合法化という意味で「分配メカニズム」（「労働に応じた分配」）と矛盾し、さらには資本市場における危険と責任を担う企業の行動は「国家的所有」の枠内では処理できなくなる、とされた。ここから、社会主義の枠内での「修正主義」の改革から、その枠組みをもはみだすような「プラグマティズム」の模索――多様な所有形態のもとで、どれが効率的に優れているかかが選択され、資本主義をも含むどのような方向にも進化しうる開かれたシステムへと、展開していく新たな段階が画されることになるとされた。そして、一方では国家的（公的）所有の企業の行動（効率性や変化への適応性などの）そのものが問われていくようになり、他方では多様な所有・経営形態をもつ混合経済が一貫した改革の必要条件である、とされるようになる。このようななかで、生産手段の「国家的所有」の下にある企業そのものの在り様、その構造（「所有」―「経営」―「労働」）と行動（効率性や変化への適応性など）が論議の焦点に据えられてくるようになった。

ここで「市場社会主義」がもはや「社会主義経済システムの別版」であるとは言えないとされていくさい、その「市場社会主義」の理論的枠組みとは、ブルスがいみじくも定式化しているように「経済の一部を市場的調整の外に置き、われわれが長期計画化と呼んできたものを含めてマクロ経済政策のための実質的な場を維持する（「国家」や「公的所有」と結びつけて――引用者）ことで、今世紀末にかけて形を見せようとしている市場社会主義の概念」(4)なのであった。それはまた、戦前からの例の「社会主義経済計算論争」の枠組み――すなわち、一方での消費財に対する個人の「私的所有」、「市場」による調節と、他方での生産財に対する「公的所有」、「国家（中央計画局）」による非市場的・計画的な規制という枠組みの下で、オーストリア学派（ミーゼス、ハイエクら）対新古典派経済学・ワルラスモデル（ランゲら）

という土俵の上で論じられた枠組みを、基本的に引き継ぐものであったといえよう。「市場」の外に「国家」と結びついた「公的所有」「中央計画」を置いておくことではすまなくなり、続いてみていくような「市場経済化」のいっそう普遍的な展開を前提にして「国家的所有」そのものを構成する諸主体（所有―経営―労働・生活）の内的相互関係の在り様が問われていかざるを得なくなる新たな段階を迎えるのである。

二節「実現可能な社会主義」と「市場経済」

この時点になると、「市場経済化と社会主義」に関して二つのアプローチの方向が分岐してくるようになる。一方では、これは東側の多くに見られたが、市場経済はもともと原理的に「私的所有」としか両立しえない（典型はハンガリーのコルナイ(5)）、「経済改革」は砂上の楼閣だったとするような主張がなされてくる。しかし他方からは、逆に西側の多くから（典型は次に見ていくようなイギリスのノーブやフランスのベトゥレーム）、このような市場経済と社会主義とのつながりを「所有」の抽象的論理次元だけで切断してしまう（あるいは反対に「所有」とは全く関わりのない手段的ものとしてしまう）やり方を批判して、現実に資本主義・市場経済の矛盾を克服していくという展望の側から見ていくとき、遠い未来のことではなくそれへの現実的な移行における「実現可能な社会主義」にとっての、市場経済をベースとした改革のあり方として論じられるべきだ、という主張がなされてくるようになる。

Ａ・ノーブによるこのような「実現可能な社会主義」についての最初のまとまった問題提起は、大きな反響をもって迎えられた⑹。その構想は、同様にハンガリーやユーゴスラビアの経験を反省的に総括したうえで、市場経済の全面化ということを基礎に置き、企業経営の効率的発展を保証しながら、しかしそれに対して民主主義的な規制を与えていこうとする枠組みもつものであったといえよう。その特徴として挙げられるのは――複数主義的な国家的資産・社会的資産・協同組合的資産の支配と生産手段の大規模私的所有の不在、大規模構造的投資の計画化、規模の経済や外部性があるセクターでの経常的ミクロ経済にたいする中央マネージメント、参加を高める手段として小規模に選好が置かれ労働力に対する責任をもった経営、経常的な生産と分配を利害関係者間での交渉によって決定する、労働者は雇用の種類を選択し専門性を変換する機会の自由をもつ、無制限の市場メカニズムは自滅と社会的不平等をまねくので国家が基本ルールやリミットを設定する、教育や健康などの分野は市場タイプの規準から除外される、不平等は意識的に制限される、マネージャーと被管理者との間の民主主義的協議、等々であった。

ノーブのこのような実現可能な社会主義像の提起に対しては、社会主義はなによりも労働が主体となって転換がなされていくところに基本があり、労働者や消費者・婦人・市民の権利と運動、そのうえに立った規制や参加の置き方が弱いのではないか、という厳しい批判も加えられた(7)。しかし、そのばあいでもノーブのような提起がもつイデオロギー的意義には多くが積極的な評価を与えていた、というのが当初の状況であったように思われる。

少し遅れてフランスのCh・ベトゥレームも、「市場経済と社会主義」を関連づける「新しいシステム」の枠組みを試論的に提起しようとした(8)。それは、なによりも経済的主体（労働者、企業、消費者）が自主的に効率的に行動するためには、市場化が資本と労働の間にも及ばなければならなくなることを認める。企業は利潤の実現からその資本価値を増大させ、技術革新をはかっていかなければならない。だが、労働市場は、それが直接に人口の大多数の生活水準と生活条件を規定するだけに、その他の市場と同様には取り扱われるべきではない。賃金労働者は、独立した労働組合に結集する権利をもち、雇用者または国と団体契約をむすぶ権利を保証される。ストライキ権や市民一般と同様のあらゆる民主主義的権利が保証される。このような「新しいシステム」は、社会主義的と呼ぶことはできないであろうとしながら、「社会主義に向かって進化しつつある規制された市場経済」のある形態を表しうるとし、それが進化していく条件として、労働者や市民集団によって制御される会社に前進的に転形していくことを、中長期の社会的な計画化（民主的なし方で作成され、主要には経済的インセンティヴの利用によってなされる）と並んで挙げていたのである。

それらは、なによりも「生産手段の市場化」や市場経済の普遍化ということを前提に置いて、そのうえで企業経営の効率的発展を保証しながら、しかしそれらが生みだすネガティヴな側面に対しては労働・生活や社会の側から民主主義的な制御を加えていこうとする枠組みをもっていた。市場経済の全面化とそれにもとづく効率的な企業経営、各経済主体（所有、経営、労働、生活など）の自由・平等・民主主義のうえに立った「第三の道」（国家による指令経済の「旧・社会主義」でもない、しかし「資本主義」でもない）を模索しようとする方向である。その背景には、七〇年代ころからの発達した資本主義諸国における「自由・民主主義をつうじる社会主義」への新たな路線探求の動きがあったのである。

このようにして、一九八〇年代後半以降の特徴は、「旧社会主義から市場社会主義への移行」と「現代資本主義から市場（をつうじた）社会主義への移行」とが重ね合わせて論じられることが多くなっていく。後者が一回限りの「国家的所有」の確立で終わりというのではなく、また前者が「民営化」即「私的所有化」というのではなく、それぞれにおける多様な所有・経営・労働の構造にそくした民主主義的変革の過程として捉えられていこうとするのである。

もちろん、「旧社会主義」の方からの接近と「先進資本主義」の方からの接近とでは、「所有」・「経営」・「労働」・「生活」の相互関係の具体的な置き方や民主主義との関連のさせ方は違いが生まれる。先のコルナイも、次のような興味ある指摘をおこなおうとしていた(9)。それを私なりに要約すれば、後者のアプローチに関心を寄せるのは西側の研究者に多く、そのさいの主題は「効率対平等（社会経済的な平等と民主主義）」というところに重点が掛けられているが、前者のアプローチの結末に絶望的な東側の研究者の多くは、「効率対平等」

よりも「どんな種類の社会主義が効率的か」に関心を寄せ、民主主義をいうばあいもっぱら「政治的な民主主義」との関連（一党制と国家所有・管理）を追及してきた、というのである。そしてコルナイは、上述のようにその主題を結局は「公的所有か」「私的所有か」に結びつけていくので、この二つのアプローチの断絶面を重視するが、西側の研究者は続いてみていくように、社会主義の公的所有と資本主義の私的所有それぞれの内的構造（所有と経営と労働・生活の主体間の）にまでたち入り、「効率性」と「社会経済的な平等＝民主主義」を論じていこうとする次の段階（むしろ継続面に注目して「市場社会主議論の第五段階」と称される）を切り開いていくのである。国家の権力主義的な介入に抗して、社会経済構造の下から企業や個人の次元からも民主主義をどのように成熟させていくのか、という二一世紀に向けての共通した世界史的課題意識が次第に強くなっていくのである。

三節　「市場社会主義論の第五段階」（ローマーら）

新しい段階における理論化の試みを概観しようとするとき、アメリカの「アナリティカル・マルクス学派」のＪ・ローマーがバーダンとともに編纂した『市場社会主義』（一九九三年）がもっとも好い手掛かりを与えてくれるように思われる。それは、自らの主張を「市場社会主議論の第五段階」と名づけ、一八本の代表的な論文を収録して「論議の主輪郭」「ミクロ・

インセンティヴ問題」「資本主義へのオルタナティヴ」「哲学的パースペクティヴ」の四区分のもとに、理論枠組みの全体的特徴がよく学びとれる構成になっていた(10)。

それらを私なりに大きく特徴づければ、次のような二つの方向からのアプローチに分けられるように思われる。一つの方向は、「ミクロ・インセンティヴ問題」などと称される企業・組織の経営の自立性・効率性の保証ということを中心に据えていくアプローチである。「所有」の下での企業の「経営」の相対的独自性ということが強調され、現代企業における「所有」と「経営」の分離＝株式会社形態の変革が論議のメインに置かれて、さまざまな仕組みをつうじてその利潤のいっそう平等な分配が目指されようとする。もう一つの方向は、企業に対するもっと広い民主主義的な制御に力点を置こうとするものである。利潤分配の何らかの平等化を目指そうとする場合にも現実にはより広範な諸階級の協同的な力が不可欠となってくる、労働者・消費者・市民などの権利と運動、そのうえに立った規制や参加の要因に力点を掛けようとする方向である。

（1） この段階で主流をなしたのは、編者の序文、ローマーの第四論文（これらと重なる内容がローマーの著書『これからの社会主義』一九九四年(11)）のような展開であろう。それは、「社会主義と市場経済」をめぐる戦前からの論争の三つの段階区分および六〇年代「経済改革」の第四段階とは明確に区別されるこの新たな第五段階の特徴について、それが企業の「公的所有」（＝「排他的な国家管理」という狭い意味での）という前提を取り払うものである、ということを強調する。新たな段階のなによりの特徴は、公的所有についても私的所有についても、その下における企業の「経営」主体の自立性と効率性のダイナミズムをいかに保証していくかということが「インセンティヴ問題」として焦点に据えられるようになるところにあった。そのさい、株式会社にみられるように「所有」と「経営」との分離が現代企業の所有構造の特質であって、公的所有か私的所有かの抽象的なレベルだけで論じることを、それぞれの「フェティシズム」という言葉まで使って強く批判されるのである。企業は「公的所有＝排他的国家管理」から独立して操業することが想定される。そして、「所有」と相対的に切り離されたところで、企業「経営」の主体の自立的・効率的な行動ということが中心に置かれ、その上であらためて「所有」の主体（株主）および資本調達や金融（資本市場や銀行）、さらには労働者、もっと広く消費者・市民など「ステイクホルダー（利害関係者）」との相互関係が問われていくのである（「コーポレート・ガバナンス問題」）。脱「国有化」即「私有化」というのではなく、その「コーポレート・ガバナンス」の違いによってさまざまな所有―経営の形態がありうるとされる。そして、それらを展開していく基本視点として、続いて検討していくような「平等化」という課題が設定されて、資本主義に特徴的なごく不平等な分配をさせないような資産・所有のあり方とつなげられて（「所有の分解」など）、これらが「社会主義のモデル」と呼ばれる根拠とされていくのである。

「インセンティヴ」や「コーポレート・ガバナンス」の具体的な形態については、各論者によってさまざまに異なって構想された。例えば、「経営者管理企業」型と称されるものは、利潤最大化をめざす伝統的な経営形態を保ち役員会によって選任される経営陣が運営にあたることを中心に置きながら、ローマーは独自な「クーポン型市場社会主義」を提唱する。それは、「株式」（所有）が全市民に平等に配分される「クーポン」（貨幣では購入できず、相続もできない）と交換され、企業利潤はそれに応じて配分される。利潤分配とその蓄積がもたらす大きな不平等を阻止しながら（「機会の平等」「所有の分割」）、そのクーポン株式交換市場でのレートの変動によって企業経営の効率がモニター（監視）される。企業は、そのクーポンにもとづいて政府から受けとる資金、および公的銀行からの貸付によって資本調達をおこなうが、この銀行をつうじてもモニターがなされる。同じ「経営者管理企業型」でも第七論文バーダンの構想は、株式の所有が当該企業の労働者、日本の系列にならった企業集団にぞくする他の企業の労働者、メインバンクや他の機関投資家によってなされ、これらすべての代表によって役員会が構成される。利潤は、内外それぞれ所有する株式におうじて労働者に配分される。企業経営のモニターは、集団内の他の企業やメインバンクをつうじてなされることになる。

（2）以上のような「経営」と「資本蓄積・資本調達」に重点を置いて展開を試みていこうとした「経営者管理型」企業論が主流をなしたといわれていたが、もう一つ「労働」の要因をもっと重視していかなければならないとする「労働者管理型」企業論の方向をもつ系列もあった（第一五、第一六、第六論文）。そのばあいも、企業外部からの資本調達問題などを入れて、企業の枠組みから外に開かれた拡充をはかる展開になってきているのが特徴であった。銀行のローンとそれに預金する市民との契約にもとづいて管理が分有されたり、市民が投資する相互ファンドが企業の株式を購入したりする構想などである。旧「ユーゴスラビア」型自主管理の失敗と「ソ連」・東欧での「労働集団の自主管理」の変質の教訓から、一つの企業や組織のなかだけで「労働」と「所有・経営」との直接的な結合や管理を考えるのではなく、なによりも経営の自立性・効率性を保証しつつ、もっと広い社会的な制御のあり方を構想していこうというのが新たな段階での特徴であったと言える。経済主体（労働者、企業・組織、生活者）が自立的に効率的に行動するためには、市場化が生産手段（資本）と労働の間にも及ばなければならなくなるということであり、市場経済の普遍的な存在と利用をベースにして、「労働」・「生活」さらには視野を広げて「社会」・「自然環境」の側から企業・組織に対する社会的な制御を加えていこうとする枠組みであったといえよう。

このような状況をよく反映していたのが、「協同団体的民主主義（associative democracy）」の立場にたつもので（第一四論文のコーエンとロジャーズ）、現代資本主義社会に広くみられる多様な種類の市民の組織を「第二のアソシエーション」（「第一のアソシエーション」である家族、企業、国家とは区別される、労働組合、雇用者団体、市民ロビー、弁護士グループ、慈善・サービスの任意セクター、その他の私的グループなど）と呼び、その活動の強化によって企業・会社の所有権にたいし事実上の変更を迫っていこうとするのである。それらの活動は、民主主義にとってのマイナス面（分派的要素）とプラス面（情報、代表権的平等、市民教育、オルタナティヴな統治）をもつが、その高い水準があってはじめて平等主義的民主主義的規範は社会のなかに安定化するとされる。

私は、現実にはこのような二つの方向が連動していくなかで、新たな次元がきり拓かれていくのではないかと考えるのであるが、今すこしこれらの理論軸が交叉し合う構造を確かめておきたい。前者のローマーらも、このような労働や社会全体の視点にたった拡充した提案をとくに先進資本主義社会にとっては有用だと認めるのであるが、しかしいまはそれからの次の一歩という短期の視点で「経営者管理企業」型の市場社会主義を提唱しているのだということを強調するのである。ローマーは、第四論文の初めで社会主義を定義するさい、公的所有や国家管理などによってそれをおこなう従来の公理がもつ問題点を批判的に挙げたうえで、社会主義とは「総利潤がほぼ均等に分配されるような制度的保証があるシステム」であるとする。もともと社会主義のルーツは平等主義にあったのであり、それを達成する手段として公的所有は是認されてきたのだとも云われる。ふつう平等が語られるとき、何についての平等なのか、「利潤」よりも「所得（労働所得あるいは国民所得）」なのか、さらには「欲求」についてなのかが問題となるが、それは社会の存在状況によって定まってくるもので（マルクス『ゴータ綱領批判』、Ⅰ部1章五二頁参照）、いま資本主義よりも平等な社会主義という実現可能なシステムとしての定義からすれば、効率性と両立するような「利潤」の分配における平等ということが採用されるべきであるとする。そして、利潤の平等な分配が資産や資本の蓄積となって甚だしい「機会の不平等」を生みだすようなことがあってはならない。貨幣に交換できない相続できない「クーポン」制度などによって「所有の分割」が唱えられる主旨もそこにあった。

また、ローマーは市場経済化をベースに置くことが競争と格差の拡大、「金銭報酬」至上主義をもたらすことになっていかないか、という「伝統的左翼」からの批判に応えて、当面の段階では企業のレベルにおける市場競争と利潤分配の制度変更とによって、個人のレベルにおける所得分配のいっそうの平等化を目指そうとするものだからそこでは、平等の基準が「資本・資産の平等」「所有・経営―利潤」から「所得の平等」「労働や生活欲求に応じた平等」

に展開していく構造が想定されていたと言えるであろう。だが、今は「当面の段階」だけに限るとして、ローマーにあってはその次の段階へむけての展開はまだなされてはいなかった。その点を突いたのが、同じ「アナリティカル・マルクス派」のなかでも「社会主義的平等主義」に立つといわれるコーエンで、『ゴータ綱領批判』に依拠しながら「欲求・必要に応じた分配」とそれに重なる非市場経済への展望ということと、ローマーはどう整合性をつけていくのかを批判していた(12)。

しかしながら、そこには「当面の段階」と「次の段階」の違いに関わってくる問題にとどまらず、現段階における「所有」「経営」と「労働」「生活」の諸主体の相互関係における以前とは異なったあり方、それぞれの自由と権利、平等と公正を基礎に置いた社会経済構造の内実化に関わる問題があった、と私は考えるのである。企業の「所有権」「経営権」を容認し、それに対抗して労働者・生活者の「労働権」「生存権」や「社会権」にもとづいて社会的な規制や制御をおこない、「利潤」の分配の平等化を求めていく。それを現実化させていくのは「アソシエーション」の協同的な力であって(ローマーのような方法論的個人主義の立場を脱した)、それがかつてのような「国家―企業」の枠組みを超えて、いっそう社会的に拡充された内実をもつものになっていかなければならないのである。そのような位置づけを与えられていくとき、「市場社会主義論の第五段階」の二つの理論軸がもっていた意義を総合して積極的に評価することができるのではなかろうか。後の「体制転換」期の検討では、社会体制の質的転換における所有や権力の果たす役割が重視されていかなければならなくなるが、それに至る過程においても経営・管理の構造と諸形態にかんして、それらのあらゆる面と機能にわたって平等化の民主主義的な変革を社会的に積み上げていく、という新たな理論展開がもつ意義である。これまで格差や不平等について語られるとき、階級的不平等の廃棄ということだけに直結させがちであったが、個々人の労働や生活そして企業や組織など経済社会の内部の次元からも、諸主体の自立性・自由と平等性を段階的に陣地戦的に積み上げていこうとする民主主義的変革の路線にたつものとしての位置づけである。

四節　「国家の権威主義的介入」に替わる「社会的統治」

では、従来の全体主義的なあるいは権威主義的な「国家」による経済介入に替わって、自立した個人や集団が自由に平等にとり結ぶアソシエーションを基礎としたような関係がうちたてられていくとき、国家による「ガバナンス（統治）」の経済的機能はどのように変化していかざるをえなくなるのか。この問題を深めていく恰好の材料を与えてくれるのが、B・ジェソップ（英）による「国家―ガバナンス」論(13)であろう。それは、かつてのような垂直的なルートによる直接的な指令型のものから、次第に水平的なレベルの関係に基礎をおく間接的な誘導型のものに変化していくことを明らかにしようとするのである。

彼は、ガバナンスとは相互依存型の社会諸関係を「調整する形態」（マルクスと並んでレギュラシオン派に依拠しながら）のことであるとして、その三つの主要な形態を区別する――「交換のアナーキー（例えば、市場諸力）」「命令のヒエラルキー（例えば、官僚主義的に組織された企業および国家によるトップダウン型の命令的調整）」「自己編成のヘテラルキー（例えば、水平的ネットワーク、公式・非公式のいずれかを問わない）」（以下の引用の頁数のみは、ジェソップ『資本主義国家の未来』よりのもの、七〇頁、三〇八～九頁）である。そして、従来の「ケインズ主義的福祉型国民国家」（「テーラー主義」と「生産性インデックス賃金」が好循環をなした「アトランティック・フォーディズム」、市場の失敗を補う国家介入の優位、完全雇用、福祉主義、産業政策と集団的消費、国民的規模の優位）に替わる新たな自己編成型ガバナンス・メカニズムへの移行を論じようとするのである。それは、「シュンペーター主義的競争国家」と名づけられ、イノベーションと競争力をできるだけ強化しようとするネットワーク化した知識基盤型経済を基礎にして、国境外型世界市場における新自由主義的グローバル化戦略をとろうとする。従来の大量生産に代わるフレキシブルな固有の労働過程をもち、規模の経済に代わる範囲の経済・ネットワークの経済、新しい情報・通信技術を特徴とする。従来の非弾力的な半熟練型労働が支配的であったフォード主義的大量生産に代わり、知的労働・熟練型労働・非熟練型労働のフレキシブルな結合が求められ、知的労働を市場向けの知識を生産する賃労働に変え、知識生産を収奪型の階級諸関係に公的に包摂する。社会政策は経済政策の拡大概念の下位におかれ、集団的消費・「社会賃金」に対する下方圧力と福祉受給に対する攻勢が強まる。賃金はコストとしてのみ考えられ、労働力は付加価値と創造性の源泉であることが無視され、社会政策と経済政策の一体化がおこなわれる。

このようななかで、「自己編成型ガバナンス・メカニズム」がより優位になってくるような変化が生じるとされるのである。この二〇年間に、多様な個別システムにおいても、生活世界の領域においても、例えばネットワーク型企業・ネットワーク国家・ネットワーク社会・ネットワーク中心型戦争のように、ネットワーキングという言葉が多く使われるようになった。社会的な複雑性と多様性が進み、統治可能性の危惧が叫ばれ、従来の「トップダウン型の国家計画」や「市場媒介型のアナーキー」によっては容易に管理・解決され得ない重要問題が浮上してきているのは確かであろう。

そして、このような「ガバメントなきガバナンスへ」といわれる広範な移動のなかで、「メタガバナンス」における国家の新たな役割が浮上してくるとされるのである。それは、三つの基本的なガバナンスの様式に対応して四つのもの——①「メタ交換」、個別的市場の運用と接合を修正し、市場間関係を再帰的に再整序すること、②「メタ組織」、諸組織の再秩序化、③「メタヘテラルキー」、ヘテラルキーないし再帰的自己編成の枠組みを再規定すること、④「メタガバナンス」、多様なガバナンス様式の再接合と複合的秤量、最も有望な成果を得るために市場・ヒエラルキー・ネットワークをどのように組み合わせるか——からなる。そしてそれら全体は、なによりも水平的な「交渉型意思決定」の脈絡において機能するところに特徴があり、法や知識のような象徴的コミュニケーション媒体に訴えて相互理解を志向し、ガバナンスの基本規則（ルールとノルム・基準、それをめぐる制度）を介した間接的な誘導型の経済的機能となっていくとされるのである。先の「現代市民社会論」（Ⅱ部一章）でアラートやコーエンが個人や集団の自由で平等な相互作用と調整にかかわる基準・規則・制度を基礎に置き、それらを媒介として「経済」や「国家」につないでいこうとしていた論理に、ほぼ符節が合うような展開になっているように思われる。

私は、このような国家の新たな機能を展開していこうとする積極面を評価しながら、しかしその「ネットワーク」あるいは「自己編成のヘテルキー」がどのような経済主体に拠って推進されていくのか、そこにおける「資本」と「労働」・「生活」主体の関わり方如何が民主主義論にとっては本質的な要点になってくる、と考えるのである。そして、そのことにかんしてジェソップによる特徴的な「資本」概念の展開の仕方＝「資本の自己価値実現」論と称されるものがもつ問題があるように思われる。それは、マルクスと並んでレギュラシオン派にも依拠するとして展開されるものであって、「価値」—「貨幣」—「資本」という「自己実現」「自己回転」していくものが主体の位置に据えられ、その市場メカニズムが展開していく過程で本来市場の外にある非市場的要因（土地ないし自然、貨幣、知識、労働力）を「擬制商品」

として参入させざるをえなくなる、その無理・矛盾を資本がどう安定的に実効的に持続的に調整していくか、ということが問題とされていくのである。つまり、その「市場―資本」による調整の客体的な対象としてしか人間と「労働」の要因が位置づけられていかない、という根本的な問題に関わってくるのである。国家の要因の導入も、その調整の必要性から根拠づけられていた。

だから、「資本―賃労働」関係の内在的な矛盾と発展にそくした展開の内容が与えられなくなる。「ヒエラルキー」の調整様式には資本主義のもとで官僚主義的に組織された企業および国家が挙げられるのであるが、ジェソップの展開はほとんどが国家に関してのものであって、企業の所有・経営・管理・労働の内的構造が積極的に論じられることはない。「シュンペーター主義的競争国家」への移行にさいして、情報技術と知識労働は外的与件として導入され、それらの企業の構造とは切り離されたままである。企業のネットワーク化がみられるとしても、それが資本による支配―従属関係、「ヒエラルキー」と企業の内外においてどのような相互関係にたつのかも明らかではない。そのこととも関連して、自己編成とされる「ヘテラルキー」の中身がきわめて曖昧なのである。それには上述した「個人間ネットワーク」、「組織間交渉」、「分権的なシステム間コンテスト操舵」の三つの形態があげられるのであるが、その企業組織を主体とした相互関係においては資本主義のもとで基本はやはり「アナーキー」の市場的調整様式の支配が続いているとすべきであろう。それに基づいて資本はいっそうの集中と諸資本の収奪をなしとげ、労働の搾取をおこない、支配と包摂を強めていく。それが自己編成の「ヘテラルキー」につながっていくためには、労働者や「企業のステイクホルダー」が「下から」それに攻勢的に制御を加えていくか、あるいは協同組合や多様な非営利組織などの質的量的な拡充がなされていく場合に限られるであろう。つまり、市場化をベースにして、一方での資本による「上から」の支配従属のヒエラルキー的関係と他方での労働と生活の主体による「下から」の自立とアソシエーションの形成との間での対抗関係のなかで、「ヒエラルキー」と「アナーキー」の様式が優位になるか、あるいは「ヘテラルキー」の様式が優位になるかが決まっていくのであって、ジェソップがいうように「ヘテラルキー」の優位が一義的に生まれてくるのではない。そのような意味で、かつてのような国家による「ヒエラルキー」的な直接的介入が失敗するもとで、市場経済のいっそうの普遍化が起こり、「アナーキー」と「ヘテラルキー」のような水平的な次元、主体間の権利と権利の平等的な対抗関係が展開されていく場がより優位に形成されてくるようになった、というべきではなかろうか。これらは、「アナーキー」の劣位というより、市場経済化が個人の労働や生活の次元にまでいっそう深化していくことと表裏しながら起こってくるのである。つまり、労働＝生活主体のアソシエーションの契機の重要さがますます押し出されてきている、ということであろう。

レギュラシオン派に拠った展開では、国家による介入は生産過程でのテーラー主義的搾取強化を緩和し妥協する消費—生活過程にそくしてのみ語られ、人間労働による管理や経営に対する規制や参加、その主体的な制御についてはふれられない。労働・生活主体のアソシエーションに基づく「労働権」「生存権」「社会権」の新たな社会的制度化の段階の意味を積極的に説けなくなるのである。私は、ジェソップのような積極的な試みを評価しつつも、ガバナンスの形態において新たにみられる「ヒエラルキー」「アナーキー」「ヘテラルキー」の相互関係の構造とその発展の方向性を解明していくためにも、また国家による「メタガバナンス」の新たな機能の展開についても、さらに市場経済をとりまく社会的諸制度との関連づけにさいしても、さきに『資本論』について検討しておいたような（本書Ⅰ部一章）アプローチの仕方が必要なのではないかと考える。まず「能力」論的アプローチによって人間「様態」（労働と生活欲求）の実体的内実を深く押さえる、さらにそれを「市場経済」を普遍的な基礎に置いて「権利」論的アプローチによって資本の「経営権」「所有権」に対抗する「労働権」「生存権」そして「社会権」の社会的な「制度」として展開していく。そして、それらのなかから集約されてくる「ある平等のレベルに応じた規準やルール」なる概念を媒介環として、一方では国家の「メタガバナンス」における機能の展開へ、他方では「社会的な諸制度」の展開へ、連接していくというアプローチである。そして、これら全体の結節環になってくるのが拡充を遂げていく「アソシエーション」の概念である。これらのいっそうの検討は、後の第六章およびⅢ部第一章・第二章・第三章においても続けたい。

先の「実現可能な社会主義」論においても、ミクロの企業における労働者・市民の参加や制御と並んで、マクロの「国家が基本的なルールやリミットを設定する」（ノーブ）「民主的な仕方で作成され、主要には経済的インセンティヴの利用によった、中長期的な計画化」（ベトゥレーム）が必要条件として挙げられていた。かつての「国家」による上からの指令的な計画化に替わる、新たな「規準や規則を中心にした間接的誘導的な調整」と「社会的統合化」の仕方にどのようにして近づいていくか。実際には、現代資本主義の金融・財政によるマクロ経済の政策化と制度化の諸手段を、このような「労働・生活」の規準やルールを軸にした内実によって次第に民主主義的なものに変革していく、という筋道による以外にはないであろうと考えられる。また、他方からは、旧「社会主義」の「経済改革」の過程で開発されてきた「ノルマチフ」（基準率。利潤率・利子率や賃金率など）などを軸にした間接的誘導的な計画化方式が参考になるであろう。

五節 「社会的制度」構築の課題と民主主義的変革

最後に、「体制転換」後の段階であらたに注目を集めるようになった「制度」に関する理論展開がもっていた意義を、これまでの「市場経済と社会主義」論の流れの上にたって位置づけておくことにしたい。そのテーマは、第三章の終わりに纏めておいたように、諸主体の「インセンティヴ」・自発性ということを軸にして、①企業の「コーポレート・ガバナンス」

の問題にかかわる柱と、②社会的な「制度の構築」の課題にかかわる柱、そして③それらと「グローバル化」の下での新たな政府や国家の役割、との相互関係のなかで捉え直そうとするものであった。それは、これまでの展開を、さらに大きく社会経済構成全体のなかに位置づけ直すことにつながるものであった。

(1)「制度」とは、人々の相互作用と調整にかかわる規範（norm）や規則（rule）で、法令・契約など成文化されているフォーマルな制約、および伝統・慣習・慣例・道徳的規範など固有の文化や歴史に起因するインフォーマルな制約のすべてを指す、とされる(14)。「体制転換・移行経済」の現実にそくして、「制度」がどのように問題にされているのかをみると、いわゆる狭義の市場的制度だけでなく、国家（ガバナンス）の制度的な力能、諸主体のインセンティヴや信頼と共同、インフォーマルな市民社会的あるいは伝統社会的な諸制度などについても広く論じられていることが解る。

(2) そのさい中心となる狭義の市場的制度としては、私的所有と契約を強制し、競争と実効的なコーポレート・ガバナンスを確実なものにし、金融システムの健全性を保持する、そのような法と規制の枠組みが挙げられる。重要なのは、それらが「諸主体の自由と権利、平等の上に立った規準やルール、制度」として社会的に展開されるというところにある（「市民社会的な諸制度」Ⅱ部第一章参照）。そして、資本の側の「所有」「経営」

権についてだけでなく、労働の側の「労働」「生活」権についてもまた具体的な規準やルールとして社会的に制度化されていかなければならないということであった。そのなかで、さまざまな社会経済的不平等（階級・階層間と地域間の格差）の実質的な克服が、ますます重要さを増大させていく。そのような「労働」や「生活」の内実にそくした展開があってはじめて、市場経済とそれを支える広い「社会的組織的資本」（スティグリッツ）＝社会的制度とのつながりも全体的に辿っていくことができるようになるであろう。

（3）「インフォーマルな制度」をめぐって論じられるのは、一つは「モラル」や「市民社会」や「経済主体間の信頼・同意」や「フォーマルなルール」などの繋がり合った相互関係である。それらを理論化しようとする典型例を挙げると、〔a・社会関係の領域での〕モラル・ノルム↑相互に逆方向にも↓市民社会↓〔b・経済関係の領域での〕経済的主体の間での信頼・同意↓〔c・ガバナンスの領域での〕ガバメント―社会の界面↑相互に逆方向にも↓ガバナンス↓フォーマル・ルール、といった体系が展開されようとする(15)。市場経済がいわば経済社会構成体全体（経済関係と社会的諸関係、経済関係とガバナンスなどの上部構造）のなかで位置づけられていく筋道といってもよいであろう。そこでは、生産過程の「労働」をめぐる規準や制度――「消費や生活」過程での規準や制度――さらには文化やイデオロギーについての「コミュニケーション的連関」との間で、それぞれの過程が独自性をもって発展するとともに相互に連動しあう関係も問われていこうとする。以前の諸章で検討してきた「社会的組織的資本」、「ペレストロイカ」期の「社会的課題」、あるいは「セーフティネット論」で取り上げられようとしていた問題である。

（4）「インフォーマルな制度」論では、もう一つ「ルール・制度の多様性」が問題とされ、人々の相互交換のルールが「伝統的交換」「中央集権的調達」「文明的な市場」「闇の市場」などに類型分けされてきた。とくに、ロシアでは「中央集権的調達」「闇の市場」との繋がりが否定的に、中国やアジアでは「伝統的交換」との繋がりが肯定的に（「基層社会論」）対照され強調されて、それらの「経路依存性」が論じられる。さらに、現実の「インフォーマル・セクター」の基底にひろくみられる「家政経営」と呼ばれるもの（仕事を自分でおこして労働と生活を支えていくという、所有＝経営＝労働・生活がまだ未分化のままで一体化したもの）が起点におかれ、やがて「所有」と「経営」と「労働」「生活」のそれぞれの機能が分化していって私的営業・企業の生成につながっていく、という一連の進化的な歴史的過程のなかに、それが位置づけされていく（「自生的民営化」論とも関わって）。それは、自然の資源やエネルギーと密着した地域の「コミュニティ」という概念とも深く関わるものであった。

（5）制度の社会経済的基盤や多様性が強調される意味は、「ワシントン・コンセンサス」

がマネタリズム的市場経済化だけを絶対化し、他を切り捨てたり従属させたりして社会的諸制度との乖離と実体経済の崩壊をもたらしたからである。複数的な諸制度の「調和的」「共生的」発展が批判的オルタナティヴとしてうちだされ、社会の発展過程におうじて異なった諸主体のさまざまな「インセンティヴ」を引きだすことが、経済的パーフォーマンスの最大化をもたらす。資本の「所有」「経営」の自立化と効率化の軸を置きつつ、それが「労働」や「生活」さらにはもっと広い「社会」関係の基盤と構造的・歴史的にかみ合わされ、あらゆる「利害関係者」が参加し包摂される民主主義的過程として展開されようとするのである。

(6) 政府・国家の役割にかんしては、一方での資本の所有や契約、経営管理のルール、そして他方での労働規準や生活規準にかんするルールのフォーマルな社会的制度化には、国家・地方自治体の政治的介入が必要である、ということである。市場移行にさいして、ソ連・ロシアでは八〇年代末から九〇年代にかけて国家の制度的力能が大きく崩壊し、そのなかで逆に「旧ノメンクラトゥーラ」制が残存・再編されていったが、中国では市場制度を漸次的に創りあげながら、新旧ルールの交替における真空を国家が権威主義的手段によって充たしていった。国家の制度的力能はマクロの社会的再生産過程の維持と強く関係している。

(7) 最後に、以上の展開がグローバル化のもとでの「制度の輸入」をめぐる問題と関連づけられ、それぞれの国の社会的諸制度や国家的力能と調和した「内生的発展」が追求されなければならないとされるのである。

このように、「体制転換」ともなれば、国家権力の革命的転換とともに、経済社会構成全体のなかに位置づけて市場経済との連関も問われていかざるをえなくなるのである。そしてそれが、一つには、生産過程における「労働」をめぐる規準や制度──「消費や生活」過程における規準や制度──さらには文化やイデオロギーについての「コミュニケーション的連関」との間で、それぞれの独自性をもちながら相互に連動し合っていく関係が展開される。前の「現代市民社会論」のアラートとコーエンについてみておいたように（Ⅱ部第一章）、それらが「自立した諸個人の平等な水平的な相互関係のうえに築かれたもの、自由な意志にもとづく結合関係およびアソシエーション」という「市民社会」型の基準や規則の上に立つというのが現在の段階の特徴であった。そして、それは制度的には権利によって保障され、労働や生活に関わる「経済」的次元のものだけでなく、「文化」的再生産にかかわるもの（思想、出版、言論、コミュニケーションの自由）、「社会」統合を保障するもの（結社、集会の自由）、「パーソナリティ」と社会化を保障するもの（プライバシー、親密性、人格の不可侵の保障）の諸次元においても展開されていくべきものとされていた。とくに、これら全体の転換の現実的な基盤となる「アソシエーション」の拡充、その従来の「国家─企業」の枠組みからの脱却にとっては、逆に文化やコミュニケーションの果たす役割の方がより積極的なばあいが多いとも考えられる。ただそのさいにも、経済の次元における基準や制度の転換との相互連動の関係が重要となるであろう。

経済社会構成全体にそくした展開は、もう一つは、「インフォーマル制度」あるいは「インフォーマル・セクター」など現存の体制の基底に広くみられる所有＝経営＝労働・生活がまだ十分に分化していないもの、伝統的・共同体的な、先資本主義的社会諸関係との関連にかかわるものである。先の「現代市民社会論」においてもウォルツァーらは、政治的経済的存在である以前のより根源的な人間のあり方としての「社会的存在」、「社会性それ自身のためにお互いに自由に交わり、意見を交換し、あらゆる種類の集団を形成し、再形成していく人々」の共同社会的生活という概念をまず基底に置こうとしていた。そこでは、「家族経営」という所有＝経営＝労働・生活がまだ未分化のままで一体化したものが起点となり、やがて「所有」と「経営」と「労働」「生活」のそれぞれの機能が分化していって、小営業・企業の生成につながっていく。そのなかで「資本」による「労働」「生活」の疎外も生まれてくるのである。そのことへの批判が強く意識されていた。だから、このような歴史過程全体を貫いてその基軸に据えられようとするのも、その共同的生活を担う主体の自由ということであって、なによりもそれぞれの「インセンティヴ（自発性）」＝「自主性」にもとづく協同性が基準となっていかなければならない。「自由な諸個人のアソシエーション」という概念は、近代社会についてだけ限られるのではなく、歴史的発展の諸段階における人間生活の主体的営為との関連においてもまた拡充されていかなければならないであろう。

それらは、旧ソ連や東欧の「体制転換」におけるマネタリズム的「市場経済化」が、このような社会的生活の多元的で多様なあり様を無視して、他のあらゆる「社会的諸制度」を一方的に切り捨てたり従属させたりしていった、という深刻な反省の上にたつものであった。そうではなく、複数的な諸制度の「調和的」「共生的」発展が批判的オルタナティヴとしてうちだされ、社会の発展段階におうじて異なった諸主体のさまざまな「インセンティヴ」（自立性、自由）を引きだしていくことこそが、経済的社会的パーフォーマンスの最大化をもたらすものとなるというのである。労働者階級とその他の諸階級・諸階層との協同・同盟の共通な基礎に、あらゆる自由な諸個人の「労働」「生活」疎外からの回復、したがって「個人的所有の現実化」ということを置こうとしたマルクス・エンゲルスの「民主主義論」のなによりの帰結が、ここに活かされてくると考えるのである。

【脚注】

（1）W・ブルス『社会主義経済の機能モデル』合同出版、一九七一年。

（2）W・ブルス『社会化と政治体制』新評論、一九八二年。

（3）W・ブルス、K・ラスキ『マルクスから市場へ』（原書は一九八九年）岩波書店、一九九五年。W・ブルス「革命か改革か」『世界』臨時増刊、第五〇号、一九九〇年四月。

（4）前掲『マルクスから市場へ』二三五頁。

（５）Ｊ・コルナイ『資本主義への大転換』（原書は一九九〇年）日本経済新聞社、一九九二年。後の注10の *Market Socialism.* 第二論文。ここでは東欧・ロシアの体制転換がほぼ帰趨を決したあとの後者の論文に主に拠った。

　ハンガリーのコルナイも、「市場社会主義の修正」を論じた。「市場社会主義」論の長い軌跡を、戦前の「ビジョン」の段階、戦後「経済改革」として始まる「ブルー・プリント」の段階と「現実化」の段階に分け、後者に重点をおいて展開されていく。各国毎に特殊性をもってはいたが、その「ブルー・プリント」の段階に共通するプロト・タイプとして、①共産党の権力独占、②公的所有、③決定の分権化、④企業の利潤志向と経営者・労働者へのインセンティヴ、⑤中央当局による間接的な経済用具、⑥価格の性格にかんしては不分明、⑦世界資本主義への開放、ということが挙げられ、初めの三つが中心をなすものとされる。しかし、その「現実化」の過程で、経済的パーフォーマンスの悪化（成長率と実質消費の低下、マクロ経済の不均衡、非効率、対外赤字）を露呈していった。その原因の認識をめぐって、三つの異なった立場がみられたとし——一つは、「ブルー・プリント」は善かったが、いくつかの欠陥の改善を続けていく必要があったとするもの、二つは、「ブルー・プリント」は善かったが、官僚や保守勢力によって実施が妨害されたとするもの、三つは、「ブルー・プリント」そのものがそもそもから失敗する運命にあったとするもの——、コルナイは最後の見解を支持する。つまり、共産党の権力独占と公的所有があるかぎり、逆にいえば私的所有で無いかぎり、真の分権化と市場経済の作動はありえない、これが「政治経済学的視点」からの結論であるとした。それは、改革以前の「古典的社会主義」についてのユニークな分析、公的所有のもとで企業や家計の経済主体がとるインセンティヴの問題を軸において、「ソフトな予算制約」や「バーゲニング（駆け引き）」行動によって「不足の経済」現象を体系的に解明していこうとした理論的枠組みを、そのまま裏返しに私的所有に置換えて論証していこうとしたものであった。

　旧ソ連の著名な経済学者では、Ｌ・アバルキンが「経済改革」のチャンスはあったが政治的危機によって流されてしまったとしていたのに対して、Ｎ・ペトラコフは「社会主義」のもとでの「経済改革」はもともと不可能であり砂上の楼閣にすぎなかったとしていた（アバルキン『失われたチャンス』新評論、一九九二年。ペトラコフ『砂上の改革』日本経済新聞社、一九九二年）。

（６）Nove A., *The Economics of Feasible Socialism*, Macmillan, 1983.

（７）Elson D., *New Left Review*, Nov./Dec., 1988. ノーブの提起をめぐる論議の紹介と検討が、伊藤誠『現代の社会主義』講談社学術文庫、一九九二年、第四章、にある。

（8）ハンガリーの『Acta Oeconomica』誌（Vol.40,1989.3-4）における「社会主義的市場経済にかんする討論」特集のベトゥレーム論文。この特集には、東西の著名な経済学者二七名が論稿を寄せ、当時のほぼ主要な考え方を概観できる。

（9）註10の*Market Socialism*,の第二論文、四二頁、六一〜二頁。

（10）Bardhan P.K.and Roemer J.E.,*Market Socialism*,Oxford University Press,1993.

（11）J・ローマー『これからの社会主義』青木書店、一九九七年。

（12）G・A・コーエン『自己所有権・自由・平等』（原書は一九九五年）青木書店、二〇〇五年。

（13）B・ジェソップ『資本主義国家の未来』（原書は二〇〇二年）御茶の水書房、二〇〇五年。同『国家権力——戦略—関係アプローチ』（原書は二〇〇八年）御茶の水書房、二〇〇九年。

（14）「制度とは何か」について、政治学・社会学・経済学の諸領域からの歴史的系譜を辿って整理された有益な論稿（社会科学の理論とモデル12・河野勝『制度』第Ⅰ部、東京大学出版会、二〇〇二年）を参照。経済学の諸潮流——「オーストリア学派（メンガー、ハイエク）」、「旧制度学派（ヴェブレン、コモンズ）」、「新制度学派（ノース、ウイリアムソン）」、「現代制度学派（ホジソン）」、そして「レギュラシオン理論」——における「制度」の考え方の整理は、植村博康・磯谷明徳・海老塚昭『社会経済システムの制度分析』序章、名古屋大学出版会、一九九八年、を参照。ここでは、一九八〇年代以降のグローバルな市場経済化の段階で再飛躍をとげるようになった経済学の「新しい」あるいは「現代」制度派についてのものだけに限定している——G・M・ホジソン『現代制度派経済学宣言』（原書は一九八八年）名古屋大学出版会、一九九七年、同『進化と経済学』（原書は一九九三年）東洋経済新報社、二〇〇三年、同『経済学とユートピア——社会経済システムの制度主義分析』（原書は一九九九年）ミネルヴァ書房、二〇〇四年。八木紀一郎「ヨーロッパ制度主義経済学の成立」『経済論叢（京都大学）』第一四七巻一・二・三号。そこでも、「社会制度と個人の思想との関連」をあらわすところの「伝統、習慣ないし法的制約によって、持続的かつ定型化された行動パターンをつくりだす傾向のある社会的組織と定義」（『現代経済学制度派宣言』九頁）されている。

ロシアなどの「市場経済移行」における制度論について、私が依拠した文献と整理については——拙著『ロシア体制転換と経済学』第五章、法律文化社、一九九九年、拙稿「ロシア『移行経済』と制度論的アプローチ」（関西大学『商学論集』第四七巻二・三合併号、二〇〇二年八月）、同「『社会主義』と市場経済」（『立命館経済学』第五四巻二号、二〇〇五年七月）を参照。

移行経済と制度を扱った欧米の実証的・理論的研究として――Benham A.,Benham L.,Merthew M.,*Institutional Reform in Central and Eastern Europe : Altering Paths with Incentives and Information*,Washington University Press,1995. Boyko M.,Shleifer A.,Vishny R.,A Theory of Privatization,*The Economic Journal*,1995,vol.106,March. Cornia,G.A.and Popov,V.,*Transition and Institutions*,Oxford University Press,2001. Cuddy,M.and Gekker,R.,*Institutional Change in Transition Economies*,ASHGATE,2002.

これらにおいて、「市場経済移行」の現実にそくして「制度」が問題にされていく論点だけをレジュメ的に挙げておきたい。

［国家的制度の枠組み］――効率的な国家は、公共財（ルールと規範、法と秩序、契約の強制、防衛、研究開発、など）、大きな外部性をもつ財（教育と保健）、基礎的な移転を供給するが、旧社会主義諸国ではこれらについての初期的制度条件が異なり、また移行期にも異なった進化が遂げられていく。国家の制度の効率性は、中国とベトナムでは期待よりもずっと好く、中欧とバルト諸国では期待よりいくらか好く、旧ソ連諸国ではずっと悪い。ロシアとCIS諸国は、国家の力能が減退し、産出高の崩壊は八〇年代の終わりから九〇年代の初めにかけての制度的崩壊に因るところが大きい。中国とベトナムは、強い制度的枠組みを維持し、漸進的改革によって新たな市場制度が創設されるまで中央計画は解体されなかった。中欧におけるラディカルな改革の相対的な成功は、新たな市場制度が急速に出現したことによる。個人や企業の国家的制度に対する信頼の程度について、それが「強い・権威主義的レジーム」（中国、ベトナム、ウズベキスタン）、「強い・民主主義的レジーム」（中欧諸国）、「弱い・民主主義的レジーム」（ほとんどの旧ソ連、バルカンの諸国）、という特徴づけで分けられる。権威主義的レジームでは、所有権と制度を漸次的に創りあげながら、法のルールにおける真空を権威主義的手段によって充たしつつある。いずれの場合にも、良好なパーフォーマンスは、国家的リーダーシップ、制度的持続性、転換プロセスを中期的に指導しうる国家の力能に関係している。

［ミクロ経済的インセンティヴ］――分析からの主要なメッセージは、すべての経済主体にとっての適切なインセンティヴの制度が、如何なる与えられた所有権レジームの確立よりも、先行すべきであるということである。

［資産における変化と所得不平等］――旧ソ連や南東欧のジニ係数は一〇～二〇ポイント上昇し、中欧より二乃至三倍も速い。賃金比重の低落、社会的移転の崩壊、その構造と目標の悪化、民営化の不平等が顕著である。ベトナムと中国でも不平等が増大しているが、地域間の不平等は、ローカル・レベルでのより少ない不平

等、国内移住の調整によって、ローカル・レベルでの労働インセンティヴと社会的結合へはより少ない影響に止まっている。

[競争的市場の確立]──市場改革の最初の仕事は、所有権のレジームがどのようなものであれ、それぞれの市場における効果的競争を創造することである。中国では、国有企業を民営化することなく、競争の領域を拡大することによって双軌制成長を維持することに努めた。新たな私的セクターの発展がないと、国有企業を民営化・リストラするのは困難である。この点では、成功的なアジアの中国、中欧のポーランド、反対にそうでないロシアの明暗が分かれる。

[社会の中での信頼と協同]──旧社会主義のもとでは、家族と社会のなかでの連帯関係が弱められ、国家従属への強い意識が注入され、企業家精神が抑圧され、ミクロ・エージェントの信頼と協同の関係が蝕ばまれた。ポーランドでの良好な成果は、より良い初期的制度条件、市場で活動しリスクを引き受け共同的行為を保とうとする市民の能力に因る。中国の郷鎮企業は、経済的エージェント間の信頼と協同の関係が、経営者・労働者・地方政府のインセンティヴ・リンクの洗練されたシステムの成功的な発展の鍵であることを示している。大家族制の安定と凝集力（コーカサスと中国農村）、そして労働組合・近隣アソシエーション・教会などの市民社会の組織の強さも、良好なパーフォーマンスに影響を与える。

(15) Martin Raiser, Informal Institution, Social Capital, and Economic Transition: Reflections on a Neglected Dimension.（上掲の *Transition and Institutions*, ch. 11. にある）。

なお、「市場経済移行」の現実にそくして、「インフォーマルな制度」と「フォーマルな制度」改革との相互関係が取りあげられていく論点を、同論文からレジュメ的に列挙しておくと次のようなものである。

[強い・国家のもとでの制度改革：ボトムアップ対トップダウン]──中国の漸進的な制度改革において、その成功にはインフォーマル制度の考慮に因るところが大きい。ドイツ統一のさいの東独のショック・アプローチ。この双方とも、フォーマルな制度変化をコントロールし得る強い国家の存在が特徴である。中国の成功の根源には、地方経済を活気づける地方分権、地方レベルにおける強いインセンティヴがある。郷鎮企業は集団的に所有されているが、利潤最大化によって経営され、ハードな予算制約をもつ。農村における雇用のインフォーマルな制度、その制度的継続性の利点は、大家族制度の意義が大きい。中国の農民の行動類型はロシアとは異なり、家族の紐帯が果たす役割が大きい。制度設計の中国的やり方は、下から生起するボトムアップ型で、それをトップが厳格にコントロールして、成功的でないと思われる実験は排除される。中央政府の改革コミット

メントの強さと信頼が最重要点である。ドイツ再統一における立法的ショック・セラピーでは、フォーマルな制度枠組み変更への東独企業の適応は相対的に急速に現われ、既存の社会的ネットワークは新しいビジネス形成を妨げるよりも支えるものとなった。制度改革へのトップダウン・アプローチは国家への信頼と強さに関わる。

［弱い・国家のもとでの制度改革：社会的資本の役割］――弱い・国家のもとでは、制度改革は現存のインフォーマルな制度との関わりに強く依存する。ロシアとウクライナでは、国家への不信と公的な分配ネットワークのなかでの汚職の遺産が、制度の変化を妨げ、私的セクターの発展にかなりの障害をつくりだしている。ロシアでの一九八〇年代の分権化は地方企業家のイニシアティヴを創り出さなかっただけでなく、国家制度の権威と信頼を掘り崩した。同年代末、公的な分配ネットワークの内外で現物化と闇経済が蔓延し、ソ連国家は資源配分の最終的コントロールを喪失して、公務員の間でレントの分配が横行した。ポーランドでは、企業家的イニシアティヴが旧時代にも部分的に生き延び、急速に企業改革コミットメントを確立した政府によってもこれが利用された。連帯運動や教会などによる市民的反対運動の基盤をもつ新政府への信頼と権威が高い。私的ビジネスにとって有利な制度的遺産、社会的資本のストックがある。制度の改革には最適な戦略があるわけではなく、国家の強さと合法性、そしてインフォーマル制度の状態が考慮に入れられるべきである。

六章　「金融化」と民主主義制度の構造転換

【Ⅱ部六章の要点】

一九七〇年代の初めには、これまでの「国家―企業」の枠組みによる資本蓄積の仕組みはすでに破綻をきたすようになっていた。八〇年代以降、「新自由主義」政策がうち出されるようになり、異常に肥大化した貨幣―金融を主導とする多国籍企業・資本の蓄積と循環が全世界をグローバルに覆うようになり、「金融化」と「投機化」が進む。その「市場経済化」が国の社会経済構造全体のなかに浸透して、矛盾を鋭くさせている。その下では、一方からは、金融危機、銀行危機―財政危機―国家債務危機の悪循環によって、従来の「マクロ経済的調整」制度の弱体化と解体がひき起こされ、他方では、賃金の抑制と社会保障の削減、失業と非正規雇用の拡大、格差と貧困など、これまで獲得されてきた社会的保護制度の衰退と解体がもたらされようとしているのである。

Ⅱ部第一章の冒頭で、コッカが「市民社会」概念の展開を、「市場」「資本と労働」「経済」―「社会」「文化」「国家」のあいだの相互関係が歴史的にどのように変化してきたかということのなかで、具体的に尋ねていこうとしていたことにふれておいた。この第六章では、「市民社会」の回帰とされるいわばその「第一局面」(「独裁制国家あるいは介入主義国家」に対する批判が主軸となる)から八〇年代以降の今日の「第二局面」(「グローバルな市場経済化」に対する批判が主軸となる)への枠組みの移行における民主主義制度の構造の転換を検討してみることにする。

一節　東欧「市民革命」と民主主義の制度編成

この「第一局面」と「第二局面」をもっともドラスティックに一身に体現する場となったのは、東欧の諸国(一一ヵ国)であろう。ここでの経験を、それぞれ詳細な資料を使って理論的に総括しようとした貴重な研究が日本でも紹介された(ハンガリーのボーレとグレシュコヴィッチ(1))。以下でまずこれに拠りながら、経済学的な視点から「市場経済」化と「国家—市民社会」との関係に焦点を当てて、民主主義をめぐる課題が展開していく経緯を描き出してみることにしたい。

それは、先取りして特徴づけておくとすれば、これまでの「国家」から「企業(組織、集団)」へという「上からの改革」ルートを基軸とした「コーポレート・デモクラシー（協調団体主義的民主主義)」型の編成が中心であったのが（「第一局面」)、いまグローバルな「市場経済化」の浸透の下でその「国家―企業」の枠組みが解体しつつあり、それを越えてもっと拡充した社会全体あるいは世界的な視点のなかに位置づけて、「個人の権利」と「アソシエーション（協同)」を問題にしていかざるをえなくなってきている（「第二局面」)、ということである。

さて、ボーレとグレシュコヴィッチも、まず「市場と経済」と「社会」―「国家」との関係を大きく位置づけ直していく必要性を強調する。そして、それを同じハンガリー学派の流れをくむ周知のK・ポランニーの理論に求めようとするのが特徴的であった。そのような試みは、すでに前章（五章）で「市場経済と国家」に関するジェソップの展開のなかにも見られるものであったが、次章（Ⅲ部一章）においてさらに理論的に検討を深めてみたいと考えているので、ここではとりあえず説明されていく内容にそって叙述を進めていくことにしよう。

ポランニーの理論には、「自己調整的市場」の展開と云われる考え方が全体の基調に置かれていた。資本主義は「土地・自然」と「労働力・人間」という本来は非商品的要因であるものをもそのなかに取り込むことによって、つねに発生するそれら非商品的要因との調整（「市場」と「土地や労働力」との調整）のリスクが発生し、それを回避する「社会」からの防衛＝「社会的保護」制度を必要としてくる。だが、もともと「市場経済」と「社会的保護」との対立の和解は困難であって、その結果「政治」（「国家」や「民主主義」）が稼働するようになる、というものであった。

その上で、ボーレとグレシュコヴィッチは、ポランニーによるその大きな①「市場（経済）」―②「社会による保護」―③「政治」の三次元よりなる「トリアーデ・スキーム」を受け継いで、それをさらに具体化し拡張した六つの次元からなる「ダイヤモンド図」を提唱しようとする。即ち、まず①と②の間に④「マクロ経済的調整（「財政的および／あるいは金融的調整」）の諸制度を挟み込む、ついで③（「政治」）をさらに三つの次元に具体化して、③は狭義の「全般的行政能力」とされ、その③と先の①（「市場」＝経済）との間に⑤「民主的決定（「代表制」）」、同じく③と先の②（「社会による保護」）との間に⑥「ネオコーポラティズム的な社会的パートナーシップ」（労使諸関係に関する安定的で温厚な交渉・協議・情報交換）の諸制度を挟み込む、このように拡充された③⑤⑥でもって政治的システムの全体的な調整・統治力（民主主義的正当性）を規定しようとするのである。

そして、これらの六つの次元からなる諸制度の編成構造の違いによって、中東欧の「体制転換」過程が三つの類型に分けられていった。その転換の主役（階級・階層的主体）たちが①「市場経済」を構築し、②「社会的結束・社会的保護」と③「政治的正当性・民主主義」を保持するために、国家権力を利用していったその仕方に応じた次の三つの区別――

［第一類型］急進的な新自由主義的市場経済化、典型はバルト三国（エストニア、ラトヴィア、リトアニア）で、旧ソ連型の遺産に対するラディカルなナショナリズム的反動で、逆に転換の社会的リスクにはほとんど注意が払われなかった。産業転換と社会的包摂には失敗し、民主主義政治や政策決定に対する市民および組織された社会集団の影響には厳しい制約が課された。中道右派政党の連立が主要に継続し、安定的だが排他的な民主制が生みだされていった。

［第二類型］社会に「埋め込まれた新自由主義」、典型はヴィッシェグラード諸国（チェコ、スロヴァキア、ハンガリー、ポーランド）で中東欧の中核をなす。市場転換と社会的結束のたえざる妥協の努力、社会的により包摂的な国家の下で、産業政策（大量の外国直接投資をつうじて競争的な複雑な輸出産業を構築）の諸手段・諸制度および温情主義的福祉諸制度を活用して転換の極度の苦難から労働者と経営者を保護、旧社会主義工業の遺産と質の高い労働力を再工業化のために利用する。かなり包摂的な民主制のもと、より多くの不満が表明され易く、中道右派と中道左派の政権交代が不安定に続く。

［第三類型］コーポラティズム型と称され（いわば正真正銘の）、典型はスロヴェニア。市場経済化の最も急進的でない戦略、体制転換の敗者を最も寛大に補償、ビジネス界と労働界と国家の間の多層的な交渉と妥協的解決を中心とする。早

くから強力な労働運動の挑戦を受け、労働組合・中道左派の政治家・経営者に支持された改革派官僚・国家の強い結合が形成され、旧ユーゴスラヴィアの自主管理を受け入れ、やがてそれをネオコーポラティズム的利害媒介制度に転換していく。

他に、異なった経路を経て、また後れをとって、ブルガリアとルーマニアが第一類型を、クロアチアが第二類型の多くの特質を受け入れたとされる。

以上のように、中東欧の「体制転換」の特徴が、まず「政治」の⑤「民主的決定（代表制）」の在り様――「経済」の①「市場経済」の導入の仕方に関わる戦略的決定から始まり、ついでその「政治」の③「全般的行政能力」と「社会」の②「社会的保護」＝「コーポラティズム型」利害媒介様式との関わりへと、辿られていくのである。つまり、独裁制の国家に対する批判は「市場経済」化とともに進んでいったのであるが、それが「社会的包摂」との関係で基本的な流れとしてはコーポラティズム的諸制度を媒介としたものとなり、市民や国民の下からの民主主義運動もその枠組みを超えることが困難であった、というこれまでの諸章で検討してきたと同様の分析がなされていくのである。だから、下からの民主主義運動もマクロの社会経済的な統治とも切り離されてしまい、全体の国家権力は旧ソ連諸国の多くのように旧・新「ノメンクラトゥーラ」間の横滑りの交替に終わるか、あるいは中道右派・左派間の交代のもとで、市場経済化＝資本主義化だけが一方向的に進行していくことになる。ボーレとグレシュコヴィッチは、中東欧の市場経済化が引き起こす社会的危機を回避し新しい秩序の支持を得るために、予想以上に弾力的な対応を見せたと述べて、その理由を挙げ一つは「ナショナリズム」（反ソ連覇権主義）に、もう一つは「福祉国家と経済的保護主義」に求めようとしていたのが印象的であった。

二節　グローバル化と制度編成の変革

いま、グローバルな市場経済化と金融・経済危機が本格的に顕現してくるようになる第二局面）のなかで、この民主主義をめぐる制度編成がどのように変化しようとしているのか。ボーレとグレシュコヴィッチは、その六次元からなる「制度編成」シェーマにもとづく展開がこのグローバル市場経済化の危機を体系的に研究するところにまではまだ至っていないと断りながらも、しかしそれが資本主義の経済的生存能力や民主的正当性に対する重大な挑戦を投げかけているとして、次のような傾向を指摘するのである。

つまり、三類型的な多様性が持続されながらも、自由主義的方向への共通した明確な移動が見られるとする。一九九〇年代の末から、「第二類型」ネオ・コーポラティズムの以前からの実験は続かず、また「第三類型」だけが小国モデルを代表するものとして残った。二〇〇〇年代になると、漸進的な、そして時折急激な変化が見られるようになった。スロヴァキアが福祉国家を改革し、ハンガリーは過度に寛大な福祉主義に身動きが取れなくなったが、他の諸国は福祉の削減が次第に標準的な傾向となっていった。二〇〇八年グローバル危機の到来とともに、第三類型のネオ・コーポラティズムも弱体化した。

かくて、「第一類型」は、いっそうの新自由主義へ傾斜を遂げ、資源輸出やトランジットサービスへの依存を深め、緊縮経済へのナショナリズムが強まり、重債務の周辺国のためのロールモデルとされていく。「第三類型」は、危機が最も深刻で、労働組合は衰退と分裂、企業はビジネス団体を維持して労働側に厳しく敵対するようになり、インサイダー（企業の枠組みに閉じられた）による私有化と国内支配が弱点に転じ、政治的エリートの国家資産管理の弱さと汚職、国内銀行への貧弱な規制が顕現する。「第二類型」は、ハンガリーが典型的なように、「（社会に）埋め込まれた新自由主義」から大規模に離脱しながら、政治的不満の頻発から種々の政策のプラグマティックな混合に揺れ動く。すなわち、対外債務に対しては＝「金融ナショナリズム」、フラットな所得税改革あるいは福祉国家改変の点では＝「新自由主義」、価格規制、エネルギーセクター、雇用、中央銀行政策では国家が再び主要な役割を担う＝「統制経済への回帰」。

しかし、動態的観点から概して言えば、類型論のネオ・コーポラティズムの端は「閉じられ」、それは二〇〇〇年代の末にはほとんど空席になり、純粋な新自由主義という反対の端は広く「解放され」、次第に席が混んできたようだと結論されるのである。そして、それは一方からのEU金融危機、銀行危機―財政危機―国家債務危機の悪循環による従来の「マクロ経済的調整」制度の弱体化と解体、他方での賃金の抑制と社会保障の削減、失業と非正規雇用の拡大、格差と貧困など従来の「社会的保護」制度の衰退と解体、それら双方の制度編成の変化と連動し合うものであった。

そして、その金融グローバルシステムは、その危機を以前のように再び社会的補償と民主主義的正当性のなかに埋め戻すことができるのかという問題が提起されるのである。だが、ボーレとグレシュコヴィッチの回答はかなり悲観的なもので、民主主義の乏しい成果に対する広範で慢性的な不満に起因する「下からの」民主主義基盤の浸食、他方での「上からの」国家の弱い統治能力との断絶が深刻に指摘される。

以上に見てきたように、多国籍企業・資本による「グローバル金融化」の「外からの」促迫が、貧困と格差など従来の「社会的保護」制度の衰退と解体、「下からの」民主主義基盤の浸食をうみだし、従来の「マクロ経済的調整」制度の解体、「上からの」国家の統治能力の弱体化をまねき、総じてこれまでの「国家」から「企業（組織、集団）」へという改革ルートを基軸とした「コーポレート・デモクラシー」型の民主主義の制度編成が変容を遂げつつあるのである。他方で一九八〇年代ころには、これまでの諸章で「市場経済」化の過程を辿ってきたように、「国家―企業」の枠組みによる「上からの」改革のし方がもつ限界もまた明らかになりつつあった。市場経済化の第一段階（生産物の市場化）は、企業の「経営」機能と個人の「労働」機能の自立化をもたらしたが、やがて第二段階（生産諸手段の市場経済化）に至ると、企業・組織の「所有―経営」主体と人間「労働―生活」主体との相互関係が問われるようになり、ここで「国家―企業」の枠組みを超えて「アソシエーション」の協同の力に依拠した「労働権」「生存権」あるいは「社会権」が社会全体に確立されていかないと、結局は「ノメンクラトゥーラ的でない」「文明化された」市民・個人たちの間の自立と平等の関係も十全に根付き得なかったのである。私は、民主主義の再生をその本来の趣意内容にたち返って「自立した諸個人のアソシエーション」による統治・制御としてとらえ直していくとき、従来の「国家―企業（資本）」というコーポレート・デモクラシーの枠組みを超えて、もういちだん拡充して編成替えしていく以外にはないのではないかと考えるのである。「アソシエーション」の自立した主体的な協同性・社会性を、真に全人類的・人間的な性格を志向していく内容に徹底させ、それに応じた「政治のガバナンス」諸制度の変革およびそれとつながる中間的媒介環「組織と制度」の編成の変革を目指していくという方向である。

三節　グローバル化と近代的「国家」―「人間」主権の枠組み

いま一つ、「市場経済」化のグローバルな展開と重なって、近代「国家」―「人間」の主権の枠組みを越える、という新たな理論的な課題が提起されてくるようになっている（例えば、典型的にはA・ネグリとM・ハート(2)）。それには二つの展開の軸があるように思われる。そのひとつの方向は、「資本主義的生産様式の内部における移行」、労働の変容といわれる問題にそうものであり、他の方向は、「国民国家の主権の衰退」といわれる問題にともなうものである。

前者、即ち内に向かっては、生産過程そのものが変容を遂げ、産業的な工場労働の役割が減少し、代わって知的労働や情動労働、コミュニケーションや協働が重視されるようになる。物質的生産と非物質的生産・文化・社会的再生産との境界が入り混じってきて、それら全体の「社会的な生」それ自体の生産（「生政治的な生産」）に向かいつつあり、経済的・政治的・文化的なものがますます重なり合ってくる。それらは、先の「労働能力・人間様態論」的アプローチで指摘されていた内容と重なるものであろう。そして、それに対する指令のメカニズムは、これまでのような規律の装置の諸制度（監獄、工場、病院、学校等々）をつうじてではなく、市民たちの脳と身体の隅々にまで内面化されて、より「内在的に」「自発的に」、脳を直接に組織化し（コミュニケーション・システムや情報ネットワークなどをつうじて）、身体を直接に組織化する（福祉のシステムや監視された活動などをつうじて）ことによって、しかし柔軟で絶えず変動するネットワークをつうじておこなわれるようになる、とされる。

他方で外に向かっては、グローバルなカネ、モノ、テクノロジー、ヒトの動きは、国境と領土を越え、国民国家は経済的・文化的な交換をますます規制できなくなってきている。近代の国民国家システムによって規定された境界は、ヨーロッパの帝国主義と植民地主義、それらの内部と外部を分ける礎をなしていた。それが崩壊していくことが、「帝国主義」に替わる「帝国」という新たな概念によって特徴づけられ、基本的にあらゆる境界を欠くものとして、世界全体を包みこむ体制、経済・文化・政治の社会秩序の全域に作用を及ぼし、人間の身体・脳をふくむ社会生活の深部にまで力をいきわたらせ、「社会的な生」をまるごと対象とするようになる。そして、指令のネットワークを調節しながら、多様な異種混交的なアイデンティティと柔軟な階層秩序、複数の交換を管理運営しなければならない。その管理メカニズムは、「公理系」（多様な場を横切って、直接かつ平等に変数や係数を規定し結合する等式や関係性の集合、先のノルムやルール）に徐々にとって代わられる、とされるのである。

このようなグローバルな「市場経済」化にともなう新たな方向性の提起は、「二〇世紀型社会主義」批判の視点とも密接に関わるものであった。その歪められた極致「スターリン型社会」は、近代「国家」・「国民」の主権の枠内に閉じ込められた展開となって、その「近代化プロジェクト」が、一方では近代的「工業化」「産業化」の追いつき的な達成、機械制大工業と「テーラー主義・フォード主義」システムの移設となっていった。そしてそれが、官僚制「国家」による疎外と結びついて、労働・人間主体の自律的な知識化・文化化、自由な豊かな生の創造性へとつながっていく回路を遮断してしまった。他方ではまた、「一国社会主義」の下で、対外的には「民族主義」「大国主義的覇権主義」の偏向となって、民族の自主権にもとづく真の協同・「連邦」の成立を妨げた、という批判である。

しかしながら、このような新たな「帝国」の権力に対抗していくオルタナティヴについては、私にはいま全く異なった方向が提唱されているように思われるのである。ネグリやハートらにあっては、近代的「国家」―人権の枠組みが全否定され、国家的な政治体制の枠組みのなかでの革命はもうあり得ない、社会性・社会的統合のいかなる集団的形態（階級を含めて）も破壊されてアトム的・マス的（「大衆社会的」）単位のものに代わってしまう、だから資本主義に対する直接的闘争、改良ではなく破壊すること、闘争が水平的に連結するのではなく、各々が「帝国」の潜在的中心めがけて垂直かつ直接に叛乱を起こす、ということに求められようとするのである。

だが私は反対に、近代の枠組みが乗り越えられていく過程においても、「国家」と人権にそくして以上の諸章で辿ってきたような民主主義の達成物が、まずは足掛かりとされていかなければならないであろう、と考える。「資本主義的生産様式の内部における移行」、労働の変容といわれる問題が、国の内外において変革の「いかなる集団的・協同的形態」をも破壊して「アトム的・マス的形態」のものに変えてしまうと云うのは、あまりにも直線的で短絡にすぎる。続く第Ⅲ部で、「アソシエーション」の「内実」をなす人間様態（労働・活動能力―生命・生活欲求）の発展と国家をめぐる「枠組み」の拡充の問題をつうじて、さらに検討を深めていくことにしたい。

【脚注】

（1）D・ボーレ、B・グレシュコヴィッチ『欧州周辺資本主義の多様性――東欧革命後の軌跡』（原書は二〇一二年）ナカニシヤ出版、二〇一七年。堀林巧・田中宏・林裕明・柳原剛司・高田公らによる翻訳と一連の論究がある。

（2）A・ネグリ、M・ハート『帝国』（原書は二〇〇〇年）以文社、二〇〇三年、同『マルチチュード』（原書は二〇〇四年）NHKブックス、二〇〇五年。ネグリとハートの展開を批判的に検討したものに、関下稔『国際政治経済学の新機軸』（その第四・五章、晃洋書房、二〇〇九年）があり、私にもほぼ同意できる内容が整理されている。これをめぐる論議の参考文献が挙げられている。

Ⅲ部　「二一世紀社会主義」と自由・平等・民主主義論

Ⅲ部では、「自立した諸個人のアソシエーション」の内実をなすものについて、「自由論」(一章)、「平等論」(二章)、そして総括的に「民主主義論」(三章)の理論軸にそった諸展開を、市場経済と連関させた視点から、それぞれ掘り下げておくことにしたい。それは、二一世紀における「未来社会」につながっていく内容をなすものともなっていくであろう、と考える。

一章　市場経済と自由論

【Ⅲ部一章の要点】

一章「自由論」では、まず近年に編訳して公刊されたK・ポランニー『市場社会と人間の自由』(1)をとりあげる(一節)。それは、題名のとおり市場経済と社会の相互関係、そのなかでの人間の自由—民主主義のあり方を真正面から本質論的に探究しようとした古典的な諸論稿よりなり、「自由と民主主義の関係」「自由・民主主義と資本主義——社会主義」「階級的視点と全社会・全人類的視点の相互関係」「共同体と社会の区別」などの諸論点が展開されている。ついで、現代における「自由論」のある出発的な共通の土俵を与えたとされるI・バーリン『自由論』(2)と対比させながら、周知の「二つの自由概念(積極的自由と消極的自由)」をめぐる論点(人民・階級・民族などの自由の名による個人の自由・人権の抑圧)、多元的価値と自由の問題を深めていく手掛かりをつかもうとした(二節)。ポランニーも、社会的領域に限定されない人格的領域における計り知れない深さと多様さという価値の多元性に関わる論点を提起していた。さらに、戦後の高度経済成長期をむかえ、「複雑な産業社会」のなかに自由をどう現実化させていくかという課題に直面するようになる(三節)。ここで、ポランニーの市場経済論が「疎外論─物象化論」としてもっぱら商品論的次元において展開されていこうとした理論的制約に逢着する。資本制に固有の企業組織論、その下での「資本─賃労働」関係や「アソシエーション」論を十全に展開し得なくなる問題である。

これらの積極面と消極面の整理のうえに、次のような「自由論」の具体化の方向性を求めようとした。

一つは、人間・個人の本性としての自由を出発的な基礎に置いて、全体を展開していかなければならないということである(「真に人間らしい主体的な制御」＝「自由」の概念)。人間の欲求と欲求充足のあり方、労働力能と労働・活動、余暇と自由時間、物質的なものからより精神的・文化的領域への比重の移動と結びつけて、人間の自由と平等のいっそうの高次化が論じられ、その究極の目標は「必然の国(領域)」から「自由の国(領域)」への飛躍である。

二つは、自由を実現していくのは「社会的な制度化」をつうじてである。そのさい、まず人間労働・活動と生産手段・資源との相互関係の展開が問われてくるということであり、それには一方からの生産力や技術の要因と他方からの企業・組織をめぐる自立＝自由、その所有や管理・経営の要因が密接に関わってくる。資本の「所有権」や「経営権」に対抗して、人間主体の「労働権」や「生存権」、「社会権」など絶えず「新しい権利」の現実的な展開が求められていかなければならない。市場経済・資本と国家・政治の権力に対抗して自由の領域がたえず拡充されていく。「社会的制度」には、個人と社会を結びつける基本的な規範や基準が集約されており、「アソシエーション」の力に拠る「労働基準」「生活基準」の押し上げによって、自由は積極的に展開されていく。

三つは、自由の「社会的な制度化」のなかには、全社会的・全人類的視点にたった規範と基準に向けてのその共約化・普遍化という内容が含まれている。その構成の内に入ってくるその他の生活・文化領域および非資本主義・前資本主義的諸関係における多様な諸価値の存在が前提されている。あらゆる人間の主体的な自由ということが基礎・基軸に置かれ、彼らの対等平等な協議・共感によって、異なった規範と基準の共約化がなされていく。だから、人間の主体的な制御としての「積極的自由」が「社会的制度」として普遍化されていくばあいも、それが基本的な人間・個人の「消極的自由」を制約するものとなってはならない、両者の共生的な発展が図られていかなければならないということである。

一節　ポランニーの「市場経済と自由—民主主義」論

ポランニーの『市場社会と人間の自由』には、その題名のとおり市場経済と社会の相互関係、そのなかでの人間の自由—民主主義のあり方を本質論的に探究しようとした諸論考——一九二〇年代の出発的な原型をなす「自由について」をふくむ第Ⅰ部、一九三〇年代のファシズムの台頭にともなう自由・民主主義の危機と資本主義・社会主義の関係を論じた第Ⅱ部、そして第一次世界大戦後『大転換』(その最後の第二一章)に結実していく「複合(複雑な)社会における自由」などからなる第Ⅲ部——が一三章にわたって配されている(その最後のものを除いてすべてが初訳)。いうまでもなくポランニーは、主著『大転換』などにおいて、「市場交換」を財の「互酬」および「再分配」(あるいは家政)と並べて人類史のなかに相対化して位置づけ、経済を社会のなかに再吸収し社会のなかで共同体を完成させていく、という展望を説こうとしたことで広く知られている。ここでは、それらの基礎にあった人間の自由—民主主義についての概念に焦点を当てて、その全体の理論的枠組みを整理しておくことから始めたい。

◎一九二〇年代——「人間疎外」論と「自由」論の原型

一九二〇年代の前半、おそらく当時の「社会主義経済計算論争」に触発されたであろう第一章「われわれの理論と実践についての新たな検討」（一九二五年）では、経済を全体として見通すことが可能かどうかという「見通し問題」と言われるものに関わって、社会主義における社会全体の計画化は人間の参加による「内面的見通し」＝「機能的民主主義」がなければ不可能であることが論じられる。その論拠は次のようなところにあった。経済の構成要素は、①人間の欲求、②人間の労苦、③生産手段（地下資源、機械その他の道具、食料品と原料と中間生産物の在庫、最後に最も重要な生産手段すなわち労働力）からなるが、このうち主要な要因をなす①と②を見通すことはいかなる中央集権的な管理経済組織でも不可能である。その生き生きとした変化についての内面的な見通しは、自分を他者の立場に置きその欲求・労苦をともに体験し共感することによって、つまり内面的に入り込むことによって初めて可能になる。そして具体的には、その経済の内面的見通しの機関として、労働者運動――労働組合や消費協同組合（アソシエーション）、社会主義的地方自治体（コミューン）などが挙げられ、それらの組織と運動の原則的あり方が論じられていくのである。民主的に組織された労働運動――労働組合において、すべての要求が正しく考慮され、労働組合員の相互的な労働評価がつき合わされ、公正な均衡が保たれる必要がある。企業経営の枠内においても、産業の枠内においても、明確な見通しを与えること、それらを統制し引きうける準備をすること、それが現代の労動者運動の構造のなかでのもっとも重要な未来の構成要素のひとつとなるとして、オットー・バウアーら社会民主党の「機能的民主主義」が根拠づけられようとしたのである。これらの基礎にある原理は、「本質的に権力原理、強制原理、権威原理でもないし、抽象的な法的原理、官僚制的原理でもなく」、「協同組合原理、つまり対等な者の結合の原理、真の自己組織化の原理なのである」（一五頁）。

このような民主主義論と関連づけて、ポランニーの自由論が本格的に開陳されていくのが第二章「自由について」（一九二七年）であり、これが以降の展開の原型をなすものとなるといってもよいであろう。それは、マルクスの「疎外論」と「物神崇拝」論に基づいて、自由論を展開しようとしたものであった。資本主義社会では、社会の個々人から独立に存在して作用し、逆に人間の意志と行動を決定し支配するようになる物と物との関係、「商品」「価格」や「資本」が外から必然的な法則として立ち現われる。それは、生産手段の私的所有によって人間が相互に孤立させられ疎外されて労働するからであり、また労働者から彼の過去の労働（生産手段）が疎外されて他人の所有になっているからである。社会主義の最終目標は、必然の国（領域）から自由の国（領域）への飛躍ということにある。人間の人間からの疎外をなくし、物の人間からの疎外（「商品」「資本」）をなくし、これらの関係を真に人間らしい主体的な意識的制御のもとに置くことである。だからマルクスにあっては、自由と人間性は同じことを意味し、「人間的なものがもっと直接に意味深く生活に密着して社会的関連のなかに出現すればするほど、人間はそれだけいっそう自由になり、社会はそれだけいっそう自由になる」（上掲書、二八頁、以下の頁数のみは同じ）。

そのうえで、「自由」と「平等や公正」あるいは「民主主義」との区別が次のように論じられていく。「社会主義の理想は公正の要求を超えている」、「人間の平等の外面的な承認、すなわち公正は……人間に基礎を置く社会秩序の必要不可欠な前提条件」であり、「生産手段の社会化を社会主義者が要求する根本的理由」もそこにある。だが、「その状態は必ずしも個々の人間の自由と責任に基づいてはいない」。独裁的な公正も存在しうるし、公正が民主主義によって実現されることで内面的な倫理的な進歩を意味する場合もあるが、「それは公正の本質からではなく、民主主義の本質によるのであって、民主主義はたとえまだ取るに足りないものだとしても個々人の責任とは切り離せないのである」（そのさい民主主義とは、先の「機能的民主主義」にそくして見たように多数者の自己組織・支配の意味で、また次の一九三〇年代でのように労働者（多数者の平等な）の政治的な支配・統治の意味で使われているように思われる——芦田）。いずれにしても社会主義は、公正や平等、民主主義の要求にとどまっているのではなく、それらはより本質的な「人間の社会的自由という新しい自由のために社会的必然性全体の克服を求める闘争に通じている」（以上、二八～九頁）とされる。

その「社会的自由」という理念は、社会主義に特有なものであって、疎外された人間の関係が労働する人間の協同組合的関係に置き換えられることによって、人間の人間に対する支配、物の人間に対する支配が終わり、人間が自分自身の支配者になることを意味する。社会主義者にとって「自由に行動する」というのは、「われわれが人間の相互的関連に関与することに対して責任があるという事実、責任を負わなければならないという事実、を認識して行為するということである」。では、「個人的自由」の概念は社会主義では廃棄されるだろうか、「決してそんなことはない」。「人間生活の本質的な一部は社会外の関連の内部で行なわれるからである。周囲の環境に対する、友人に対する、家族や人生の伴侶や子供に対する人間の関係、自分自身の能力や仕事に対する関係、自分自身との関係、首尾一貫性と誠実さ、それらとともに人間は自分自身と向き合い、内面的良心に対して死によって制約された運命の責任を負う、ここに作用しているのが個人的自由であり、それによってはじめて人間は人間になるのである」（三四頁）。

ところで、現実の世界では社会化が進展し、権力現象（政治）と価値現象（経済）が相互に絡み合ってますます複雑化する社会のなかで、自分自身の内に逃げ込むのではなく、社会主義者は前に進んでいかなければならない。法という物象化と価格という物象化を具体的に分析していかなければならない。重要なのは、理論ではなく、人間の相互的生活の具体的な変革である。「社会内部の人間的自由の限界を意図せざる人間的行為として説明するとともに自発的な意志の適用範囲を拡大することによって、この限界を押し広げることを課題としたほうがいい」（四八頁）。そして、そのさいの不可欠の要素として先の「見通し問題」と「機能的民主主義」が挙げられ、「自己組織」が解決の鍵になると結論づけられるのである。

◎一九三〇年代——ファシズムと自由・民主主義、そして資本主義—社会主義

ポランニーの『市場社会と人間の自由』第Ⅱ部には「市場社会の危機、ファシズム、民主主義」という表題のもとに、一九三〇年代の六つの論文が配されている。これらにおける「自由論」の修正あるいは深化について、三つの論点——一つは「自由・民主主義の危機と資本主義—社会主義」、二つは「階級的視点と全社会・全人類的視点の相互関係」、三つは「共同体と社会の区別」——にしぼって、検討しておきたい。

（一）自由・民主主義の危機と資本主義—社会主義

ポランニーは、もともと資本主義と民主主義は調和するものではなく、その「産業資本主義に最初から備わっていた反民主主義のウイルスが、最近になって強い感染力をともないながら爆発的に広がったものにすぎない」（一四〇頁）とファシズムを定義していく。その論拠は、かなり原理的なところからきており、近代資本主義は市場経済が労働・人間と土地・自然にまで侵入することによって成立し、それらの本源的な生産要因への虐待が社会の側からの保護的介入を不可避的に呼び起こし、政治や国家の権力的介入を常に引き出すからであるとされる（工場法、社会保険、自治体社会主義、労働組合の活動と実践など）。これと関わって、「疑似（時代遅れの、伝統的とも言われる）マルクス主義者」は、民主主義が資本主義の固有の政治的上部構造であると定義している、と批判を加えていく。

そして、資本主義と民主主義が対立する三つの歴史段階を区別していく。①労働市場の強制的設立と民衆に対する選挙権の拒絶の時期（『大転換』での第七章から第一〇章までの分析）。市場経済と民主主義（民衆政治）との対立。②普選の導入から第一次世界大戦の勃発まで。資本主義も民主主義もともに発展しているようにみえた、短い見せかけの保証の時期。この調和の幻想は、市場の膨大な拡張、労働組合と労働者政党による利得の分かち合い、繁栄するアメリカの状況によってつくり出された。③そして、現今の危機の時期。第一次世界大戦と恐慌によってもたらされた、大量失業、雇用不安、不合理な所得分配、経済システムの崩壊、民主主義と資本主義とのディレンマが極めて深刻な形態をとって浮上する。

ポランニーは「初期の段階では、政治上の民主的制度は、実際に経済上の資本家の指導的位置と調和している。しかし、十分に発達した産業社会では、政治と経済との機能的な膠着状態が不可避的に生じる」（一〇〇頁）と言う。つまり、民主主義は多数をしめる民衆（大衆）の政治的支配（popular government）への道具となるが、経済システムはこれまでどおり資本家の統率責任のもとで遂行される（「両立不可能性」）。労働階級は、自分たちの労働や生活に対する産業循環の決定的影響から身を守るためには、資本主義的市場の自動的法則に対して意図的な政治的介入をする以外にはない。財産所有階級は、それが結局は所有権への攻撃・廃棄につながっていくことを恐れて、資本主義制度を救うためにあらゆる自由・民主主義を破壊する。そのとき、「労働階級は、所有権の継続に基づいて改革を推し進めるには、もともと不適当だった。だが、彼らは、所有権の継続を無視して改革を遂行する用意もできていなかった」（一五二頁）。ポランニーにあっては、民主主義が多数の民衆による政治的支配・統治、権力の問題――そして「所有権の廃棄か維持か」という問題にかなりストレートに結びつけられようとしていたことが解る。

他方で、社会主義については先の「機能的民主主義」と関わらせて、「民主主義の最高形態」（二〇二頁）であるとされ、民主主義を破壊して資本主義を救済する途か民主主義を保持して資本主義を廃棄する途かしかないとして、「ポスト・ファシズム的資本主義は、民主主義と社会主義への前進に対してもちこたえることはできない」（一五三頁）と、かなり楽観的な展望が述べられる。ちなみに、資本主義のもとでもある程度の生産過程計画、被雇用者の身分保障など「改革される」可能性をまったく排除すべきではないが、それは「偽の改革」であり失敗は避けられない、と一般にきわめて否定的である。「民主主義運動が出現するや否や、所有者階級の特権の廃止を阻止するものはもはや残酷な暴力しかない」（同頁）とかなり短絡的である。

（二）階級的視点と全社会・全人類的視点の相互関係

ファシズムの台頭をまえに、ポランニーは、労働者階級の利害を全社会・全人類の共通の利害と結びつけるという課題に腐心する。そして、「マルクスの階級闘争論はしばしば誤って解釈されている」、「全体としての社会の利害が歴史における決定的な要素であり、社会の利害は生産手段のいちばんいい使い方と一致する」（一三一頁）というのがその本旨なのだとされる。道具・生産手段は、人間によって使われ操作され組織される。ところが階級社会における生産手段の私的所有は、一つの集団（所有者）の生産手段の使用の責任は含んでいるが、他の集団（労働者）のそれは保証されていない。「産業時代［産業社会］の初期にはそのような（責任ある使い方の）技術的条件が存在していた」、しかし状況（「技術的状況の必然性」）は変化し、「あらゆる機械は全体としての共同体によって使用」（一二七頁）されるようになる。「人間社会の発展はその全体的組織化のますます高度な形態へと進み、その全体的生産能力の最大に可能な発展は現存の生産用具を最大限に使うことを意味する」（一〇七～八頁）。「今日では、生産をもっとも増大させるのは、社会全体によって合理的に計画され調整された機械の使用である。私的所有は共同的所有に変えられなければならない。社会には、この変化によって失うものが何もない一集団がある。その集団が労働階級である」（一〇九頁）、というところに階級的利害と全社会・全人類的利害との結合の論拠が求められていくのである。

このように、階級利害と階級闘争が有効であり原動力であるのは、それが「生産手段を組織するという問題の明確な解決にむかう場合だけ」であり、「社会全体の利害を代表する場合だけ」である。労働階級は、社会の広範な諸集団の利害に自分自身の「利害を適合」させ、

「包摂を達成」しなければならない。小規模中産階級と農民の大衆は、「社会が社会主義的か資本主義的かには関心がない」、「無関心な大衆は致命的な膠着状態からの出口がほかにないと感じるならば、資本家の指導にも喜んで従う。そのときファシズムが入ってくる」（一一一頁）。マルクス主義の「狭い階級概念の限界」が批判され、その「修正」が主張されていくのである。

（三）共同体と社会の区別

一九三〇年代におけるもう一つの修正と深化は、「共同体」と「社会」との区別（第六章「共同体と社会」一九三七年、など）であり、一九二〇年代の構想（民主主義の拡大を通して非人格的で物象的な「社会」を透明で人格的な「共同体」に全面的に転換するという）が撤回され、「社会の現実」を受け入れたうえで、人間の自由を「現実の制度的変革」を通していかに拡大していくかが議論されるようになる。これと関わって、マルクス主義とキリスト教が批判される。前者は、規範・当為としての「共同体」概念が希薄で、しばしば「完全な社会」を想定し共同体を社会に還元してしまう傾向があり、後者は、社会編成のあり方を無視して共同体の実現を希求しようとする。

そのさいの論点の一つは、「共同体」と「社会」との関係である。マルクス主義哲学は、「共同体を社会の現実として考えながらも、共同体を社会に限定することによって共同体の意味を制限してしまう」（一二二頁）。しかし、「人格的領域は社会的側面に限定されるわけではない」、「人間の共同体は、社会に内在していると同時に社会を超えている」、「人格的生活の中身は無限である。芸術、自然、生活、活動、瞑想は、知られている形態も未知の形態も、計り知れない深みに属している」。「マルクス主義理論の限界は、それが社会的・歴史的領域以外の共同体の実現の領域を知らないということにある」（一二二頁）、と批判される。「共同体」とともにある「人間的生活」「人格的生活」の深さと多元性に関わる論点であろう。

そしてそれと重なるもう一つの論点が、その「社会」と「経済」の関係なのである。自由主義的資本主義のもとでは、物的財の生産と分配＝経済が社会全体のなかで独立した自律的な領域を形成し、社会全体の残りの領域から切り離されて発展していく。生産手段（過去労働）は資本の形態において独立した概観を呈し、人間や自然と並ぶ第三の本源的な生産要因として現われるが、資本は人間と自然の相互作用の結果にすぎず本源的要因ではない。資本主義のもとでは、この派生的要因が生産の主要要因として現われ、人間と自然を濫用し破壊していく。経済システムを社会に再吸収することは、社会のなかで共同体を完成させることに向けての一歩なのである。資本主義が分解してしまった社会の経済的領域、政治的領域、宗教的領域、その他の諸領域を、一つの全体に再統合することがわれわれの時代の課題であるとされる（『大転換』一九四四年の内容につながる）。

以上の第Ⅱ部を受けて、戦中・戦後に書かれた第Ⅲ部「市場社会を越えて――産業文明と人間の自由」では、国家や経済価値の権力によって支配される「社会の現実」を受け入れたうえで、その「複雑（複合的）な社会」における人間の自由を「現実の制度的変革」を通していかに拡大していくかが探究されていくことになる。この問題については、続いて二節・三節で検討を加えていきたい。

二節　バーリン『自由論』とポランニー「自由―民主主義」論

ここで、戦後の自由論をめぐる論議にある共通のパラダイムあるいは出発点を与えたといわれるＩ・バーリンの『自由論』を対比的にとりあげ、ポランニーの「自由―民主主義論」の特徴を明らかにしていく手掛かりとしたい。

◎バーリン「二つの自由概念」をめぐる論点

ポランニーとの対比という視角からみるとき、バーリン「自由論」をめぐる次のような四つの論点をとりだしてくることができるように思われる(3)。

（一）「消極的自由」と「積極的自由」の区別

バーリンは、自由概念のこの二つの峻別で広く知られている。自由という言葉は多義的であり二〇〇以上に及ぶその意味があるとしながら、その背後に大きな人類の歴史を負った中心的なものとして二つの意味がとりだされる。「消極的な自由（negative liberty／freedom も同じ意味で）」は、「主体――一個人あるいは個人の集団――が、いかなる他人からの干渉もうけずに、自分のしたいことをし、自分のありたいものであることを放任されている、あるいは放任されているべき範囲はどのようなものであるか」（『自由論』三〇三頁、以下頁数のみは同じ）に関わるものである。「積極的な自由（positive）」は、「あるひとがあれよりもこれをすること、あれよりもこれであること、を決定できる統制ないし干渉の根拠はなんであるか、またはだれであるか」（三〇四頁）に関するものである。前者はしばしば「～からの自由」といわれ、他人との関係が問題であるのに対して、後者は「～への自由」といわれ、自己のあり方が問題にされる、一言でいえば「自己支配（self-mastery）」とも規定され、自己の主体としての決定ともいえるであろう。

この二つの概念には重なり合うところがあり、客体と主体の相互関係をはっきり裁断しえないものがつきまとうことが論じられてきた。しかしバーリンは、歴史の現実においてはこの二つはそれぞれ異なる方向に発展していき、次に見ていくように「積極的自由」は「消極的自由」を否定する危険な役割を果たすことがしばしばあるとする。そして、ともに価値あるものとされながらも、「どうしても侵犯されてはならない最小限の個人的自由の範囲が存在すべきである」（三〇七頁）、「国家や他のいかなる権威も足をふみこむことを許されない大きな私的生活の範囲を保持しておく」（三一〇頁）という「消極的自由」の擁護に最大の力点がかけられていくのである。

（二）「積極的自由」の「意味の転化」をめぐって

「自己支配」としての積極的自由は、「意味の転化」がおこなわれ易い。「わたくしはわたくし自身の主人である」というとき、わたくしはさまざまな隷従（自然への、あるいは制御できない情念の、また政治的・法律的・道徳的な）から解放された自我なのであろうか。この問いの過程で、一方では「支配する自我」、他方では「服従させられるなにものか」が自分のうちに自覚される。そして支配する自我は、理性とか「より高次の本性」とか、「真実」の「理想的」の「自律的」な自我さらには「最善」の自我とかいったものに同一化されてくるようになり、それが非合理的な衝動や制御できない欲望、わたくしの「低次」の本性、直接的な快楽の追求などと対置される。それが「真実」の本性の高みに引上げられるためには厳しい訓練が必要とするものとされる。やがて、この二つの自我はさらに大きなギャップによって隔てられたものとして説明されることになり、真の自我は、個人的な自我よりももっと広大なもの、個人がそれの一要素あるいは一局面であるようなひとつの社会的「全体」――種族、民族、教会、国家、また生者・死者およびまだ生まれいたらざる者をも含む大きな社会――として考えられる。全体は、集団的ないし「有機体的」な唯一の意志を「成員」に強いることによって、それ自身の、したがってまたその成員たちの、「より高い」自由を実現するところの「真」の自我と一体化されることになる(「パラドックス」、「恐ろしい偽装」)。このようにして、消極的自由が削減されていく。

同様な論拠によって、「批判的理性」の意味転化ということが否定的に論じられていく。それは、事物の必然性や原理・理想を完全に認識しこれを内面化すること、事物の必然性に合致する、いわば「理性による解放という学説」で、そこに真の自由があるとするものである(スピノザからヘーゲル、マルクスに至る)。この「積極的自由」の意味転化の問題をめぐっては、その展開に論理的な飛躍があることが批判的に指摘されてきた(4)。またバーリンも、「消極的自由」にも意味転化があって、それが「社会的ダーヴィニズム」などと結びついて多くの人々の自由を削減してきたことを認める(「序論」二八頁)。しかしバーリンが強調したかったのは、自由の意味転化の可能性と歴史的現実の帰結であり、積極的自由の名による個人の自由の抑圧のほうが現代のもっとも見慣れた現象のひとつになっているということであった。そこには、ファシズムとソ連「共産主義」などの全体主義に対する厳しい現実の批判的認識があったといわれる。

(三)「自由」の概念と「階級」―「民主主義」の関係

この意味転化に関わって、自由に類似の観念と自由の概念との区別が論じられていく。一つは、歴史的に見られる「自由と平等・博愛との混同」にもふれながら、「地位の追求」との区別がとりあげられる。「地位の追求・承認」とは、「自分がある特定の集団なり階級なりに所属しているものとしてその社会の他のひとびとによって認められていること」（三六二頁）である。「自身の意志にしたがって行為しようとする一個の実在として、（かれらの階級、国民、皮膚の色、民族を）認めてほしいということ」（三六三頁）である。「それとはるかに密接に関連するものは、社会的連帯、兄弟的関係、相互理解、対等の条件での結合の要求、等々であり、これらすべては時として――誤解を招く言い方だが――社会的自由と呼ばれている」が、「自由に近いあるものではあるが、自由そのものではない」（三六六頁）。それだけでなく、「かれらの属する集団の地位やその集団内部におけるかれら自身の地位」のために「個人としての行動の自由」が譲渡される事実がしばしば生じてきた。人類の大多数はたいてい他の目的（安全、地位、繁栄、権力、徳、来世での報償、あるいは正義、平等、博愛などの諸価値）のために、個人的自由を犠牲にしてきたとされる。

もう一つは、自由と「人民の主権あるいは民主主義」との区別である。フランス革命以来、そして一九世紀前半の自由主義者たちによって見通されてきたように人民の主権（積極的な意味における自由）が個々人の主権・自由（消極的な意味における自由）を破壊するものになりうるという問題である。ルソーのいう自由は、「一社会の十全の資格ある全成員――そのうちのある成員ではなく――が公的権力を分け持つことであった。この公的権力はあらゆる市民の生活のいかなる局面にも干渉する権利を与えられている」（三七四頁）、「全成員によるデモクラシー的自己支配・統治」）。デモクラシーがもつ積極的な意義を認めながら、しかしそのものは論理的にも歴史的にも個人的自由の不可侵性を保護することはできなかったとして、自由概念との峻別がおこなわれていく。

そして、「なんぴとも決して越えることを許されない自由の境界線の厳存するようなひとつの社会」（三七七頁）が、「人間の実際の本性にきわめて深くもとづいているもの」として、「ア・プリオリに真なるもの」「わたくし自身の主観的な目的」「わたくしの社会・文化の目的」（三七八頁）であると強調される。

（四）多元的価値と自由

しかし、「私が主張していることは、どのような意味での自由も絶対的ないみで不可侵であり、自足的であると言おうとしているのだ、ととってはいけない」（批判に応えようとした「序論」九二頁）、「一元論に対して、多元論を弁護しようとの意図で書かれたもの」（同八九頁）であり、自由は平等や正義や友愛や幸福や安全等々の他の諸価値と並んでそれぞれが独立した価値として重んじられなければならないものである。すべての積極的価値は、究極的最終的には相互の矛盾が解決されて調和されるというようなことはない。人間の目的は多様であり、「われわれが日常的経験において遭遇する世界は、いずれも等しく究極的である諸目的の間での選択を迫られている世界である」（三八三頁）。選択が不可避であることによって、自由には自己目的としての価値が与えられるわけである。そして最後に、「消極的」自由が「より真実で、より人間味のある理想」であるというのは、それが「人間の目標は多数であり」「相互にたえず競いあっていることを認めているからである」（三八九頁）と結論づけられるのである。

◎バーリンと対比したポランニーの枠組みの特徴

さて、「自由―民主主義論」に関する以上のようなバーリンの枠組みをポランニーのそれと対比させて見るとき、多くの共通するものがあることに気づく。それは、なによりも第一次世界大戦―大恐慌―第二次世界大戦という危機的な時代状況からくる共通な課題意識に立っているからであろう。一九三〇年代に、なぜファシズムが台頭し、「資本主義を救うために、自由と民主主義が破壊された」のか。なぜソ連「社会主義」が変質し、「人間の自由と民主主義を抑圧する」ようなことになったのか。両者とも、人間の本質論的なところから、「資本主義―社会主義」そして「自由―民主主義」の相互関係を深く問い直そうとしているからである。次のような幾つかの点で、問題の建て方に重なり合うものがあるといってよいであろう（すでに引用しておいたものは頁数を省略した）。

（1）　人間論・人格論が、全体の出発的な基礎に置かれていることである。ポランニーは、人間の人間からの疎外、物の人間からの疎外をなくし、それらを真に人間らしい主体的な意識的制御のもとに置くということを基本に据え、だから「自由と人間性は同じこと」であるとしていた。「個人的自由」の概念を基礎に据え、それは人間生活の本質的な一部であり、「それによってはじめて人間は人間になる」としていた。バーリンも、「どうしても侵犯されてはならない最小限の個人的自由」「これを放棄すれば人間本性の本質にそむくことになるもの」（三一一頁）として「消極的自由」の擁護を主張した。人生の目的は各人さまざまで、日常的世界は多様な諸目的の間での選択を常に迫られている、だから個人の選択の自由には自己目的としての価値が与えられる、「消極的」自由が「より真実で、より人間味のある理想」なのだとしていた。

（2）　自由と民主主義とを区別あるいは峻別し、人間・個人の自由をより重要な価値あるいは目的の位置におくことである。ポランニーは、社会主義の最終目標はマルクスやエンゲルスがいう「必然の国（領域）から自由の国（領域）への飛躍」ということにあるとして、「自由」と「平等や公正」あるいは「民主主義」との区別を強調していた。社会主義という理想は、人間の平等の外面的な承認すなわち公正の要求を超えている。平等や公正は必要不可欠な前提条件であり、生産手段の社会化を社会主義者が要求する根本的理由もそこにあるが、その状態は必ずしも個々の人間の自由と責任に基づいてはいない。公正や平等、民主主義の要求にとどまっているのではなく、それを「通じて」より本質的な「人間の社会的自由」を目指さなければならない、としていた。そのさいポランニーは「民主主義」を、労働者（多数者の平等な）の政治的な支配・統治の意味で使っていた。ただ、それを社会主義のもとでの「機能的民主主義」（アソシエーションやコミューンによる）と結びつけていくときには、自己組織化原理にもとづく排他性をもたない（したがって「主権」概念を越えた）意味をも含ませようとしていた(5)。バーリンも、自由と「人民の主権あるいは民主主義」とを区別する。人民の主権（積極的な意味における自由）が個々人の主権・自由（消極的な意味における自由）を破壊するものになりうるという歴史的事実が重く述べられ、デモクラシーがもつ積極的な意義は認めながら、自由概念との峻別が強調されていった。

（3）　自由の概念をめぐる「狭い階級的視点」の批判である。ポランニーは、ファシズムの台頭をまえに、労働者階級の利害を全社会・全人類の共通の利害と結びつけ、人間の自由と民主主義を擁護する課題を深く広く根拠づけていこうとした。そして、「生産手段のいちばんいい使い方」という論拠にもとづいて「全体としての社会の利害が歴史における決定的な要素」であるとし、階級利害と階級闘争はそれに役立つかぎりでのこととされる。また、労働階級は、社会の広範な諸集団（小規模中産階級と農民の大衆など）の利害に自分自身の「利害を適合」させ、「包摂を達成」しなければならないとされる。バーリンも、自由の概念と「地位の追求・承認」――自分がある特定の集団（階級、国民、民族など）に所属しているものとしてその社会の他のひとびとによって認められていること――とを区別しようとする。それがしばしば「意味の転化」をきたし、「個人の自由」を抑圧するものとなるからである。

(4)　自由の概念が多元的価値のなかで位置づけられようとしていることである。バーリンはもっとも明確に、人間の目的はさまざまに異なり、自由は他の諸価値と並んでそれぞれが独立したものとして重んじられなければならない、とする価値の多元論の立場にたつことを結論的な終章（「一と多」）で述べていた。ポランニーもほぼ同様な意味で、「共同体」と「社会」との区別に基づき、社会的領域に限定されない人格的領域の計り知れない深さと多様さという価値の多元性に関わる論点をだしていた。「共同体」とともにある「人間的生活」「人格的生活」の中身は、知られている形態も未知の形態も、実に無限なのだとする。

三節　「産業社会」と企業組織、資本―労働関係

◎現実の「複雑な社会」（ポランニー）への具体化

しかしながら、以上のような共通性にもかかわらず、ポランニーとバーリンの間にはまたかなりの、あるいは本質的と云ってもよいような違いも存在している。そのいちばん大きな点は、ポランニーがバーリンのいう「積極的自由」を逆に積極的に展開しようとしたことで

あろう。ポランニーは、生涯にわたって「社会主義者」を自認していたといわれる(6)。社会主義へ向かって人間の主体的な制御、「自己支配・統治」を、どのように社会的制度の具体化をつうじて実現していこうとしていたのか、それを『大転換』最終第二一章「複雑な(複合)社会における自由」など戦後の諸論文を収録した『市場社会と人間の自由』第Ⅲ部にそくして検討してみることにする。

バーリンも、「積極的自由」の重要さを認める。「実際わたくしは、さきに、現代のもっとも力強い民衆運動に生気を与えている国民的・社会的自己支配の要求の核心にあるものが、『積極的』な意味での自由の観念であり、これを認めないことは現代における最重要の事実と観念［思想］を正しく理解しないことだということを示そうと試みた」(三八四頁)とまで書いていた。しかし、それを積極的に展開することはしないで、それが「消極的自由」を抑制しないかどうかの問題にもっぱら重点をかけていったのである。これは、「自由」と「自由の実現の条件」との区別の問題とも関わるもので、H・ラスキが拘ったのも「自由は平等という面を除けば何の意味もない」し「平等もまた生産手段が社会的に所有されない限り何の意味もない」とした問題であった(7)。また、次章で検討を加えるC・マクファーソンの「自由民主主義論」の核心をなす問題でもあった。マクファーソンは、西欧の自由民主主義論には「効用の極大化」の主張と「力の極大化」の主張の二つの流れがあるとし、後者について「発展的力」(本質的に人間的な潜在的能力を行使し発展させる能力)と「抽出的力」(他人の力を自らに移転させる力）を区別し、これに関ってくる決定的要因を労働手段に求めていくのである。そして「労働手段への接近から排除されない権利」によってはじめて人間の「発展的力」「発展的自由」を最大化することができるとしていた。バーリンは、これらの批判を念頭に置きながら『自由論』「序論」で再びこの問題に言及したが、しかしそこでも「自由」と「自由の行使の条件」の区別の重要さを力説するだけに終わっていた。この生産手段をめぐる問題は、個人の自由とその階級概念との接点に存在する問題であるといえよう。

ポランニーは、論文「複雑な社会における自由」の後半部分で、ますます複雑さを増す「社会の現実と向き合う」なかで「自由を実現すべく努力する」課題を積極的に提起していくのである。では、そこで「複雑な社会」の社会・経済的諸条件としてはどのようなものが挙げられていくのか、それを中心にして考察を進めることにしよう。

まず、自由の問題をめぐっては二つの異なった問題が生じるとされ、一つは制度的な次元の問題、もう一つは道徳的あるいは宗教的な次元の問題が分けられる。後者の問題ではより根源的な人間存在の意味と目的が問われてくるが、前者の問題はそれが具体化されていくものであって、そこでは諸自由の間の拡大と減少の現実的なバランスが問われてくる、とされる。晩年のポランニーは、この両者の次元を相互関連させながら思索を深めていこうとしたようであるが、全体としてその展開は未完に終わっているとされる。だから、内容というより取り上げようとしていた論点がもつ意味の確認ですます以外にはないように思われる。その後者については、次の諸論文「アリストテレスの豊かな社会」「ジャン・ジャック・ルソー、または自由な社会は可能か」の検討でふれることにして、まず前者からみていきたい。

さて、前者の問題については、まず市場経済の発展はさまざまな自由の間での矛盾をうみだすという現実が取り上げられ、「裕福な階級」と「所得が少ない人々」との所得・余暇・安全などの不平等、自由と公正や正義とのパラドックス、自由の再移動（格差間における再配分）の問題などが描き出される。そのもとで致命的に危険が明らかとなった政治と経済の制度的分離、法律上の自由と実際上の自由の分離が生じる。それは、「市場経済の目的は利潤や繁栄をつくり出すこと」（一八九頁）にあるからであって、不可避的に失業と貧困を伴うからである。それにも拘わらず「自由企業と私的所有が自由の本質的要素だ、と宣言」され、「自由主義者のいう自由の概念は、今や巨大なトラストや横柄な独占体という現実によって虚構と化した自由企業をただ弁解する、というところまで退行している」（一九二〜三頁）と批判される。

この現実の複雑な社会は「産業社会」と呼ばれ、「権力」（政治、国家）と「経済的価値」（経済、市場）の決定が人々を支配し強制しており、それが「社会の現実の基本的骨格（パラダイム）」（一九五頁）を形成している。しかし他方で、一九三〇年代におけるそれに対する「規制」「計画化」「管理」（ニューディールなど）によってひきおこされた「市場社会の消滅」は、「法律上の自由と実際上の自由はかってないほど拡大され、普遍的なものとなる可能性」を生みだした。「少数者のための自由だけでなく万人のための自由を達成しうる」、「規範的権利としての自由」（「新しい自由」）が「社会そのものの親密な組織へと広がってゆく」（一九二頁）。ただそのさい、このような「社会統合へ向うあらゆる動き」「計画化への動き」は、「社会における個人の権利の強化をともなうべき」（一九〇頁）であり、「権利を実効あるものとする諸制度が必要である」として「これまで認められなかった市民の諸権利」、なかでも最初に置かれるべきは「公認された条件のもとで仕事に就く権利（労働権）」（一九一頁）が「新しい権利」として挙げられるようになるのである。

そして、このような「複雑な社会」の現実を「覚悟して受け入れること（忍従）」（一九七頁）により、積極的にそれと向き合うなかで新たな「社会的諸制度」の創設を通じて、自由の実現の領域を拡大していくことが説かれていくのである。なお、「産業社会」と並ぶもう一つの要因が「技術」であって、「自由と技術」という課題も設定されていく。技術進歩は「画一化や順応主義へ向う傾向」「平均主義の傾向」（二八四頁）を生みだし、「社会的な複雑さが技術の人工的諸要素に支えられると、まったく異なる状況が生じ」（二九三頁）、社会を不安定にするとされる。

では次に、後者の問題について、アリストテレスとルソーに事よせた論文であるが、そこでは「複雑な社会」における前者の制度的枠組みの特徴と後者の問題――人間存在の内容（「産業社会における良き生活」）とが併せていっそう具体的に論じられようとする。そして、現代の産業社会で生起してきた新たな問題ということで、ガルブレイスの『ゆたかな社会』の資料にもとづいて対比的に分析されていくのである。その一つは、人間論・人格論、つまり人間の生きる意味と目的に関わる道徳的哲学的秩序の問題で、「物質的ゆたかさ」が達成された「豊かな社会」で人間はどのようにして生きていくのか（「よき生活」とは）、市場によって歪められた生産と分配、生産と欲求との関連を本来の人間的なあり方にそくしてどう回復していくのか、という問題が提起される（アリストテレスの「ポリス共同体」＝「人間の良き生活」論。また、ルソーがいう共同体の「普通の人々」のあいだでは自由と平等が両立しうるという考え方）。経済以外の他の重要な文化的領域（教育や統治、防衛、健康、通信、旅行、研究、芸術や趣味、自然、自由な私的生活といった）がますます重要さを増し、経済過程での指導原理としての「効率の低減」「効率の失脚が不可欠である」（三〇八頁）。そして、「自由を良き生活の中心問題」（三〇七頁）とするようになる。

もう一つは、それを支える現代産業社会の実際の経済的社会的条件、経済的「統治・制御」の秩序と社会的「制度化」の問題である（「自由のプログラム」）。ガルブレイスが産業社会の前提として置く「完全雇用」は、その「基本秩序の政治的・道徳的規範（ノルム）」（三〇二頁）であって、それは現代社会の生産と分配の組織化を連結して支配するものとなっている。すなわち、「生産は、雇用が減少しないように最大レベルで維持されなければならない。それゆえ分配は、生産に照応する欲求——市場を均衡させるのに必要な価格で生産された財によって充足されるような欲求――を創出するための永続的な圧力を含んでいる。それを達成するためには、欲求は最終的に完全雇用の要請に適合しなければならない（「規制されない市場システムに対するガルブレイスの批判の核心」）」（三〇一頁）。そのもとで、自由を産業の分野そのものに導入する「プログラム」が提起され、効率と強制に抗する「良心的拒否の原理」の広がりが必要であり、さきの「労働の権利」が「企業自体に対抗するのに有効」であり、「労働契約のなかに、任意に選択できる自由に関する個人のさまざまな欲求のための措置」（例えば、自由な休暇）（三〇八頁）を創ること、などの柱が挙げられる。またマクロの分野でも、「市場から自由な領域を、すでにそうなっている統治や大企業、労働組合から、教育や防衛、医療、芸術分野といった社会的領域へひろげていかねばならない」（三〇九頁）としていたのである。

以上がポランニーの市場社会における「人間の自由」の位置づけの概要である。それを「社会主義と市場経済」をめぐる実際と理論の展開と照らし合わせてみるとき、その論点のなかには次のような幾つかの積極的なモメントがふくまれている、と私は考える。

第一は、人間・個人の本性としての自由を出発的な基礎に置いて、全体の展開を貫いていこうとしていることである。しかもそれを、現実の「労働権」や「生存権」、「社会権」などつねに「新しい権利」の内実的な展開にそくして捉えていこうとする。

第二は、自由を実際に実現していく「社会的な制度化」をつうじての主体的な制御として位置づけようとしていることである。それによって、市場経済・資本と国家の権力に抗して自由の領域をたえず拡充していこうとする。その「社会的制度」には、個人と社会を結びつける「基本秩序の政治的・道徳的規範（ノルム）」が集約されていて、その基準の押し上げによって自由は積極的に展開されていくものであるとされる。そしてそのさい、「積極的な自由」が人間・個人の本性としての「消極的な自由」を制約するものとなってはならない、ともに発展していくべきものとされる。また「社会的な制度化」のなかには、全人類的・全社会的視点にたった規範と基準の共約化という内容が含まれているのであって、それらの多様な諸価値の存在が前提されている。

第三は、自由と「共同体」との関係について、それを理念的にそして歴史実在的にも関連づけようとしていることである。

第四は、自由の「道徳的哲学的な次元」の問題とされる人間論・人格論の内容の展開である。人間の欲求と欲求充足のあり方、労働力能と労働・活動（ポランニーにあっては、続いて検討していくようなその消極面と関連して、このモメントの動態的な展開が極めて不充分なように思われるが）、余暇と自由時間、文化的領域への比重移動と結びつけて、自由の高次化を論じようとしていることである。

これらの積極的な諸論点は、今後の自由論の展開においても踏まえられていかなければならないものであろうと思われる。

◎資本制社会における企業組織と「資本―労働」関係

しかしながら、このような積極面とともに、そこにはまた基本的な問題点も残されていると私は考える。すでに指摘しておいたように、ポランニーには一見して明らかな市場経済化をめぐる見通しの「誤り」あるいは「甘さ」といわれる問題が存在していた。一九三〇年代に「規制」「管理」「計画化」によって「市場経済が消滅した」「統治や大企業、労働組合では市場から自由な領域への転移があった」とされるような認識である。民主主義と資本主義の関連について、民主主義が多数の民衆による政治的支配・統治、権力にかかわる問題とされ、「所有権の廃棄か維持か」という問題だけにかなり短絡的に結びつけられようとしていた。反対に、民主主義と社会主義の関連については、民主主義を破壊して資本主義を救済する途か、民主主義を保持して資本主義を廃棄する途かしかないとして、「ポスト・ファシズム的資本主義は、民主主義と社会主義への前進に対してもちこたえることはできない」とかなり楽観的な展望が述べられていた。

問題は、そのような認識が何故うまれてきたのか、というところにあるであろう。その理論的な根源には、市場経済が「疎外論―物象化論」としてもっぱら商品論的次元において展開されていこうとする問題がある、と考えられるのである。ポランニーの一九二〇年代における出発的な基礎に置かれていたものであり、その後もその枠組みは基本的に維持されていた。物による人間の支配か否か、「無政府性か」「組織性か」が問題とされ、「規制」「管理」「計画化」が進むとすでに資本主義では無くなりつつある、かなり社会主義に近づきつつあると位置づけられていく。自由をめぐって平等や公正とのパラドックスが生じるのは、「市場経済の目的が利潤の生産にある」からだとされながら、肝心の「資本—賃労働」の概念が中心となって展開されていくことはない。私的所有一般のレベルで済まされ、私的資本主義的所有と労働との対立的な分離がもたらす独自な性格については展開されていかない。「自由企業→巨大なトラストや横柄な独占体」が事実として挙げられるだけで、「複雑な社会」における資本の権力・統治の現実的な支配のメカニズムについては分析されない。その「統治や大企業は市場から脱却したもの」という意味で取り上げられていくだけである。ポランニーには、人間労働と生産手段の相互関係について「生産手段の使い方」という独特の用語があって、それが所有関係や生産関係と離れた「技術的状況の必然性」に傾斜した説明になっていることを先に見ておいた。「複雑な社会」は「複雑化した分業」をもつと語られながら、それはもっぱら社会的分業のレベルだけで、企業内分業のレベルにおける独自な支配・従属関係の性格についてはふれられない。制度論的にも、そこに企業組織をめぐる固有の問題が生じ、生産手段の所有と経営・管理との分離など新たな関係が展開されてくるのであるが、それも特に取り上げられることはない。だから、資本主義経済の下での民主主義的変革が、経営・管理の民主主義をめぐる問題として展開されることはなく、ストレートに「所有権の廃棄か維持か」—「権力」の問題だけに短絡させられていくことになっていた。ポランニーの「複雑（複合的）な社会」へ向けての自由論の具体化が十分な結実をみないで、「時代遅れ」（ドラッカーの評）といわれるようになるのも、このようなところに真因があったのではなかろうか。ただ他方で、ポランニーが批判するように、これまでの「伝統的マルクス主義」にあっては「狭い階級的視点」だけが強調されていく傍ら、人間・個人を基礎に置いた「自由―平等」論の積極的な展開には大きな立遅れがあったことも、また確かであろう。いま、「二一世紀的な社会主義」における「自由―平等」論にむけて、このようなそれぞれの積極面と消極面を学びとった総合的な課題枠組みを設定しながら、いっそうの実証的な探究と理論化を積み重ねていかなければならない、と私は考えるのである。

◎人間主体の社会的な制御の具体化にむけて

とくに、「二〇世紀社会主義」における「市場経済」化をめぐる実際と理論の研究に携わってきたものとしては、社会主義への移行における市場経済の位置づけには全体として決定的な過小評価があったことを深く反省していかなければならないと考える。いま社会主義論への再生にむけて、「自由・平等、民主主義」と並んで「市場経済（その利用と制御）」をつうじるという理論軸を中心に据えてアプローチをしていこうとしているのは、その故にほかならない。たんに「私的所有」か「社会的所有」かといった次元だけにとどまらず、経済社会の構造全体――個々人の労働や生活、企業組織の生産や交換というレベルからも「市場経済」

がどう関わり、それをどう内在的に止揚していくのか、その過程と在り様が広く深く問われてくるようになっているからである。

そして、その諸主体（「労働」「生活」－「所有」「経営」）における自由と平等という視点からそれを観ていこうとするとき、以上に整理をしてきた自由論の展開のなかから次のような論点がそのさいの柱として取り出されてくるのではないかと考えるのである。

一つは、人間・個人の本性としての自由を出発的な基礎に置いて、全体を展開していかなければならないということである。「人間の欲求」と「人間の労苦」、それをともに体感し共感する「内面的に入り込む」（アソシエーションやコミュニティ）ことに基づいた「真に人間らしい主体的な制御（真の自己組織化）」＝「自由」の概念である。人間の欲求と欲求充足のあり方、労働力能と労働・活動、余暇と自由時間、物質的なものからより精神的・文化的領域への比重の移動と結びつけて、人間の自由と平等のいっそうの高次化が論じられ、その究極の目標は「必然の国（領域）」から「自由の国（領域）」への飛躍である。前にマルクス『経済学批判要綱』における人類史の三段階（労働と客体的諸条件の自然生的な結合――分離――社会的な再結合）のなかで位置づけておいた「共同体と人間発達」の内実（労働・労働力能と欲求・欲求充足、そして自由）の相互関係の問題である。

二つは、その自由を実際に実現していくのは、「社会的な制度化」をつうじてである。そのさい、なによりもまず人間労働・活動と生産手段・資源との相互関係の展開が問われてくるということであり、それには一方からの生産力や技術の要因と他方からの企業・組織の自立＝自由、その所有や管理・経営の要因が密接に関わってくる。資本の「所有権」や「経営権」に対抗して、人間主体の「労働権」や「生存権」、「社会権」など絶えず「新しい権利」の現実的な展開が求められていかなければならない。市場経済・資本と国家・政治の権力に対抗して自由の領域がたえず拡充されていく。「社会的制度」には、個人と企業・組織と社会とを結びつける基本的な規範や基準が集約されており、その基準（「労働基準」「生活基準」）の押し上げによって自由は積極的に展開されていく。

三つは、自由の「社会的な制度化」のなかには、全社会的・全人類的視点にたった規範と基準に向けてのその共約化・普遍化という内容が含まれていて、その構成のなかに入ってくるその他の生活・文化領域および非資本主義・前資本主義的諸関係における多様な諸価値の存在が前提されている。あらゆる人間の主体的な自由ということが基軸に置かれ、彼らの対等平等な協議・共感によって、異なった規範と基準の共約化がなされていく。だから、人間の主体的な制御としての「積極的自由」が「社会的制度」として普遍化されていくばあいも、それが基本的な人間・個人の「消極的自由」を制約するものとなってはならない、両者の共生的な発展が図られていかなければならないということである。

【脚注】

（1）カール・ポランニー『市場社会と人間の自由』大月書店、二〇一二年。

（2）アイザイア・バーリン『自由論』（原書は、一九六九年、これには一九五〇年、五四年、五八年、五九年にそれぞれ書かれた四つの論文と新しい序論、また日本版付録には一九六二年の論文が収められている）みすず書房、一九七一年。

（3）バーリン「自由論」を軸とする、それ以前および以後の諸論争・諸研究の整理については、次の論文から教示を得た。小川晃一「バーリンの自由論（一）（二）」『北大法学論集』三六巻一・二号、三六巻四号。関口正司「二つの自由概念（上）（下）」『西南学院大学法学論集』二四巻一・三号。斎藤純一『自由』Ⅰの第二章、岩波書店、二〇〇五年。

（4）小川晃一、上掲論文（一）、四八頁。

（5）本書の第Ⅰ部二章二節末尾の補註（一〇六頁）に記したように、当時のドイツ社会民主党の「経済民主主義」についての考え方は、F・ナフタリ編『経済民主主義論』にみられるように「組織された資本主義」論に基づいてもっぱら「労働の社会化」「資本の社会化」の次元での展開を説くものが主流を占めていた。

（6）そのさいの「社会主義者」という中身については、若森みどり『カール・ポランニー――市場社会・民主主義・人間の自由』ＮＴＴ出版、二〇一一年、参照。そこでは、ポランニーの「社会主義像」が形成されていった源泉として、①イギリスのギルド社会主義（コールやトーニーら）、②オーストリア経済学派（メンガーやウィーザーら）、③オーストロ・マルクス主義（バウアーやアドラーら）、そして④マルクスの「物象化論・疎外論」が挙げられている。

（7）小川晃一論文による詳細な検討を参照、（一）七三～七七頁、（二）一二四九～五三頁。

二章　市場経済と平等論

【Ⅲ部二章の要点】

貧困と不平等の問題を経済学的に深く論究してきたアマルティア・センは、多様性をもつ人間に関してどの領域の不平等をより中心的なものとして置いていくのか、その区別がなによりも重要なものになってくるとして、周知の「潜在能力」という概念を提起した。それは人間の本質を、「効用」の消費者としてではなく、また「所得や資源」の多寡によってではなく、「所得や資源を人間のさまざまな福祉や機能に変換しうる能力」その「機能の組み合わせ」「生き方の幅」にみようとするものであった。そこには、個々人にとって多様な善（望ましいもの）と多様な機能に関する選択と決定の「自由」が不可欠な要素として含まれる。「自立した諸個人のアソシエーション」に相応しい現段階の特徴を体現した、平等の出発的な標識であったと云えよう。

しかし次には、その人間様態の把握（いわゆる「人間様態論」的アプローチ）に基づいて、どのような配分グッズ（財や所得、「社会的基本財」など）を平等に保証していくか、ということが問われてくると、人間とその財との関係が具体的な権利の制度として、ある正当性をもった「基準（ノルム）」や「規則（ルール）」、「社会的な制度」として確定されていかなければならない（いわゆる「権利論的」アプローチ）。ここで、センとC・マクファーソンとの違いがでてくる。マクファーソンは、人間と財との相互関係を消費・生活財だけでなく、むしろ生産財（労働手段）のもつ決定的な意義において、展開していこうとしていた。そうでないと、生産手段への接近・所有から労働が分離されている、資本と労働の間での資本主義に独自な内容の展開が十全になし得なくなるからである（『資本論』の「人間様態論的アプローチ」の内容）。

しかし他方で、センのような展開がもつ積極面は、それが市場経済に基づく「交換権原」という同一のベースの上で貫かれていこうとされたところにあった。生産・労働過程だけでなく生活・福祉過程をも含むあらゆる領域や次元についても、より包括的な説明を与えることができるようになる。市場経済の普遍的な利用と制御という課題と結合させながら、格差と不平等についても、これまでのように階級的不平等だけに直結させるのではなく、個人の労働や生活という次元からも実質的な平等化を段階的に積み重ねながら、それをより高次な次元へと押し上げていく、という新しい民主主義的変革の方途にそった枠組みをもっていた、と考えられるのである。

その後の論議においても、具体的展開の方向性には、大きくはこのような「権利」論的アプローチ」の軸と「能力論あるいは人間様態論的アプローチ」の軸があるように思われる。これらの積極面と消極面を考慮に入れながら、それらが実際の過程でどう連動し合って具体化されていくのかが重要であろう。そのさい、資本制社会の現実では「資本」と「労働―生活」主体の対抗関係が基軸となり、「資本」の側はつねに格差と分断によって包摂と支配を強めていこうとするが、「労働・生活」主体の側は「アソシエーション」の力に基づいて「資本」に対する制御を強め、「労働権」「生存権」や「社会権」を確立し押し上げていく以外にはない。その過程において、「能力」論的アプローチによって解明されてくる「人間様態」の実体的な内容(内実)が、「権利」論的アプローチによって人と人との間での社会的な権利の「制度」(枠組み)として具体的に実現され展開されていく。そして、その「社会的な制度」が次第に共約化を重ねて社会経済的諸条件の実質的な平等化が拡大するのに応じて、人間的諸力――労働や活動、欲求がさらなる内実の発展を遂げて「人間様態」概念の深化をひき起こしていく、「資本・利潤のより平等な分配」↓「労働に応じた平等な分配」↓「欲求に応じた平等な分配」へと、「アソシエーション」の「内実」と「枠組み」の双方が連動しながら段階的に、である。

一節　センの「潜在能力」―「権原」アプローチと平等論

　A・センは、多様な不平等について述べた後、そのうちのどの不平等をより中心的なものとして置いていくのか、その区別がなによりも重要なものになってくるとしていた（1）。そして、不平等の一般的な分析は、たいていの場合は個々人ではなくグループを単位に進められ、伝統的にもっとも広く用いられてきたのは経済的階級にもとづくものであったとする。それは、マルクス的な生産手段の所有などのカテゴリーで定義されるものであって、そのような階級にもとづく分類の重要性は明らかであり、政治・社会・経済的分析の文脈においてその意義は否定しがたいものをもっていると言う。

　しかし他方で、「例えば、所有権に基づく不平等がすべて解消されたとしても、生産能力、ニーズ、その他の個人的な差異の多様性からくる深刻な不平等が生じる」こともあり、「他にも考慮されるべき差異は多々あり、ニーズの充足や自由の保障における平等は、純粋に階級に基づいた分析を越えてアプローチしていく必要がある」「人々の間に相違を生み出すその他の諸要因は、部分的には階級に関連しているが、ある側面においては階級とは関係なく影響を及ぼすことがある」（2）ということが強調されていく。また、二つのアプローチのしかたの区別にも言及され、「異なるグループ間の不平等に対して内在的な関心をもつ立場」と「異なるグループに属する個人間の不平等に主たる関心をもつ立場」があり、センの展開の焦点は後者に置かれているとも述べられる。

この章は、センのような個人の次元からする平等論へのアプローチといわゆる階級的次元からするアプローチの相互関係を、「社会主義―市場経済論」を手掛かりとしながら、できるだけ内在的につき合わせてみようとするものである。いま、個人を主体とした「自由と平等、民主主義をつうじる社会主義」と「市場経済をつうじる社会主義」ということを基礎に置いて、これからの社会主義論の再構築を試みようとする動きのなかからも、社会経済的な格差と平等の問題への新たな展開が要請されるようになってきているからである。

「現代平等論」と云われるものにおいても、多様性をもつ人間のどのような面（「様態」）を中心において平等を考えていくのか、そしてそれにどのような配分グッズ（goods, たんに物質的な財や所得・富だけでなく、続いてみていくような政治的な権利や自由、社会的な機会と権能、人間的な尊厳、ときには労働や能力までも含められる）を平等に保証していくのか、ということが中心的に論じられようとしているのが特徴であるとされる(3)。この節では、まず個人を基盤として展開されていくロールズ―センらの平等論を取り上げ、続く節で整理していく階級概念を中心に置いたマルクス―マクファーソンらの展開と対照させながら、それぞれにおける「人間の様態」把握がもつ積極面と残された課題を整理してみることにしたい。

周知のように、一九七〇年代ころから「人間の自由・平等」を軸とした新たな規範論的な展開が始まるようになるきっかけをなしたのは、J・ロールズの『正義論』（一九七二年）(4)であった。そこでは、まず、自由・平等な人間（人間の理想像である「道徳的人格」と社会の理想像である「秩序ある社会」の下での）が価値前提として置かれ、「原初状態」（各人がお互いに個別的状況の違いを知らない「無知のベール」に包まれた）という仮想的設定のもとから、「合理性」（個々人の利益を追求する）と「公正性」（道徳的人格を平等に取扱う）の手続を経て、「公正としての正義」の道徳原理が導き出される。各個人がそれぞれ多様な善を追求する自由の権利がなによりも肝要なものとして置かれ（功利主義のように「効用」という画一的な目的が善とされるのではなく）、その平等な権利が保証されていかなければならない、とされていたのである。

ついで、これらが社会的な制度としていっそうの具体化が図られていくのであるが、そのさいの媒介環となるのが「社会的基本財」という概念であった。それはあらゆる異なった目的を実現する手段として共通に必要とされる一般的要因（先の「配分グッズ」）であり、政治的次元の「権利」と「自由」、社会的次元の「機会」と「権能」、経済的次元の「所得」と「富」、人間的（心理的）次元の「自尊」（それが最も基本的なものとなる）が区別されていった。ロールズの有名な「正義の原理」――第一原理「平等な自由の原理」（政治的な自由）、第二原理（社会的経済的な自由）のa「機会の公正な均等原理」、b「格差（が認められる）原理」＝「社会の最も恵まれない人の状況を改善すること」（マキシミン原理）は、このような構造的体系のもとで第一から第二、そのａからｂへと優先順位がつけられて、定式化されてきたものであった。

センは、ロールズのような展開がこれまでの伝統的経済学における「効用」概念を主とした「人間」把握にたいする根底的な批判を伴うものであったことを基本的に高く評価する。従来の功利主義的なアプローチでは、個人の「効用」（快楽や幸福や欲望といった心理的特性によって定義される）にのみ究極的な価値が与えられ、その効用の個人の極大化が社会のその極大化をもたらし、かつそれを公平におこなうということをも意味していた。それが、「効用」の計測や比較という困難な問題をともなうだけでなく、人間の多様な価値を無視して唯一の「効用」という尺度からだけみていく狭い一面的な捉え方をもたらす。また、社会的諸条件によって固定化された貧困や不平等の下では、願望や欲望じたいが萎縮させられたものとしてしか表われない、とセンは批判する。ロールズやセンらによって始められた新たな提起は、「効用を基礎とする〝希少性〟のアプローチ―対―権利を基礎とする〝資源〟タームのアプローチ」と言われたり、あるいは人間把握にかんする「感情（ないし行為）―対―存在」「フロー―対―ストック」と言われたりして対置されるような質的転換を意味していたのである（5）。忘れられていたアリストテレス―スミス―マルクスへと続く人間概念の再生である、とセンはしばしばその意義を強調していた。

そのうえで、センはさらに、「所得」（ＧＮＰ・ＧＤＰなど「実質所得」）や「資源」（ロールズの「社会的基本財」やR・ドゥウォーキンの「資源」）によって貧困や不平等、人間を捉えていくのも、まだ道具・手段にそくした見方に止まっているとして、批判的に展開を深めていくのである(6)。所得や資源が同じであっても、個人の身体的特徴や社会的環境の違いによって、人間として実現し得る福祉や機能は異なってくる（例えば、障害者のばあいに典型的に）。福祉（well-being）とは、生活の質、生活の良さであって、それは相互に関連した「機能」（さまざまな状態や行動）の集合からなりたっている。重要な機能は、「適切な栄養を得ているか」「健康状態にあるか」「避けられる病気にかかっていないか」「早死にしていないか」などといった基本的なものから、「幸福であるか」「自尊心を持っているか」「社会生活に参加しているか」などといった複雑なものまで多岐にわたる、とされる(7)。所得や資源を人間のさまざまな福祉や機能に変換しうる能力が問われていって、人がおこなうことのできるさまざまな機能の組合せが「潜在能力」（capability、生き方の幅）という概念として提起されてくるのである。そのなかには、個々人にとって多様な善（望ましいもの）と多様な機能にかんする選択と決定の「自由」が不可欠な要素として含まれる。また、「潜在能力」はその人の目的を遂行する機会の文字通りの「実質的な機会均等」を意味するものでもある。貧困や不平等の問題は、「人間の様態」をそこまで掘り下げていかないと実相に迫りきれないとされるのである。「自由」と「平等」の基礎的な関係が、このもっとも基本的な概念「潜在能力」においてまず問われていこうとしているのである。

　このような「潜在能力」アプローチを基礎に置いて、次にはより具体的に人間と財との関りが「権原（entitlment）」アプローチとして展開されていくことになる(8)。人々と財との所有関係は一種の「権原」関係（R・ノージックによる提起いらいの概念）であり、それはある所有権を他の所有権とある種の正当性のルールにもとづいて関連づけるものである。私的所有にもとづく市場経済においては、四つの「権原」関係――①交易に基づく権限（自ら所有するものと引き換えに得たものを所有する権原）、②生産に基づく権原（自ら所有する資源あるいは取引相手から借り入れた資源を用いて生産されたものを所有する権原）、③自己労働の権原（自らの労働力を自由に用いる権原）、④相続・移転の権限――が一般に承認されている。市場経済においては、所有するものを他の財の集まりと交換することができ、それは交易（他人との交換）と生産（自然との交換）をつうじておこなわれ、その交換によって入手されうる財の組み合せすべてからなる集合が「交換権原」と名付けられる。そして、所有する財の組み合せ一つ一つに対して交換権原の集合を関連づけたものを「交換権原写像」（交換関係で入手しうる可能性の全体像）と呼び、それを規定してくる要因――①雇用先が見つかるか、その雇用期間と賃金、②労働以外の資源を売る、③自らの労働力と購入・管理可能な資源での生産、④生産に用いる購入資源の費用と販売可能な生産物からの収入、⑤社会保障給付と税金の支払い――が挙げられ、それぞれ分析が進められていく。結局、ある財（例えば食料）に対する「権原」は、その人がもつ最初の賦存量（所有物の組み合せ）とこの「交換権原写像」に依存してくるということになり、そのなかでの「権限」の喪失（生産減少による「直接的権原の失敗」と「交易権原の失敗」）によって飢饉や貧困が引き起こされるネットワーク的関連が分析されていく。

このような「交換権原」というベースの上での展開は、しかしながらその背後で作用している「所有の状況」、「生産様式」の本質や経済の「階級構造」との相互関係を注意深く検討することを必要とさせていく、ということもセンにあっても留意される。そして、これに関するマルクスの分析が注記される。また、交換の次元から生産の次元を考慮に入れると、「生産機会」への依存関係、生産物を配分することに関する法的権利、例えば生産物を企業家が所有する権利という資本主義のルールなどが関ってくる、という言及もなされる(9)。だが、それらの独自な関係や構造がもつ内容やそれとの相互関係が分析されていくのではなく、あくまでもそれらが「交換権原」のベースに表われてくるかぎりで、その分析に偏差を生みだす修正要因として位置づけられていくに過ぎない。「交換権原」アプローチは、特定の「集団・階層」（例えば、「土地を所有している小農」「土地なしの分益小作農」「土地なし労働者」）にそくして精緻化されていく必要があると述べられるばあいも、同じような位置づけにおけるものである。むしろ、それらが「交換権原」という同一のベースの上で展開されていくことが、生産・労働過程だけでなく生活・福祉過程をも含む（というより、センの場合にはこれが中心に据えられていくのであるが）あらゆる要因についてより包括的な普遍的な説明を与えることができるようになる利点として、強調されていくところに特徴があるといってよいであろう(10)。社会保障制度や賃金・雇用保障制度など「国家が提供する権原」までが、市場をつうじた権原関係を「補うもの」として、さらには「世界的な食料の移動」も同じ「交換権原」アプローチの体系のなかで直裁に展開が試みられていこうとするのである。そして、経済現象(市場関係)から、社会的・政治的・法律的問題へと分析が及ぼされていく。

九〇年代になると、センは「エイジェンシー(人間の主体的・能動的・創造的な力)論」を発展させ、人々が自由と勇気をもって世界が直面する実践的な課題——貧困と飢餓、人口、ジェンダー、民族、宗教、平和、環境などの問題にぶつかっていくことを提唱するようになる。周知のように、今このようないわゆる「人類的課題」と呼ばれるものがますます重要さを増してきており、それらと「階級的課題」との接合があらためて問い直されるようになってきている。人間・個人の「自由」と「平等」を基軸にして、「市場経済」関係をベースに置きながら、一貫した包括的な展開を試みようとするセンのようなアプローチがもつ積極面を確認しながら、しかし他方ではそれを生産・労働過程、資本主義の生産関係や階級構造がもつ独自の内容とどう節合させていくのか、という残されている課題の重要さをも考えさせられるのである。

二節　マクファーソンの「潜在的諸力」――「労働・生活手段への接近」

さて、そのような節合関係をさらに深めていこうとするとき、センの「潜在能力」とよく似た人間的「潜在的諸力（capacities）」という概念に基づきながら、むしろマルクスの「資本―労働」生産関係をも包摂して批判的展開を試みようとしたC・マクファーソンの枠組みが参考になるように思われる。彼も同じように個人の「自由」と「平等」を軸として、西欧一七世紀以来の自由民主主義論の流れを内在的に追跡しながら、人間と財との相互関係を消費・生活財においてだけでなく、むしろ生産財（労働手段）のもつ決定的な意義において、その「潜在的諸力」概念を展開していこうとするからである(11)。「現代平等論」と云われる論議のなかでも、センの「潜在能力」概念をめぐっては、「人間が一定の基本的なことを為しうること」と「財が人に対して為すこと」とが区別されずに同一視されている、また「財が人に対して為すこと」と「人がこの財によって為しうること」とが区別されずに同一視されている、という批判の論点が出されていたとされる(12)。人間と財との相互関係を、生活過程において（福祉・生活財として）だけでなく、生産過程において（生産・労働財として）も、具体化してそれぞれにそくして「潜在能力」の展開を図っていかなければならないであろう。さらには、財の直接的な介入のない人と人との活動（文化やコミュニケーション）の相互性においても、人間発達が見通されていかなければならないと考えられるからである(13)。

マクファーソンも、西欧の自由民主主義論には「効用の極大化」の主張と「力の極大化」の主張の二つの流れがあるとする。前者は、ロック、ベンサム、ジェームズ・ミル以来の古典的伝統をかたちづくり、広く知られているものである。後者は、思想史的にはジョン・スチュアート・ミル、トーマス・グリーンにおいて顕著にみられ、歴史的には一九世紀中葉に自由主義理論を民主主義的・ヒューマニズム的にするために組み込まれたもので、「人々の人間的な諸力、つまり各人がもっている独特に人間的な潜在的諸力（capacities）を行使し発展させうる可能性を極大化する、というもの」、「人間の本質を効用の消費者としてではなく、遂行者、自らの人間的属性の創造者・享受者とみなす見解を土台としている」、「これらのなかには、合理的理解、道徳的判断および道徳的行為、美的創造ないし美的鑑賞、友情および愛情といった情緒的活動、そしてときには宗教的体験、等々のための潜在的諸力が含まれる」とされる(14)。ここまでは、センとほぼ同様であろう。

違ってくるのはその後の展開で、マクファーソンは、その「力の極大化」における力は人間の潜在的諸力を行使する手段への接近を含まなければならないとして、それに関って「自らの潜在的諸力を行使する能力」（「人間の発展的力」と呼ばれる）と「他の人々の潜在的諸力を行使する能力」（「人間の抽出的力」と呼ばれる）とを区別していくのである(15)。だから、そのさいの手段・労働手段、例えば資本や土地をその人が持つか持たないかということが決定的な要因になってくる。理論的には、この二つの区別は明瞭になされずに混同して取扱われることが多かったが、実際には、資本主義的市場経済の成長とともに「ある人の力の全体は彼の抽出力とほとんど均しい」ということになっていったとされる。

そして、人間的な潜在的諸力の行使に対する障害を無くしていく問題が、三つの欠如の条件にそくして考察されていく。①十分な生活手段の欠如――人は自分のエネルギー（物理的エネルギーだけでなく、精神的エネルギーも）を維持するための物質的手段を継続的に摂取すべき必要がある（食糧と住居の他、コミュニティの生活に参加していくための物質的な必要諸条件の供給）。②労働手段への接近の欠如――人の潜在的諸力のいかなる行使にも、それに働きかけたりあるいはそれを用いて働くための資源への接近が必要で、これには物質的に生産的な行使および非生産的な行使（活動が、効用を生産するための一手段ではなくて、それ自体が一つの満足であるような）の双方にあてはまるとされる。マクファーソンのばあい、このような広義における労働（活動）という意味で、労働手段への欠如という言葉が使われていることを留意しておく必要があろう。③他人による侵害からの保護の欠如――これは通常、国家が市民的自由を保証し、身体の保護と動産の保護を与えることによってなされてきた。しかし、前の二つの障害については、それほど探求されてこなかったという。

なかんずく、労働手段への接近の欠如については、次のように立ち入った検討が加えられていく。第一に、労働手段の所有者へ非所有者の生産的力・労働能力が移転され、その行使・労働とその結果・生産物は所有者のコントロールと所有権の下に、継続的に丸ごと置かれるようになる。その移転の量は、市場的価値としては労働によって付加された価値から賃金を差し引いた価値で表わされる。第二に、人間的な潜在的諸力の概念には、その発揮が完全に人間的であるためには、他人の命令でというよりは自分自身の意識的コントロールのもとでなされなければならない、ということが含まれる。だから、力の移転による損失は上の市場的価値以上のものがあり、それは移転の問題でなく喪失の問題なのである。第三に、そのような生産的力における疎外が、生産外的生活における主体的なコントロールの減少に及ぼす広範な影響である。とくに第二と第三の問題は、人間の本質を市場的価値で表わされるものに止まらず、「潜在的諸力」「力の極大化」の視点にまで掘り下げて捉えていこうとする立場からは、枢要なものになってくるわけである。

そのうえで、社会全体の総和された諸力の極大化が求められていくのであるが、そのさいの社会（諸個人間の諸関係の複合体）の編成原理が自由主義の伝統に民主主義を組みこんだ根本規準――「自らが望むと同じくらいに人間的な生活をする（最もよく生かしきる）という、諸個人の平等な権利」[16]ということに置かれる。そこでは、「自由」と「民主主義」という原理が人間の「潜在的諸力」（センの「潜在能力」アプローチに当たる）と「権利」（センの「権原」アプローチに当たる）という概念と不可分に結びつけて展開されていく。完全に民主主義的な社会は、そのどの構成員による自らの本質的な人間的な潜在的諸力の発揮も、他のあらゆる構成員が自らの潜在的諸力を発揮するのを妨げないような社会であって、したがって「抽出的力」はゼロに減じられる。それに向けての過渡期の移行過程において、労働・生活手段への接近のいっそう平等に近い変化の方向性が、自由と民主主義の発展として追求されていくのである。個人の「自由・平等、民主主義」――「潜在能力」「潜在的諸力」という同じようなベースのうえに立ちながら、労働・生活手段への接近というモメントを媒介にして、いわゆる「階級的不平等」に迫っていこうとする試みとして注目したいのである。

ただ、マクファーソンのばあい、一七世紀以来の西欧の所有的個人主義の命題は、市場経済が資本主義的市場経済（所有と労働の分離）に転化し発展していくにつれ、他方でそれが所有的市場モデルとしてもつディレンマ（矛盾）を鋭くしていったとして、市場経済関係をどちらかというとネガティヴに捉えていく面が強かった(17)。当時の「社会主義―市場経済」論の置き方の全体的制約を表わしていたといえるであろうが、私は現段階の「市場経済」のより積極的な位置づけの上でマクファーソンのような試みを継承発展させていく必要がある、と考えるのである。

なお、マクファーソンは、労働・生活手段への接近というモメントが将来こうむる変化の予測として、次のような問題に言及していた(18)。一つは、技術革命・テクノロジーの進歩（新しいエネルギー資源の発見、その適用の制御方法、広義のコミュニケーションの方法）が「外的強制」としての労働を解放し、ますます人間的な潜在的諸力の享受者・展開者としての行動の可能性を大きくしていく、ということである。もう一つは、所有権の概念が真の民主主義のいかなるものとも調和すべきであるとすれば、労働手段への接近としての所有権は、それを越えて政治権力としての所有権、さらに一群の社会的諸関係にたいする権利、ある種の社会に対する権利にもなっていかなければならない、ということである。つまり、労働・生活手段への接近のモメントを立てていくことは、このような問題への展開の契機を与えるものとなっていくのであり、またそれらにそった今後の具体化を予想させるものでもあった。

次の第三章で検討を続けていく、将来社会へ向けての「人間的諸力」と「客観的生産諸条件」の変化、そのなかで「自由と平等、民主主義」がどのように展開していくのかというテーマにつながっていく重要な提起であろうと考える。

三節　「社会主義―市場経済」にそくした平等論の具体化

以上のようなセンとマクファーソンによる展開のそれぞれの積極面から学びながら、それらを総合していっそうの具体化を図っていこうとするとき、次のような諸論点が浮かび上がってくるように思われるのである。

（1）「自立した諸個人・人間の平等」という現段階的意義にてらせば、その人間様態の把握は、なによりも「所得や資源を人間のさまざまな福祉や機能に変換しうる能力」「人がおこなうことのできるさまざまな機能の組み合わせ」「潜在能力」（セン）、あるいは「人間の本質を効用の消費者としてではなく、遂行者、自らの人間的属性の創造者・享受者とみなす見解」「人間的な潜在的諸力」（マクファーソン）としてなされていかなければならないし、そこには「個々人にとって多様な善（望ましいもの）と多様な機能にかんする選択と決定の『自由』が不可欠な要素として含まれる。

（2）しかし次には、その人間様態の把握（いわゆる「人間様態論」的アプローチ）に基づいて、どのような配分グッズ（財や所得、「社会的基本財」など）を平等に保証していくか、ということが問われてくると、人とその財との関係が具体的な権利の制度として、ある正当性をもった「基準（ノルム）」や「規則（ルール）」、「社会的な制度」として確定されていかなければならない（いわゆる「権利論的」アプローチ）。人間の様態的な内容を、外にむかって形式的な制度として具体化していくものといえるであろう。ここで、センとマクファーソンとの違いがでてくる。マクファーソンは、人間と財との相互関係を消費・生活財だけでなく、むしろ生産財（労働手段）のもつ決定的な意義において、展開していこうとしていた。生産手段への接近・所有から労働が分離される、資本と労働の間での資本主義に独自な内容の展開がなされていく。自らの潜在的諸力を行使する「人間の発展的力」が疎外され、他の人々の潜在的諸力を行使する「人間の抽出的力」が肥大化して、労働と活動を自分自身の意識的コントロールの下に置くこと（自由）がますます少なくなる、ということが明らかにされていく。

まさに『資本論』の「労働能力論的アプローチ」（本書の五三頁）としてみておいた内容である。指揮・監督・媒介の機能、労働の内容としての精神的力能が資本に移譲され、人間的諸力の発展ということが内容空虚なものになる。そして、所有と管理・経営の機能の分離、それが資本のもとでもつ特有な支配・従属の階層的構造にくみ込まれていく特徴である。それは、物質的に生産的な行使および非生産的な行使（活動）の双方に当てはまるとされる。さらには、テクノロジーの発展が、人間の自由時間を拡大していく将来的展望と結びつけて追跡されようとしていた。

（3）　他方で、センのような展開がもつ積極面は、それが市場経済にもとづく「交換権原」という同一のベースの上で貫いていこうとされたことによって、生産・労働過程だけでなく生活・福祉過程をも含むあらゆる要因について、より包括的な普遍的な説明を与えることができるようになる、というところにあった。社会保障制度や賃金・雇用保障制度など「国家が提供する権原」まで、さらにはグローバルな市場経済化の下での財の移動なども、市場をつうじた権原関係を「補うもの」として同じ「交換権原」アプローチの体系のなかで展開が試みられようとするのである。そして、それが市場経済と適合的な人間・個人の「自由・平等、民主主義」の原理を基軸に据えることによってなし遂げよう、世界が直面する今日的な「人類的課題」に対しても正面から の兆戦を果たそう、としていたのである。第Ⅱ部の諸章で検討してきたように、市場経済の普遍的な利用と制御という課題と結びつき合ながら、格差と不平等についても、これまでのように階級的不平等だけにそれを直結させるのではなく、個人の労働や生活という次元からも社会経済的不平等の実質的な平等化を段階的に積み重ねながら、それをより高次な次元へと押し上げていく（「所得の平等」→「資産・所有の平等」、「資本・利潤」についての分配の平等→「労働」についての分配の平等→「欲求」充足についての分配の平等）、という新しいアプローチが提起されてくるようになっていた。センは、マルクスにも『ゴータ綱領批判』に見られるように、精神的・肉体的労働能力の違いや家族世帯構成の違いなどの要因にもとづいて、「労働の報酬における平等」から「欲求・ニーズの充足における平等」へという、階級的不平等を超えた人間の発達を深く段階的にとらえていく視点があったことを、研究の当初からしばしば引き合いに出していた(19)。マルクスの社会主義・共産主義論においては資本主義と原理的に対照された非商品生産・非市場経済として描かれていたのであるが、現在の課題はそれへむけての過渡的過程における「社会主義―市場経済」論の現実にそくした展開の枠組みが問われているのであり、これらが具体化への手掛かりを与えてくれる、と考えるのである。

（4）その後の論議においても、その具体的展開の方向性には、大きくはこのような「権利」論的アプローチ」の軸と「能力論あるいは人間様態論的アプローチ」の軸があるように思われる。例えば、前者の典型的な例はS・ボールズとH・ギンタスに見られるようなものであろう。彼らは、「所有」（株主）と所有権の使用としての「経営」「労働」との分離にもとづいて、まずは利潤の「残余請求権」と「コントロール権」を「経営者」「労働者」に再配分することによってそれを制約し、そのなかで格差の克服が「所得の平等化」から「資産・所有の平等化」へと進んでいく（「所有権の再分配」）、という展開を試みようとしていた（「抗争的交換」論）[20]。これに対して、G・ホジソンは、それが雇用契約に含まれる権力関係を契約論的な枠組みのなかでしか分析しようとしないものであるとして、同じく雇用契約の「不完備性」論（H・サイモン）や「不断の交渉」論（A・アルチャン、H・デムゼッツ）などと並べて、批判を加えていくのである。

そして、雇用関係に本質的な特徴は、雇用主が労働の仕方や様式を細部にわたって統制することにあると強調する[21]。そのうえで、生産過程の複雑さ（多様な要素間の構造的な相互作用）の増大が社会経済システムにおける知識集約度を増大させ（ますます複雑で洗練されたものとなる生産過程とその生産物、高度な知識または技能が必要、専門的な技能の増大、情報の利用と移転、不確実性の増大）、そのことによって生産過程・労働過程の細部にわたる経営者統制という雇用契約の中心的特徴がますます制約され損なわれ、掘り崩されていく。知識労働者は、労働の仕方を自分で統制する自立的な行為主体としての性格を強くしていく。「雇用契約を含む近代的契約法の個人主義的公式化」(独立した権利と独立した寄与との単純な「交換」という)と「すべての生産活動の社会的・協同的性格」との間のミスマッチが大きくなる、とされるのである。このホジソンのような展開は、いわゆる「能力」論的あるいは「人間様態論」的アプローチに属するものと言ってよいであろう。

(5)　これらの積極面と消極面を考慮に入れながら、それらが実際の過程でどう連動し合って具体化されていくのかが重要であろう。そのさい全体の展開の基礎となってくるのは、資本制社会の現実では「資本」と「労働—生活」主体の対抗関係であって、すでに『資本論』にそくして整理しておいたように、資本の側はつねに集中と格差・分断によって包摂と支配を強めていこうとするのであるが、「労働・生活」主体の側は「アソシエーション」の力に基づいて「資本」に対する制御を強め、「労働権」「生存権」や「社会権」を確立し押し上げていく以外にはない。ボールズやギンタスの展開では、これらの権利が個別企業にシフトさせられていく(労働者所有企業に収斂させられて)ものになっていたり、個人をベースとして展開される(「方法論的個人主義」によって)ものになっていたりするが、それらを協同的社会的な「アソシエーション」の力に基づくものとして組み替えが必要となると考えるのである。社会的に開かれた「権利」や「制度」としての位置づけがなによりも肝要であろう。マクファーソンが強調していたように、あらゆる人がそのような権利の「制度」形成に参加し、論議と決定に関っていく「熟慮的民主主義」（セン）の過程が重視されていかなければならない。

（6）権利の全体的な編成は、その公正な平等な諸関係が正当性をもったものとして認められる「基準（ノルム）」や「規則（ルール）」＝「社会的な制度」の展開によって具体化されていく。センは、「交易」（他人との交換）と「生産」（自然との交換）、「資源」と「労働力」と「生産物」、「自ら所有するもの」などの諸要因の組み合わせ（「交換権原」）に基づく体系的なアプローチによって、全体の展開を試みようとしていた。市場経済の一貫したベースの上で民主主義的権利の喪失（権原の失敗による貧困や飢餓）を解明しようとしていた。その積極面を受け継ぎながら、私は前項のような「資本」と「労働—生活」主体の対抗関係を基軸に置き直して、そのような展開を組み替えていかなければならないと考えるのである。

「能力」論的アプローチによって解明されてくる「人間様態」の実体的な内容（内実）が、「権利」論的アプローチによって人と人との間での社会的な権利の「制度」（枠組み）として具体的に実現され展開されていく。そして、その「社会的な制度」が共約化されて社会経済的諸条件の実質的な平等化が拡大するのに応じて、人間的諸力——労働や活動、欲求がさらなる内実の発展を遂げて「人間様態」概念の深化をひき起こしていく、「資本・利潤のより平等な分配」→「労働に応じた平等な分配」→「欲求に応じた平等な分配」へと、「アソシエーション」の「内実」と「枠組み」の双方が連動しながら段階的に、である。それは、人間・個人と社会的な制度との相互関係、主体と客体との相互関係、「土台」と「上部構造」との相互関係の接合に対しても、新たな手掛かりを与えてくれるように思われるのである。

【脚注】

(1) アマルティア・セン『不平等の再検討―潜在能力と自由―』（原書は一九九二年）第八章「階級、ジェンダー、その他のグループ」、岩波書店、一九九九年。

(2) 同上書、一九二、一九四頁。

(3) 竹内章郎『現代平等論ガイド』青木書店、一九九九年。D・レイによる平等概念の体系的整理に批判的に依拠しながら、竹内氏は「現代平等論」の次のような六つの特徴を挙げている。本章全体の行論においても教示を受けた。「平等の配分志向」―多様な配分グッズを平等に配分しようとする、「平等指標の単一化」―政治・社会・経済といった諸領域を貫通して、配分グッズを同一の基準で配分しようとする、「平等の機会化」―結果の平等に止まらず、人間の外の手段ないし環境についても平等化を徹底させていく、「平等の態様化」―人間・個人の様態（ニーズ、能力、選好など）に密着した平等把握の深化、「平等の関係志向」―諸個人間の相互関係（時系列的な動的な関係性においても）における平等のあり方を問う。

(4) J・ロールズ『正義論』（原書は一九七二年）紀伊国屋書店、一九七九年。

(5) 塩野谷祐一『価値理念の構造―効用対権利―』東洋経済新報社、一九八四年、第四編第三章「権利論の構造」。

(6) A・セン―①一九七〇年代「社会的選択理論」と「効用」概念の批判（『不平等の経済学』原初版一九七三年、拡大版一九九七年、東洋経済新報社、二〇〇〇年、『合理的な愚か者』原書は一九八二年、勁草書房、一九八九年）―②七〇年代後半・八〇年代「潜在能力」アプローチの展開、「権原」・権利論（『福祉の経済学―財と潜在能力』原書は一九八五年、岩波書店、一九八八年、『不平等の再検討―潜在能力と自由』原書は一九九二年、岩波書店、一九九九年、『貧困と飢饉』原書は一九八二年、岩波書店、二〇〇〇年）―③九〇年代「人類的課題」と「自由・民主主義」論（『自由と経済開発』原書は一九九九年、日本経済新聞出版社、二〇〇〇年、『貧困の克服』原書は一九九七～二〇〇〇年、集英社新書、二〇〇二年)。なお、センの理論体系の理解について、鈴村興太郎・後藤玲子『アマルティア・セン――経済学と倫理学』実教出版、二〇〇一年、後藤玲子『正義の経済哲学――ロールズとセン』東洋経済新報社、二〇〇二年、から多くの教示を得た。

(7)セン『不平等の再検討――潜在能力と自由』上掲書、第三章「機能と潜在能力」。

(8)セン『貧困と飢饉』上掲書、第一章「貧困と権原」、第五章「権原アプローチ」、第一〇章「権原と剥奪」。

(9)同上書、七～八頁、一一頁、七三頁。

(10)同上書、二二六頁。

(11)C・マクファーソン『所有的個人主義の政治理論』(原書は一九六二年)合同出版、一九八〇年、同『民主主義理論』(原書は一九七三年)青木書店、一九七八年。

(12)竹内章郎、上掲書、一八七～九〇頁。そこでは、G・コーエンによる引用のようなセン「潜在能力」批判に拠りながら、人と人との相互性において発展していく「能力の共同性」論が展開されようとしている。

(13)これと関って、ハンナ・アレントによる人間の「労働(labor)」と「仕事(work)」と「活動(action)」の区別、そのそれぞれにおける人間と財との関りにかんする展開が参考になる。『人間の条件』(原書は一九五八年)中央公論社、一九七三年、ちくま学芸文庫、一九九四年。

(14)マクファーソン『民主主義理論』上掲書、七頁。

(15)同上書、六八～八七頁。

(16)同上書、八五頁。

(17)マクファーソン『所有的個人主義の政治理論』第六部「所有的個人主義と自由民主主義」、同『民主主義理論』x章「政治理論における市場概念」。

(18)マクファーソン『民主主義論』上掲書、六一～二頁、二二六～三二頁。

(19)例えば、上掲書のセン『不平等の経済学』第四章、拡大版一〇一～三頁。

(20)S・ボールズ、H・ギンタス『平等主義の政治経済学――市場・国家・コミュニティのための新たなルール』(原書は一九九八年)大村書店、二〇〇二年。

(21)G・ホジソン『経済学とユートピア――社会経済システムの制度主義分析』(原書は一九九九年)ミネルヴァ書房、二〇〇四年。

三章　「ラディカル・デモクラシー」論と社会的制度化

【Ⅲ部三章の要点】

一九八〇年代とくに九〇年代に入るころから、「ラディカル・デモクラシー論」と名づけられる一連の展開のなかで、市場経済・資本主義と民主主義の相互関係が改めて反省的に問い直されるようになってきた。その背景には、貨幣と金融をおし立てた「新自由主義」のグローバルな浸透がもたらす深刻な状況、人間様態の貧困化があった。それに先立つ高度経済成長や福祉国家が産み落とした「大衆社会」「大衆民主主義」、人々の画一化や均一化、孤立や孤独、思想性の欠如や「脱政治化」状況が鋭く告発され、民主主義のあり方が根源から問い直されようとする。また「二〇世紀社会主義」の下で「衣食住」や「完全雇用・基本的生活諸条件」の満足だけに止め置かれ、なぜ「生産諸手段の管理・運用」の主体性のレベルにまで高められなかったのか。

このなかで民主主義と「資本」の政治経済体制との相互関係が改めて論究され、一方からは、巨大企業＝国家の支配システム、その下での貧窮者・弱者や労働者の脱政治化の傾向と権力の集中化・官僚化・エリート支配が批判的に分析されていく。他方からは、「民衆」の生活基盤に根差したところから、民衆主体の政治参加と民衆相互の協働と連帯、諸組織と地域をつうじた「参加民主主義」や「アソシエーティヴ（結社）民主主義」などのさまざまなルートによる下からの「民衆の権力」の再生が模索されるようになる（一節）。まさに、これまで民主主義論の二つの問題軸としてきた内容にそったさらなる展開と言ってよいであろう。

「ラディカル・デモクラシー論」には、民主主義の内実をさらに深化させ徹底させていこうとする積極的な契機と志向性が含まれていたと思われる。だが他方で、その展開には「社会的制度」化について消極的あるいは否定的な位置づけが多くみられる。制度は、いったん確立するとしばしば形骸化を伴いがちになるからであろう。しかし、民主主義は制度をつうじて社会のなかで実現されていく。「人間様態」の内実（人間的諸力――労働・活動力能や欲求）そして自由と平等が、人と人との間における規範・基準や規則、権利の制度形成をつうじて具体的に実現されていくからである。そこから、自由―平等論とそのより具体的な展開としての民主主義論とのつながりも出てくる（Ⅲ部一・二章の「自由論」と「平等論」の内容）。

現段階の規範的特徴は、これまでのような「国家―企業・組織」の上からの垂直的な枠組みにそってではなく、「自立した諸個人の平等な水平的な相互関係のうえに築かれたもの、自由な意志にもとづく結合関係およびアソシエーション」という「市民社会」型のところにあることであろう。そして、そのような基準や規則が基礎となり基軸となって、逆にそれがその他のあらゆる「組織・企業」——「国家」の諸関係、そして社会経済構成全体における民主主義の制度編成がなされていく。そのような「自立した諸個人・人間」主体と「生産諸手段（資本）の運用・管理」との相互関係をめぐる民主主義の新たな展開が、「組織と制度」論として問い直されてくると考え、マルクスにたちかえって、その意義と今後の方向性を確かめておこうとした（二節）。このような整理の上にたって、それらが「市場経済論」と関わってくる視点から、現代資本主義の「民主主義の制度編成」の特徴を要約的に纏め直しておくことにしたい（三節）。

一節　民主主義と資本の政治経済体制、「経済」と「技術」

「ラディカル・デモクラシー論」の背景には、「新自由主義」のグローバルな浸透がもたらす深刻な状況があった。先の「市民社会論」においては、市場経済と資本主義経済とが区別され、民主主義に対しては前者はどちらかというと親和的に後者は否定的に捉えられることが多かったが、「ラディカル・デモクラシー論」においては資本主義経済そして市場経済化についてももっぱら否定面が強調されていくのが特徴のように思われる（1）。

それらは、一九六〇年代までの高度経済成長や福祉国家が産み落とした「大衆社会」「大衆民主主義」、人々の画一化や均一化、孤立や孤独、思想性の欠如や「脱政治化」状況を鋭く批判し、民主主義のあり方を根源から（ラディカルに）捉え返そうとする共通の志向性をもっていたとされる。全体としては、さまざまな理論的系譜が錯雑として入り混じるなか、政治学者千葉真氏はそのアプローチの視角がもつ新しい契機にそくして、次のようなグループ分けをされている。第一は、市民の参加と自治とシティズンシップの観点から参加民主主義という形でデモクラシーの深化を模索する試み、第二は、法治主義と立憲主義にもとづく審議的デモクラシーを主唱する立場、第三は、ポストモダニズムの視座から政治・システム・文化・知の権力支配と階層化の網の目に対する地域的抵抗を企てる立場、第四は、社会民主主義の系譜、第五は、「新しい社会運動」や「多文化主義」の提起する問いかけと意味を基礎づけようとする「差異の政治」の試み、などである。

このような試みのなかから、民主主義と資本主義経済との相互関係についてもっとも注目すべき展開としてＳ・ウォリンのものを、同じく千葉真氏の研究と整理にしたがって取り上げておきたい(2)。それは、Ⅰ部一章でふれておいたマルクス民主主義論の二つの問題軸――一つは、「資本」概念の体系全体にそくした展開、もう一つは、「民衆」あるいは「市民」の「生・生活」を基礎に置いた展開――の内容に、ほぼ対応したものになっているように思われるのである。

ウォリンは、先進産業諸国におけるデモクラシーは「巨大国家」の下で危機に瀕しているという。その政治経済体制は、企業体の支配する経済のニーズおよび企業体の指導力との緊密な協働関係において運用される国家組織のニーズによって、政治の限界が決定づけられる一つの秩序体となっている。「経済」がその主導的な「存在論的原理」「第一原理」となっており、国家組織はその企業体的ヴィジョンにしたがって「政治」や「社会」の改編に携わる。そして、政治の民主主義的基盤を切り崩し、社会の脱政治化をあまねく推し進めていく。デモクラシーは、貧窮者や失業者、民族的少数者などを政治の前面に押し出す機能をはたすが、それはこの政治経済体制の運用に不安定な要因をもたらす。したがって支配システムは、失業対策やインフレ抑制策などをつうじて自らの権力を増強させ、それと同時に貧窮者や労働者の脱政治化をはかる。この政治経済体制は、おのずと権力の集中化、国家官僚制の強化、エリート支配の増大をもたらしていく。

他方でウォリンは、もう一つの軸、デモクラシーの存在論的基盤を民衆の日常生活と民衆主体の政治参加に置こうとするのである。そのデモクラシーとは、民衆相互の協働、連帯、参加を通じていわば下から「民衆の権力」を構成し、それを公的世界の形成の足がかりとして、民衆の権力を維持していこうという試みであった。中央集権化の政治に対して権力分散型の地方政治の重要性を主張する立場であった、とされる。

以上がウォリンの二つの問題軸にそった民主主義の変容・危機論であるが、おそらくこのなかで鋭く浮かび上がってくる課題は、このような分離する二つの軸と方向――企業体の支配システムによる民主主義の切り崩しと民衆の生活に基盤をおくその再生――の間に立って、どう現実に社会全体の民主主義的変革を前に進めていくかにあるであろう。この点に留意しながら、同様により経済の領域に引き寄せて「経済の開発・発展」および「機械―技術の発展」と民主主義の関係に絞って根源的に問い直そうとするC・ダグラス・ラミスの「ラディカル・デモクラシー」論（3）に代表される展開の仕方を見ていくことにしたい。

それは、経済開発・発展と民主主義との両立を説くこれまでの多くの理論を原則的に批判・否定をするところから始められる（同書、第二章）。そして、「経済」とは「人々が能率的に働くよう組織する方法であり、つまりは自然に反する条件の下で自然に反するような労働を、自然に反して長時間やる方法、そうやって生み出された余分の富の全てないし一部を引き出して他に移す方法である」（『ラディカル・デモクラシー』七八頁）とされる。かつては「社会の最も基本的な大枠を決めるのが政治学（アリストテレス）であったが、いまでは経済が「政治」に取って代わっている。その経済発展は、次のような点から見ても反民主主義的である。なによりも、人々の生活の中心的な部分である労働に関して、その種類、条件、分量などに対する強制的な支配形態を確立強化していくからである。また、富と権力の不平等を生み出す（ラミスは、社会的平等は民主主義の理念である、と想定している）。さらに、人々の目を政治から逸らして「経済主義」に向かわせ、民主主義が排除されてしまった生活領域を拡げる。開発・発展（development）とは、「元々包み込まれていたものが開かれる」ということであって、「開発論」が云うように外発的な開発の意味に使うのは正しくない。それにも拘らず、「先進国」と「低開発国」という相互関係に置いてしまって、「経済開発・発展」の名によって世界の多様な生活と文化が解体されていき、単一のヨーロッパ型のカテゴリーにくくられてしまった。そして、より根源的に、労働の量的な減少（コスト・価値）としての「能率・効率」でなく、労働の質と内容（社会的な使用価値）と生活に結びついた、自然とコミュニティから内生した、他人の力の抽出と支配（マクファーソンの「人間の抽出的力」）にもとづくものでない真の富＝「コモン・ウェルス」（ひとつの社会に共通の富）が対置されていくのである。具体的には、すべての人の生活を豊かにする公共道路・橋・図書館・公園・学校・教会・寺院、美術作品、農地や漁場を共有する「コモンズ」、儀式・祝日・祭り・ダンス・公共の娯楽といった形をとることもある。民主主義とは、人々が共に暮らす社会生活のあり方を自分たち自身で決定していくやり方なのである、とされる。

このように、資本主義経済さらには市場経済における民主主義のあり方がもっともラディカルに問い直されていこうとしたところに、なによりのその積極的な特徴があったといえるであろう。利潤・剰余価値の追求が人間主体の生活―労働のあり方を衰退に導いている。そして、その根底には「効率の向上」「コスト・価値の量的な切り下げ」と「欲求・使用価値の質的な充足」との矛盾の問題が横たわる。また「個人的・私的な利得」と「公共的・社会的な財」の相互関係の問題も関わってくる。

だが、このような根底的な問題の解決に向かって、現実にどのような変革の歩みを進めていけばよいのか。これまでの諸章で辿ってきたのも、そこへ一足飛びに飛躍できるというのではなく、それには人間主体の進歩と生産や社会の客観的諸条件の変革とが連動しあう一連の長期の過程と過渡的な諸段階が必要とされるであろう、その具体化に向けてのさまざまな努力であった。

ところが「ラディカル・デモクラシー論」には、民主主義の内容をさらに深化させ徹底させていこうとする積極的な方向性とともに、その具体的な「社会的制度」化については消極的あるいは否定的な位置づけが多くみられるように思われるのである。その鋭い問題提起がしばしば理念的な対比に終わって、そのなかから現実にどう民主主義的な変革を推し進めてそれに接近していくのかが論じられていかない。実際には現今の大企業体制の支配下にある「人間生活」の危機的状況が出発点になっていながら、「民主主義とは、過去にしろ将来にしろ経済発展や技術発展のレベルではない」（ラミス同上書一二三頁）としてそれらとは切り離され、その例示には多国籍企業と並んでさまざまな先資本主義的生産様式が一緒にして挙げられていく。しかも、それらに対する具体的な対案では、自給自足経済やフィリピンなど「第三世界」からの進路の選択問題にかなりの比重がかけられて説明されている。とくに、機械など技術発展と民主主義の問題（三章）では、基本線はマルクス『資本論』からの論述にそったものでありながら、そこにある重要な契機――資本の権威と支配の強化の面だけでなく、未来の「全体的に発達した個人」の物質的基礎の形成、「結社（アソシエーション）」の力に拠る「国家権力」や「工場立法」の媒介による「労働権」や「生存権」「社会権」などの「社会的制度」の確立といった契機については、全くと云っていいほど顧みられない。確かに、「社会的制度」はそれが一旦確立するとしばしば形骸化を伴いがちであるとしても、それによってはじめて民主主義の具体的な社会における合意と実現が成し遂げられていくのであって、その民主主義の内実をたえず進化させていく必要があるということとは、区別して考えていかなければならないであろう。

ようやく、「自立した諸個人の平等なアソシエーション」が基礎となり基軸となるような社会編成のあり方が課題となってきた現在の段階で、それとの繋がりで技術と経済、生産諸条件・諸手段の運用・管理をめぐる民主主義の問題が「組織と制度」論として提起されるようになる、という歴史的意味を重視していかなければならないと考えるのである。

二節　生産諸条件の運用・管理と民主主義

マルクスも『ゴータ綱領批判』のなかで、将来社会における財の分配のあり方、その個人と社会の間の関係が異なってくるという問題を論じていた（Ⅰ部一章六二頁参照）。

その第一段階で、生産手段が労働者自身の協同的所有となるから、社会の総生産物も労働者の協同的所有となり、まずその社会的総生産物から、①生産手段の補填部分、②生産を拡張する蓄積部分、③予備積立（フォンド）または保険積立が社会全体で控除され、ついで残りの消費手段から、④一般管理費、⑤学校や衛生設備等々の必要・欲求を共同で充足するための部分、⑥労働不能者のための元本を社会全体のために取って置き、その後で各個人の必要のために分配されていく。そこでは、なによりも⑤の部分は、将来社会の最初から、今日の社会に比べてひどく増え、新社会が発展するにつれてますます増える、という質的な転換を来たしているとされる。また、個人に分配される消費手段についても、第一段階では各個人の「労働給付能力に応じて」なされるが、その労働能力の養成にはますます教育・保育・福祉など公共的・社会的サービスに依存する要素が大きくなっていく。そのようなかで「必要・欲求に応じた分配」の段階へ移っていく諸条件が成熟させられてくるのである。つまり、生産諸手段の分配のし方や人間様態（労働・活動力能や欲求）のあり方との相互連関のなかで、それらが構造的にまた段階的に位置づけられていくときに、それらが発展していく具体的な実現へ向けての筋道が明らかにされてくる、と考えられるのである。

さらに、マルクスは『経済学批判要綱』（「固定資本と社会の生産諸力の発展」原書の五六九～五九一頁、など。一八五七～五八年の経済学草稿、『経済学草稿集』①②、大月書店、一九八一・九三年、高木幸次郎監訳・第一～五分冊、大月書店、一九五八～六五年、以下の頁数は原書のものを記す）のなかで、将来社会においては「労働時間は富の尺度であることを、だからまた交換価値は使用価値の尺度であることをやめるし、やめざるをえない」（五八一頁）、「必要労働時間が社会的個人の諸欲求をその尺度とすることになる」（五八四頁）と述べていた。「富とは、すべての個人と全社会のための、直接的生産に使用される時間以外の、自由に処分できる時間である」（五八二頁）とし、その下では「労働」の時間ではなく「自由」な時間こそが真の富になるのであって、交換価値と使用価値、労働時間と必要・欲求との相互関係も逆になっていくという問題にまで言及していた。そのさいの契機として強調されていたのが、資本主義社会において初めて創りだされた機械や機械装置などの生産諸手段の果たす役割ということで、それは技術学やあらゆる科学と文化の発展（社会全体で創造され蓄積された社会的人間的諸力）の賜物であって、その「知的文化的諸力」の発展によって「生産過程で充用される生きた直接的労働時間」を最小限にまで縮減させることができるようになる、したがってそれを越える「自由に処分できる時間」を著しく増大させることができるようになる物質的手段が創りだされるからである。だが、資本主義社会では、その「資本」の目的は剰余価値——剰余の労働時間の増大であり、直接に価値が目的であって使用価値ではない。だから、つねに剰余労働時間——対——必要労働時間という「対抗性」（五八二頁）の矛盾（資本と労働との）、および必要労働時間の縮減という「窮迫性」（労働・生活の貧困化）の矛盾につきまとわれる。また逆に、「自由」な時間（人間としての真の主体的な生き方）がその「労働＝価値」という狭い限界内に閉じ込められてしまうことになる（「個人の全時間を労働時間としてのみ措定すること、個人をたんなる労働者に格下げし、労働の下に包摂すること」五八四頁）。資本主義社会の「この矛盾が発展すればするほど、ますますはっきりしてくるのは、生産諸力の増大はもはや他人の剰余労働の取得に縛りつけられたままでいることはできないということ、労働者大衆自身が自分たちの剰余労働を取得しなければならないということである」（五八四頁）。資本が創造したこの知的文化的な社会的諸力を増大する手段を、その資本の「私的な」「局限された基礎」から解放して、「大衆」がさらに「万人」が主体者として平等に協同で、取得し運用・管理していこうというのである。そのさい目的となる「社会的個人の諸欲求の充足」にとっては、多様性と質や豊かさが本質的であって、量的な労働量の多寡が富の尺度となるのではなく、反対に「必要労働時間が社会的個人の諸欲求をその尺度とする」ようになるのである。

このような相互関連のなかで、平等および自由をめぐる基準・制度は現実的に展開されていく。「生産諸手段・生産諸条件の配分のし方」、そして「人間様態（労働や活動・力能――欲求・欲求充足）のあり方」の変化と連動しながら、平等の基準・制度が「剰余価値・利潤に応じた」ものが主となる段階から「労働に応じた」ものが主となる段階へ、さらには「必要・欲求に応じた」ものが主となる段階へと。また、「機械装置などの取得とその運用・管理のし方」と「人間様態のあり方」の変化と連動しながら、「必要労働時間と剰余労働時間」「労働（時間）と必要・欲求」「交換価値と使用価値」の相互関係が転換し、諸個人と社会全体にとっての相互関係が逆転していって、自由が「私的な資本」の狭い限界や「労働（時間）＝価値」の狭い限界から解き放たれて、「すべての個人と全社会のための、直接的生産に使用される時間以外の、自由に処分できる時間」としての真の富の領域が開かれてくるようになる。

マルクスはまた、『経済学批判要綱』のなかで、このような転換した相互関係は、「機械・機械装置などの生産諸手段」（固定資本）に関わってだけでなく、「人間の活動の結合」「社会的活動」および「人間の交通の発展」「社会的交通」についても同様に妥当するとしていた（五八一頁）。つまり、社会の内に蓄積されてきたこれらの科学的文化的諸力（「社会体全体にとって最も有利に制御されるべき物質的素材交換にかんする科学」「あらゆる科学」「芸術的、科学的、等々の発達開花」、一言でいえば「文明のあらゆる進歩」）を、すべての人々が協同で平等に民主主義的に運用していく、というところになによりの人類史的な意義があると言えるであろう。これまでの諸章で検討してきた「市場経済化」の第二段階「生産諸手段の市場経済化」をめぐる新たな課題のなかには、このようなより深い諸要因の相互関係如何の問いにつながっていくものが根底に横たわっていた、と考えられるのである。

ところが、この文明化の「社会的生産諸力」の内容の理解をめぐって、今その積極的な契機といわれる側面をことごとく否定したうえで「マルクスの限界」「マルクスを超えるマルクス」という主張がなされようとしている（例えば、その嚆矢ともいえる先に挙げたネグリ

（4）。それによると、機械装置＝大工業段階以降は資本が生産諸条件を前もって形成するという「実在的な主体」に変化し（実質的包摂）、これを契機にしてその後は労働のいかなる集合力・結合力も語り得なくなる、とされる。資本は、その包摂・支配を、さらに社会全体に向けて流通過程をつうじて一方的に拡張を遂げていくようになる（「流通を通じた交換の関係が階級間の力関係にとって代わられる」）。そして一方での、資本の「生産過程」―「流通過程」―「国家」―「世界市場」へという「社会的資本」の包摂・支配の展開がおこなわれ、他方での、労働の被搾取・抑圧の強化と拡張、資本による労働の実質的包摂が生産のみならずその再生産の領域（日常生活やサイバースペースなど）にまで及び、賃金労働者を超えて家事労働者・失業者・学生も含む「社会化された労働者」へと拡がっていく。そのような社会的な資本と労働の双方の「敵対的諸関係」が終始並行的に展開され、最後の「世界恐慌（＝危機）」における一挙の「爆発」、そのさいの「叛乱」「主体の革命的転回」＝「コミュニズム（共産主義）」に至るまで続けられていくことになる。それ以前のいかなる労働主体の「改良・改革」も、資本の包摂・支配を手助けする手段に過ぎない。普通にいわれる「社会主義」（革命・所有の変革）すら、「コミュニズム」に向かう一段階、移行ではなくて、「資本・利潤の合理性の最高の卓越した形態」である、とされていく。社会主義段階では価値法則がなお維持され、その計画化は労働の協同的な性質の表現および条件であるとされ、それは国家の法的・政治的機能と結びつく。だがコミュニズムとは、あらゆる「労働の解放」「労働の廃棄」であり且つ「資本の破壊」なのであるとされ、それらの間に介在する生産諸条件・諸手段の運用・管理および領有をめぐる問題がいっさい飛んでしまうことになる。

『経済学批判要綱』においても、資本主義が創りだした「社会的生産諸力」の肯定的な諸成果と並んで、つねに資本がもたらす敵対と惨禍、矛盾についてもむしろそれを正面に据えて論じられようとしていた。「文明のあらゆる進歩、言いかえるならば社会的生産諸力のあらゆる増大、さらに言い方を変えれば、労働そのものの生産諸力のあらゆる増大――それは科学、発明、労働の分割〔分業〕と結合、交通手段の改善、世界市場の創出、機械装置などから生じてくる――は、労働者を富ませないで、資本を富ませ、したがってただ労働を支配する力を増大させるだけであり、ただ資本の生産力を増大させるだけなのである。資本は労働者の対立物であるから、それらのものはただ労働にのしかかる客体的な力を増大させるだけである。労働（生きた、目的にかなった活動としての）の資本への転化は、それが資本家に労働生産物に対する所有権[Eigentumusrecht]（および労働に対する支配権[Kommando]）をあたえるかぎり、即自的には資本と労働との交換の結果である。この転化は、生産過程そのもののなかではじめて措定される」（二二七頁）。だから、その生産過程に基づいて、「結社（アソシエーション）」や「労働組合」による団結が生まれ、「資本家階級と労働者階級とのあいだ」での闘争に発展して、「国家権力によって施行される一般的法律」――「工場立法」をひきだし、「労働権」「生存権」、「社会権」が確立されていったのである。まさに、「工場立法の一般化は、生産過程の物質的諸条件および社会的結合とともに、生産過程の資本主義的形態の諸矛盾と諸敵対とを、それゆえ同時に新しい社会の形成要素と古い社会の変革契機とを成熟させる」（『資本論』第一巻、原書五二六頁）。

そして、『資本論』第一巻の総括ともいえる二四章七節「資本主義的蓄積の歴史的傾向」では、大きく人類史の三つの発展段階にそくして、この「社会的生産諸力」の発展と所有関係・生産関係との相互関係が位置づけされているのを知ることができる。第一段階は、労働と客観的諸条件とは自然生的な癒合の下に包括され、それらの隷属的諸関係のなかで生まれる小経営生産様式・自分の労働にもとづく私的所有も個別分散的な労働用具の狭小な限界に閉じ込められたものであり、「それは、生産手段の集積を排除するのと同じように、同じ生産過程のなかでの協業や分業、自然に対する社会的な支配と規制、社会的生産諸力の自由な発展、をも排除する」（同七八九頁）。第二段階は、資本の集積と集中の下で、「ますます増大する規模での労働過程の協業的形態、科学の意識的な技術的応用、土地の計画的利用、共同的にのみ使用されうる労働手段への労働手段の転化、結合された社会的な労働の生産手段としてのその使用によるすべての生産手段の節約、世界市場の網のなかへのすべての国民の編入、したがってまた資本主義体制の国際的性格が、発展する」（七九〇頁）。だが、「この転化過程のいっさいの利益を横奪し独占する資本家の数が絶えず減少していくにつれて、貧困、抑圧、隷属、堕落、搾取の総量は増大するが、しかしまた、絶えず膨張するところの、資本主義的生産過程そのものの機構によって訓練され結合され組織される労働者階級の反抗もまた増大する。資本独占は、それとともにまたそれのもとで開化したこの生産様式の桎梏となる。生産手段の集中も労働の社会化も、それらの資本主義的な外皮とは調和しえなくなる一点に到達する。この外皮は粉砕される。資本主義的私的所有の弔鐘が鳴る。収奪者が収奪される」（七九〇〜九一頁）。第三段階は、「否定の否定である。この否定は、私的所有を再建するわけではないが、しかし、資本主義時代の成果――すなわち、協業と、土地の共有ならびに労働そのものによって生産された生産手段の共有――を基礎とする個人的所有を再建する」（七九一頁）。

◎「エコ社会主義」と民主主義論

今このような「社会的生産諸力」の概念が共通する理論的ベースになって、喫緊の気候変動危機・環境危機の問題に関しても、自然と人間のあいだの物質代謝過程をめぐる新たな論議がおこなわれようとしている。いわゆる「エコ社会主義論」(5)において、その物質代謝が「資本」の下で「剰余価値」「価値」という素材的な次元から切り離されたものによって組織されている、という根本の問題にまで深く掘り下げられていこうとするのである。そして、そのことが生みだす「亀裂」を手掛かりした分析が、農業だけでなく畜産、森林伐採、石炭やエネルギー資源……などにも多角的包括的に展開され、「資本主義の限界」、「ポスト資本主義」「将来社会」論への展望までも論議がなされるようになる。

そのような問題提起がもつ積極的意味は、本章でも再三強調してきたところであり、ここで繰り返すのは避けておきたい。ただ、そのさい「マルクスの生産力至上主義」――最晩年の「マルクスを超えるマルクス」への修正・そのマルクスによる自覚、という斎藤幸平氏の主張(6)には疑問を抱かざるをえない。「生産力至上主義」として挙げられるマルクスの文言は、先の「社会的生産諸力」「社会的人間的諸力」「労働の生産諸力」「社会的労働の胎内に眠っている生産力(『共産党宣言』の例)」に関わるもので、その側面・契機だけを切り離して否定的に描きだし、それを本旨である資本による労働の疎外、「資本の生産力」による支配への転化、そしてその止揚の必然性に関するマルクスの肝心の論述と併せて吟味を深めていこうとはされない、という論証の仕方になっているからである。また、最晩年の『ザスーリチの手紙への回答』をめぐる新解釈についても同様で、資本主義が進歩ではなく自然環境の破壊と社会の荒廃をもたらしたとマルクスが認識するようになり、「生産力至上主義」＝「進歩史観」を捨て、同時に「ヨーロッパ中心主義＝単線的歴史観」を離れて、非西欧・前資本主義の共同体から「脱成長コミュニズム」への移行を構想するようになった、とされる。しかし、この「手紙への回答」を全体的に読めば、逆に先ず前資本主義―資本主義―共産主義という人類史の三段階の発展が本筋に置かれ、一方ではそのなかでの「社会的生産諸力を驚くほど発展させた」資本主義の「肯定的な諸成果」が述べられる、と同時にその資本主義の「敵対と恐慌と衝突と惨禍」を挙げ、それが歴史的に「経過的な性格」をもつと位置づけられたうえで、

「資本主義的生産が最大の飛躍を遂げたヨーロッパおよびアメリカの諸国民」にとっても「原古的な型の所有のより高次な形態、すなわち〈集団的〉共産主義的所有をもって資本主義的所有に代える」期待が表明されていくのである。その上で、ようやく「ロシア農耕共同体」の評価の問題に移ることができるようになる。だからそれは、人類史の普遍的な発展、なかんずく資本主義との「歴史的な」且つ「同時代的な」関連のなかでのみ性格づけ得るのである。続く文言は次のようである――「ロシアは、共同体的所有が広大な、全国的な規模で維持されている、ヨーロッパで唯一の国である。しかし、それと同時に、ロシアは、近代の歴史的環境のうちに存在し、より高次な文化と同時的に存在しており、資本主義的生産の支配している世界市場と結びついている。それゆえに、この生産様式の肯定的な諸成果をわがものにすることによって、ロシアは、その農村共同体のいまなお原古的な形態を破壊するのではなくて、それを発展させ、転化させることができるのである」（全集一九巻、四〇一頁）。そして、それには「ロシア革命が必要」で、「農村共同体に自由な飛躍を保障するために……ロシアの知性がその国のすべての生命ある勢力を集中するならば」（同、三九八頁）という条件がつけられていた。マルクスがこれまでの「史的唯物論」の歴史観を捨てたのではなく、ロシア共同体論をもとり込んでそれを多様化し豊富化させようとしていたことは明らかであろう。

ここでは、マルクスの理論史的検証が目的ではないので、これ以上の詳論は避けておくことにしたい。新資料をも含めた今後の論究で、この「社会的生産諸力」をめぐる理解が深まっていくことを期待するものである。ただ、現今の「民主主義論」の展開に関わってくる論点、「生産諸条件・生産諸手段の運用・管理および所有」のあり方をめぐる問題についてだけは、言及しておかなければならないであろう。斎藤氏にあっても、これらの「コモン」（共同の富、自然の大地・土地、河川の水、資源……さらには生産諸条件・諸手段、先に見ておいたようにもっと広く使われる場合も、本書三四〇頁）の共同性・社会性という概念が中心に置かれて展開されようとしていた。自然と人間のあいだの物質代謝過程は、生産と労働、これらの諸手段によって媒介されている。前資本主義においては自然生的な共同体によってこれらが結合され、すべての人々が共同で所有し管理して、使用価値と人間の発達が目的となって「生活の豊かな潤沢さ」が生みだされていた。資本主義は、このコモンズを分離・解体して私的所有に転化させ、「人為的希少性」を作りだして多くの人々の「欠乏と貧困」をもたらした。環境危機の根本原因はここにあるのであって、たんなる新自由主義だけの問題ではなく、資本主義システムの本質的特徴からの脱却、「資本主義を止める」以外にはその矛盾を解決する途はなくなっている、とされる。「コミュニズム」共産主義とは、「コモンズ」の再建であり、「ラディカルな潤沢さ」の回復であって、ＧＤＰなどの量的な「成長」ではなく生活の質の「発展」、「価値と使用価値の対立」を止揚する「脱成長コミュニズム」である。そして、その再結合が、これまでのように「国家」によるトップダウン型の政策化や制度化だけに頼るのではなく、生産と労働の現場から、協同組合型の「顔の見える」コミュニティや地方自治体や社会運動の力にもとづいて、資本主義システムそのものの大転換を迫るとされるのである。ただ、その下からの「自治管理」「自主運営」をどのようにして資本主義システム全体の転換につなげていくのか、という課題があることには言及されていた。これまでの諸章でみてきたように二〇世紀型の「自主管理」（ユーゴスラビア）や「労働集団の自主管理」（旧ソ連・東欧の多く）」が変質していった経済的基礎に関わる複雑な問題であり、まさに「組織・企業と制度」をめぐる現実化の課題として検討を加えてきたものである。

そのような視角から、幾つかの論点を批判的に出しておきたい。第一は、生産諸条件・生産諸手段というときの多様な内容とそのそれぞれに対する「運用・管理」と「所有」を区別していくことに関わる問題である。『資本論』第一巻五章一節「労働過程」においても、労働対象と労働手段について、自然の大地（水などを含む）、それに直接結びつく天然の資源や用具、人間労働を濾過した生産諸手段、そして一般的労働手段と呼ばれる「労働過程がおこなわれるために必要なすべての対象的諸条件」（作業用建物、運河、道路……）などが区別されていた。現代に「社会的資本」として重視されるようになる産業基盤「一般的生産手段」（道路、港湾、鉄道、通信施設など）、および生活基盤「共同的消費手段」（住宅、上下水道、公園、学校、病院など）、さらには「国土保全施設」（治山、治水）などが区別され、それらのなかでも自然との結びつきが近く強い領域では共同的社会的所有が課題になりうるであろうが、「資本主義システム全体」の視点でみていくとき一般的には諸企業の生産諸手段に対する運用・管理の民主主義的な制御（「資本主義的私的所有を止める」のではなく）が普遍的な課題として置かれるべきではないか。これまでの諸章でそのさいの「社会的制度」化、基準とルールを通じる民主主義的共役化のあり方として論じてきたものである。

第二は、そのこととも関連して、自律した市民と社会全体を繋いでいく媒介環・「中間団体」の位置づけを論じていくさいにも、その具体的な企業・組織形態としてはもっぱら「ワーカーズ・コープ（労働者協同組合）」型のもの、労働者自らが出資し所有し経営・管理していくものだけが中心的な柱として挙げられていく。もっと広く現代における一般的な企業形態「株式会社」をも（むしろそれがメインに）対象として含まれた展開がなされるべきで、そのさいの理論的な環は所有との再結合ではなく、所有とは相対的に分離された経営・管理に対する民主主義的制御、「下から」と「外から」の社会的責任の追求というところにあるであろう。さらに枠を拡げた生活、文化、社会のあらゆる「中間団体」諸組織についても同様である。

第三は、全体の理論的な基底に、「価値と使用価値の対立」の逆転・止揚ということが置かれ、「資本主義経済を止める」だけでなく「貨幣・市場経済に依存しない」経済システムへの転換が唱えられる。しかし、これまで考察してきたように、そのような高次の段階に至るまでには主体的諸条件の進化と客体的諸条件の変革が連動しあう長い過程と過渡的諸段階が必要であった。現在の段階においては、市場と価値法則の利用ということが共通のベースとなって、資本の集積・集中、格差化と貧困化に対抗し、「労働権」「生活権」「社会権」を社会全体で押し上げていく、その「アソシエーション」の内実と枠組みを全社会的なものに全人類的なものに拡充していくことがなによりも大事であって、「ラディカルな転換」「資本主義―市場経済の廃止」の提唱は逆にそれを狭め分散させる結果になるのではないか。ただ、その危機が「人類史の分岐点」に達するようになった問題にそくしては、当然「資本主義の限界」「未来社会への展望」が論議されていくようになるところに現段階の特徴があることもまた事実であろう。そのことと、社会経済システム全体の変革における共同の課題設定の具体的なあり方とは区別していく必要があるのではないか。

◎「ICT革命」「AI革命」と民主主義論

さらに今、この「生産諸手段と社会の生産諸力の発展」という概念がベースとなって、「ICT（情報通信技術）革命」や「AI（人工知能）革命」をめぐる問題が社会的にひろく論議されようとしている。その技術装置体系が、コミュニケーション過程や社会の知的文化的活動領域にも大きな影響を及ぼそうとしているからである（いわゆる「物的資本」だけでなく「社会的資本」「知的資本」「文化的資本」として）。一九八〇年代に始まるME（マイクロエレクトロニクス）技術革新」の段階では、生産の自動化とコンピューター化、基本的には生産過程中心のネットワーク型工場生産システムが問題であったのが、一九九〇年代後半からの「ICT革命」では、それがコミュニケーションの過程、電子情報空間（サイバースペース）に拡がり、経済・社会・人間生活のあらゆる領域のネットワーク化が進み、二〇二〇年代からの「AI革命」では人間の知的活動の一部の代替までおこなわれるようになる（7）。それらの物質的手段は、生産に要する直接的労働時間を大幅に減少させ、諸生産・組織間の自動的な調整を強める可能性をつくりだすが、それらが資本の利潤追求によって主導されていく限り、先にみた「対抗性（資本と労働の間の対立）」と「窮迫性（労働と生活の貧困化）の矛盾を鋭くさせていく。

現にいま日本でも、この新たな「科学技術革命」にもとづいて「社会・産業・生活のあり方が根本から革命的に変わる」「Society5.0を二〇三〇年までに実現する」として、一大プロジェクトが財界から提起されるようになっている（経団連『二〇年度規制改革要望』）。そして、その中心には「働き方の改革」が置かれ、「テレワークなどによる時間と空間にとらわれない多様で柔軟な働き方」、個々人の裁量労働、その職務区分に基づく分散・分断された雇用の契約「ジョブ型雇用」への転換、労働法制の工場法的傾向の見直し、などが提唱されようとしている。技術革新と職務区分の変更による労働の配転・排出が自由になり、基本的な権利「労働権」「生存権」が危うくなり「アソシエーション」の力が解体されようとする。資本の側からは、この技術装置によるいっそうの集中化と集権化が進められ、労働の格差の拡大にもとづく支配と包摂が強められようとする。先にホジソンによる批判で指摘されていたように（三二九頁参照）、雇用契約の個人主義的性格と生産・労働の協同的社会的性格との間のギャップが大きくなり、資本による個人に対する主観的な評価づけ――成果づけがもつ恣意性、管理強化だけが突出するようになる。その企業にとって中核的な技術労働者以外は「ギグワーカー（単発の業務を請け負う労働者）」として、他のＩＴ企業「プラットフォーム（サービスの基盤）」を介して雇用もなされるようになり、いわゆる「フリー・ランサー（個人営業）」として労働法の適用を受けない「偽装された雇用」がすでに問題になっている。その他の多くの非熟練型労働は非正規雇用に置き換えられていく。このような格差構造をはらみながら（例えばＩＣＴ革命では「高度な職務」と「低位な職務」が増大し「中位の職務」を減少させたと云われる）、全体としては労働者の吸引よりもずっと大きい排出、大量の過剰になった失業者が予測されている。したがって、個々人の「エンゲージメント」（働きがい、やりがい）＝「自発性」「自己裁量」と「多様性」（「女性の活躍」を含む）をキーワードとする「働き方改革」なるものは、「個人の自立と平等、アソシエーション（協同）」とは真逆の「自発性と多様な不平等、個々バラバラな分散・分断」、そしてそれらを自由な市場競争に委ねて「（失業や貧困は）自己責任」にされていくものになってしまう。このような「経済のＤＸ」を軸にして、「社会のＤＸ」と「行政のＤＸ」、さらに「生活のＤＸ」が一元的につなげられ、それらを人間の想像力・創造力とかけ合わせて新たな価値創造をはかり、「サスティナブル（持続可能）な資本主義」を実現していく、と提唱されるのである。資本の新たな剰余価値創出のために、社会経済構造のあらゆる次元と人間生活のあらゆる側面にわたって、瞬時に膨張し変化していく「ビッグデーター」を収集し利用していく、という集中化され集権化された一大システムを創り上げようというのである。しかも、その資本は国家の枠組みを超えた多国籍企業になりつつある。先のウォリンが鋭く描きだすように、「経済」のニーズがこの秩序体全体の主導的な「存在論的原理」「第一原理」となって、その企業体的ヴィジョンにしたがって「政治」や「社会」の改編が急いでなされようとしており、政治の公共性と民主主義の基盤を切り崩し、社会の脱政治化をあまねく推し進めていこうとしているのである。その矛盾が、「一国ファースト」や「復古主義・歴史修正主義」の狭いナショナリズムとして、あるいは政治の私物化として、またさまざまな「ポピュリズム（大衆迎合主義）」として噴出するようになっている。

しかしながら他方では、そのことは民主主義のもう一つの「存在論的基盤」といわれる民衆の日常生活と民衆主体の政治・社会参加との対抗関係をますます鮮明にしていくものとなる。近年に、大学、学術研究と教育、コミュニケーション、言論、報道、通信などに対して、政権側からの直截的な批判や攻撃が顕著になってきているのも偶然ではないであろう。これまで市民の生活と社会のなかに委ねられ培われてきた技術・科学・文化・芸術（「社会的人間的生産諸力」）が、生産における「労働（時間と場）」と「生活（時間と場）」の区別が曖昧になったＤＸに繋げられ、さらには（経済的生活・精神的生活のあらゆる側面を含む）社会全体のＤＸに繋げられて、企業第一原理の下での一元的な管理「監視社会」に組み込まれようとしているからであろう。

◎人類史的課題と自由・民主主義論

近年の「民主主義論」をめぐる言説の多くが、政治と社会経済構造、そして「人間のあり方・生き方」にまで掘り下げて、それらの相互関係の全体を問うものになってきているのも現段階の特徴であるように思われる(8)。ＡＩなどの「第四次産業革命」が、人間を不用にし、やがては「人間を超える物」「人間の滅亡」をもたらしていくのか。知的能力・論理的思考のどの部分を代替できるのか、感情・情動がともなう共感、さらに意思決定とその実践についてはどうなのか、などが自由と平等、民主主義の内実にそくして論議が深められようとしている。先のセンは最晩年に、市場経済関係をベースに置いた「交換権原写像」の世界で平等化を徹底させながら、二一世紀の人類が自由と勇気をもって、直面する課題――貧困と飢餓、人口、ジェンダー、民族、宗教、核戦争と平和、自然環境などの問題に取り組んでいくべき「エイジェンシー（人間の主体的・能動的・創造的な力）」に訴えようとしていた。日本「経団連」も、政治と社会と生活のＤＸの体系を「人間の想像力・創造力」と結びつけようと提言していたのであるが、資本による集中・集権化と管理強化、貧困化と不平等の拡大の下では、それはとうてい持続可能なものにはなっていかないであろう。いま、これらの新たな二一世紀的課題にむけての共通の取り組みに、マルクスの「社会的人間的生産諸力＝文明史の歩み」

の概念が理論的なベースとして認識し直され、人間と自然との間の物質代謝過程における生産諸力と技術、労働—生活の社会的結合、社会の交通—生産諸関係のあり方、そして人間的諸力（労働・活動力能—欲求）の内実が改めて根底から問われようとしているのだと言えよう。民主主義論の現段階における課題状況は、一方ではそのような人類史的視点で大きく深く位置づけをしながら、他方ではその解決に向けて具体的にどう一歩を踏み出していくのか、それには「生産諸条件・生産諸手段に対する運用・管理と所有」をめぐる「アソシエーション」のあり方、民主主義の現実化に関わる協同の課題設定が欠かせない、と私は考えるのである。ようやく、「自立した諸個人の平等なアソシエーション」が基礎となり基軸となるような社会編成のあり方が課題となってきた段階で、その民主主義の内実と枠組みをめぐる根底的な問題が浮上してくるようになったのも、偶然ではないであろう。それだけに、これまでの諸章で検討を続けてきて続く第三節で纏めをしておくような「民主主義の社会的制度化」をめぐる現段階の特徴、市場経済化にそくした人間様態と客観的諸条件との相互連関の展開、自由—平等の社会的な実現をめぐる制度の展開のなかで、具体的に析出されてくるようになった新たな諸契機のもつ意義を重視したいのである。

近年、政治学の分野からも「自由論」が新たな関心を呼んでいるようで、例えば藤原保信氏は、自由主義の人間把握の本質は功利主義にあって、それがもつ物質主義と利己主義の限界をもっとも鋭く暴いたのがマルクスであった、しかしその「国家」と「計画化」にかんする現実的オルタナティヴとしての「社会主義」（二〇世紀的）は失敗し「実現可能な」ものたり得なかった、だがその批判的提起は貴重であるとして、マルクスの「ユートピア」を活かしながら二一世紀的「コミュニタリアニズム」の思想に希望を託そうとされる(9)。またその後も、自由を相互に享受することが可能な規範や制度の在り方が問われ、重層的な多様な民主主義的「制度」化や「制度の共有」ということを媒介として、自由を基礎とする社会的な統合が提唱されようとしている(10)。私は、そのような新たな民主主義的過程が、人間の「労働・活動能力」―「生活欲求」をめぐる自由・平等の実質的内実の社会的制度化と結びつけられていくとき、二一世紀的社会主義への「実現可能な」途が開かれてくるのではないか、と考えるのである。

三節　現代資本主義における「民主主義の制度編成」

民主主義の制度は、Ⅱ部五章、Ⅲ部二章で検討してきたように、「人間様態」の内実（人間的諸力―労働・活動力能や欲求）そして自由と平等が、人と人との間における規範・基準や規則、権利の制度として具体的に実現されていくところに生成してくる。資本制社会において民主主義の制度が展開していく基本的な原動力となるのは、「資本」に対抗する人間・「労働」「生活」主体の「アソシエーション」（協同）であり、その力に拠って「労働権」「生存権」

「社会権」としても拡充され、社会経済構成のなかに民主主義が実質化されていく。

民主主義の制度編成の展開も、まず『資本』論の体系にそくして、資本の生産過程―流通過程―総再生産過程へと辿られていくような方向にそってなされる。ここでは、資本と労働が直接に対抗する生産過程だけでなく、資本と資本の競争、少数の資本による多数の資本の収奪・集中の傾向なども加わって複雑になっていくが、基本的には先の「アソシエーション」の拡充された力によって、資本制的私的所有は制御されてやがては止揚されていくという論理が貫かれる。

いま、問題となる人間・「労働」「生活」主体の制度編成にかかわる展開について、現段階の特徴は、これまでのような「国家―企業・組織」の上からの垂直的な枠組みにそってではなく、「自立した諸個人の平等な水平的な相互関係のうえに築かれたもの、自由な意志にもとづく結合関係およびアソシエーション」という「市民社会」型のところにあることであろう。そして、そのような基準や規則が基礎となり基軸となって、逆にそれがその他のあらゆる「中間団体」(組織・企業)―「国家」の諸関係を繋いでいくさいの共通の媒介環として役立っていくのである。

したがって、企業や組織の次元における展開についても、「所有」「経営」―「労働」「生活」の諸主体の自立性・自由ということが基礎に置かれる。そこでは管理・経営の機能が所有と相対的に分離し、現実の生産過程の機能が結合された生産者(マネージャーから最下級の労働者にいたる現実の生産者）によって担われていくようになることに注目される。そして、生産過程の「複雑さ」の増大が知的労働の比重を高め、やがて経営者統制権を掘り崩していくようになり、資本の「経営権」さらには「所有権」を脅かしていく（ホジソン）、という民主主義的な変革過程の方向性が示される。

また、経済社会構成全体のなかにおける諸組織・集団についても、「生産や経済」的次元のものだけでなく、知的「文化」的再生産にかかわるもの（思想、出版、言論、コミュニケーションの自由）、「社会」統合を保障するもの（結社、集会の自由）、「パーソナリティ」と社会化を保障するもの（プライバシー、親密性、人格の不可侵の保障）の諸次元においても、同様の原則が適用されていくべきものとされていた。さらに、経済社会構成全体にそくした展開はもう一つ、現存の体制の基底に広くみられる伝統的・共同体的な、先資本主義的社会諸関係に関連する諸企業・小営業についても同様であった。それらの多様な多層な構成諸集団にあっては、「諸主体の自発性・自立性・自由」が基軸となった基準・規則が機能しており（「特有な基準」）、その上で異なった各集団の間の関係が「自立した諸主体の対等で平等な民主主義的原則」に基づいて基準と規則、制度の共約化がおこなわれていく（社会全体に通じる「普遍的な基準」）、という民主主義的原則による協同（アソシエーション）の拡充の仕方である。

社会経済構成全体の統括は、現段階では国家による他ないが、それがこれまでのような「国家—企業」の直接的な介入の枠組みが現実に破綻をきたすようになり、自立した諸主体の間をとり結ぶ「基準」「規則」「社会的制度」を媒介とするものが次第に優位にたつような変化が生まれてくるということを、ジェソップの批判的検討をつうじて先に見ておいた（Ⅱ部五章）。そこで云われる「命令的調整のヒエラルキー」「市場的調整のアナーキー」「自己編成のヘテラルキー」の三つの「ガバナンス」形態の諸関係も、このような異なった構成諸集団からなるより複雑な総体として統括されていくものでなければならないであろう。市場経済の展開を共通のベースとしながら、一方からは「資本」の「ヒエラルキー」による包摂と支配が強められようとするが、他方からは「労働・生活」主体によって「ヘテラルキー」が押し上げられていく、その対抗関係が各構成集団それぞれの「社会的制度」化をめぐっても、またそれらの共約関係の総和としての社会構成体全体の「社会的制度」化においても繰り広げられていくからである。

そして、これらの諸関係を国家のシステムに組み入れるときに、どの調整様式を重視するのか、またそのさいの制度的支援と物質的支援をどのように整えるのかが問題となる。その「メタ（超・大）ガバナンス」（「ガバメント・プラス・ガバナンス」と理解されたより広いメカニズム）としての国家の役割は、このようなガバナンスの基本規則と調整体制（ノルムとルール、それをめぐる制度）を整えること、三つのガバナンス様式の両立性ないし統一性を維持することに置かれるようになる。メタガバナンスによって、それぞれの調整様式が排除されていくのではなく、三つはなお存続しているが、「資本」と「労働・生活」主体との対抗関係のなかで、一方では市場競争が「アソシエーション（協同）」によってバランス化され、他方では国家の関与はヒエラルキーと集権性や強制という点でその性格を弱めることになり、「交渉型意思決定」、法や知識のような象徴的コミュニケーション媒体に訴えて相互理解を志向するような性格を強めていくであろう。

資本主義の下での市場経済化は、競争原理によってあらゆる社会的諸制度を一方的に切り捨てたり従属させたりしていく。そうではなく、社会主義（＝「あらゆる自立した自由な諸個人の共同体」）を志向するとするならば、多元的で多様な制度の共生と調和的な発展がなしうるような「市場経済の利用と制御」がなされていくべきであろう。何よりもそれぞれの自主性・自立性を尊重し、対等平等の立場での協議的な仕方で諸制度間の共約化を図りながら、それぞれがかかえる社会経済的諸条件を実質的に次第に引き上げて揃えていく、という民主主義的な原則が基礎に置かれるべきであろう。市場経済をベースに置いた一貫した民主主義的変革ということの意義は、ここにあると考えるのである。

グローバル化をめぐる社会的制度の共約化の問題についても、同様の民主主義的な原則と方向性が要請されてくるであろう。先にネグリとハートにそくして批判的に見ておいたように（Ⅱ部六章二六五頁参照）、そこでも二つの軸――人間様態（労働・活動能力―生命・生活欲求）の発展と資本―国家をめぐる枠組の拡充――が重ね合わせて問題にされ、「アソシエーション」の内実について、近代的「国家―人権」の枠組みが否定され、そのなかでの変革の協同的形態はもうあり得ない、アトム的・マス的（「大衆社会的」）単位のものに代わってしまう、とするような主張が出されてきていた。だが、国家によって統括される社会の総体のなかには多様な多層な構成諸集団・組織が存在し、そのそれぞれには「諸主体の自発性・自立性・自由」が基軸となった特有な基準・規則、制度が形成されているのである。ところが他方では、貨幣・金融を主導とする多国籍企業・資本のグローバルな再生産過程が外から促迫し、一国における再生産過程――地域における再生産過程との間で矛盾を大きくしている。国の実体経済を空洞化させ奇形化させ、国民の労働と生活を貧困化させ格差の拡大をもたらしている。内と外とのこのギャップをどのような方向で解決していくのか。ここでも、「資本」と対抗していくには、「人間主体のアソシエーション」に依拠して、これまで内なる諸「組織と制度」のなかに蓄積されてきた民主主義の力を、国家と国家の間における共約化においても前向きに拡充していく以外にはないであろう、と考えるのである。

【脚注】

（1）千葉真『ラディカル・デモクラシーの地平』新評論、一九九五年。『思想』八六七号、一九九六年九月号の特集「ラディカル・デモクラシー」の諸論文。

（2）千葉真『デモクラシー』第二章、岩波書店、二〇〇〇年。巻末に「基本文献案内」の一覧がある。Sheldon S. Wolin, *The Presense of the Past*, Johns Hopkins University Press, 1989.

（3）C・ダグラス・スミス『ラディカル・デモクラシー』岩波書店、一九九八年。

（4）アントニオ・ネグリ『マルクスを超えるマルクス』一九七八年の講義をまとめたもの、作品社、二〇〇三年。

（5）斎藤幸平「ソ連崩壊後におけるマルクスのエコロジーの『再発見』」『唯物論と現代』六〇号、二〇一九年六月。岩佐茂『環境の思想』創風社、一九九四年。韓立新『マルクスとエコロジー』時潮社。島崎隆『エコマルクス主義』知泉書館、二〇〇七年。長島誠一『エコロジカル・マルクス経済学』桜井書店、二〇一〇年。

（6）斎藤幸平『人新生の「資本論」』集英社新書、二〇二〇年。

（7）藤田実「AI革命の歴史的意義と資本主義的充用」『経済』二〇二一年一〇月号。同『戦後日本の労使関係』大月書店、二〇一七年、友寄英隆『AIと資本主義』本の泉社、二〇一九年。

（8）宇野重視『民主主義とは何か』講談社現代新書、二〇二〇年、西谷修『私たちはどんな社会を生きているか』講談社現代新書、二〇二〇年、など。

（9）藤原保信『自由主義の再検討』岩波新書、一九九三年。

（10）例えば、講座「自由への問い」1、斎藤純一編『社会統合――自由の相互承認に向けて』岩波書店、二〇〇九年、斎藤純一『自由』岩波書店、二〇〇五年。

四章　グローバル化と民主主義の制度転換―「アソシエーション」展開の新たな契機―

これまで、「民主主義論」を二つの問題軸にそって――つまり、一つはそれを「資本」概念の展開にそくして、もう一つはその対極にある人間主体、「民衆」（「市民」あるいは「人民」）の「生活・労働」概念を基礎に置いて、検討を続けてきた。その現段階における特徴は、つづめて云えば次のようなところにあった。異常に肥大化した貨幣―金融を主導とする多国籍資本の蓄積と循環が全世界をグローバルに覆うようになり（「金融化」「投機化」）、「市場経済化」が国の社会経済構造全体のなかに浸透して矛盾を鋭くさせている。人間の「生」――「労働」と「生活」の根源にまで市場競争が浸透し、人間としての権利と尊厳を深く傷つけるようになっている。そして今、「人間らしい（ディーセントな）生活＝労働」の回復、民主主義の再生のために、社会経済構造のあらゆる領域とレベルから、「グローバル・市場経済化」に立ち向かい「諸個人の自立とアソシエーション」をそれぞれの場で構築していこうとする新たな動きが起ころうとしている（1）。

（一）「労働基準」「生活基準」をめぐる対抗

全体の基点には、「資本」による「労働」の雇用形態（雇用の不安定・半失業による生活不安）――労働時間・労働条件（働き過ぎ・働かせ過ぎ）――賃金（生活できない低賃金、「ワーキング・プア」）の全般的な縮減と劣化がある。かつての「福祉国家」の時期には「完全雇用」がめざされ、就業者と失業者の区分を明確にして失業者には生活保障がおこなわれた。いまの「新自由主義」の下では、労働分野の規制緩和によって、失業者を低労働条件の現役労働者に転ずる政策がとられ、現役労働者の労働条件の引き下げがなされる(2)。

その背景には、ＩＣＴ化による「生産と労働の社会化」の進展があるとされる。かつての「フォード主義型」と称される半熟練労働が支配的であった大量生産方式に替わって、知的労働・熟練型労働・非熟練型労働の弾力的な結合が求められるようになり、マニュアル化された単純労働が低賃金・無権利の非正規労働者によって置き換えられていく。そして、多国籍企業・資本は、発展途上国の劣悪な労働条件や環境規制を利用して、「下向き競争」を先進国にもち込み、これまでに獲得されてきた労働者の権利・保護のナショナルな歴史的達成を切り下げていこうとする。工場や企業の直接的生産過程においてだけでなく、新しい情報・通信技術に基づくより広い社会的な連関、これまでの規模の経済に替わる範囲・ネットワークの経済の形態が現れる。労働者階級の社会的構成も変化していく（生産的労働者層の比率の減少、販売・サービス従事者層や専門的・技術的職業従事者層の増大）。このような労働の分化・階層化を、「資本」が市場経済競争にとり込み、そのそれぞれを個々バラバラに分断して、これまでの「アソシエーション」を解体し、労働基準・生活基準を「下向きに」縮減していこうとしているのである(3)。

当面する民主主義的な経済変革のなかでは、新たな「労働改革」が戦略的な意義をもっている（ＩＬＯ「ディーセント・ワーク＝働きがいのある人間らしい労働」）。雇用、労働条件、労使関係のあり方、社会保障制度など、労働にかかわる基準・ルールを全体的に見直して、抜本的総合的に改革することが基軸になるであろう。そして、その「労働改革」が「生活改革」と重なり合って現れてくるところに、現段階の特徴があるとされる(4)。

いま「貧困化」が生活領域の全般に及び、衣食住だけでなく社会保険加入・医療・介護・福祉・教育・職業能力確保・子育て・社会的交際など有機的に関連した多様な領域における「全般的な生活改革」が求められるようになっている。「人間らしい労働と生活の喪失」としての「貧困」には、個々人の所得や資産の貧しさだけでなく、公共的な財やサービスの不足も考慮されなければならない。自分の生活を自由にコントロールできない状況も含まれる。これまでの「福祉国家」においては、完全雇用と家族を与件とする社会福祉が前提に置かれ、「所得・貨幣的充足」を主とした国家による「所得再分配中心の上からのニーズ決定型」であったとされる。グローバルな市場経済化の下でこのやり方が破綻し、多様な個別化された労働・生活諸欲求の充足、所得・貨幣的充足だけでなく現物的・サービス的給付の必要ということにも適さなくなっている。

このようななかで、とくに「生活の場」（能力開発のための公共サービス、保育、教育、介護、福祉）と「労働の場」（労働能力の養成、労働と技能の再訓練）との重なり、生活・社会保障政策と労働政策との密接な連携が課題とされるようになっている。「労働」と「生活」に関わる基準とルールを全体的に見直し、両者を有機的に関連づけながら、それらの「社会的制度」化の抜本的な改善を図っていかなければならない。分化・階層化した個々の労働・生産領域での特有な「労働基準・ルール」に依拠しながら、また個々の生活・福祉領域で達成されてきた「生活基準・ルール」を受け継ぎながら、それらをあらたに総合した「全般的な労働改革・生活改革」であり、国家や法の媒介によるそれらのより拡充された「社会的制度」化に向けての協同（アソシエーション）の課題である。そこでは、労働や生活の場における市場経済化に対抗して、多様な個々の領域に固有の「部分的な・特殊な基準」と、企業さらには国家の枠組みをも超えた社会全体に共通する新たな「全体的な・普遍的な基準」とを併せもつ二重性が特徴となるであろう。

このような「労働」基準―「生活」基準をめぐる統合した改革課題がもつ緊切性を一挙に露呈させたのが、こんどの「新コロナ禍」における「ジェンダー不平等（社会的文化的につくられた性差）」の事態であった。日本でも女性労働者の失業が男性の二倍と急増し、女性の比率が高い「医療・福祉」「宿泊・飲食業」「生活関連娯楽業（理美容業など）」「教育・学習支援業」「金融・保険業」「卸・小売業」では、なかんずく非正規労働に対する大規模な雇止めが起こっている。他方で、家族が家庭で過ごす時間・場が多くなり、「無償の」家事、育児・教育や介護における女性の負担が増えて限度に達するようになっていると伝えられる。九〇年代後半以降「新自由主義」の下で、男性労働者の賃金抑制が進み、妻や家族の追加的収入に頼る比重が大きくなっていた。他方では、これらの保育・医療・保健衛生・介護など「ケア労働」の社会化が必要とされるようになるが、それが「無償の」延長上か「家計補助的な」待遇のままに置かれて、多くが「安価な」女性の非正規労働に委ねられたままであった。「資本」がつくり出したこの「貧困化と格差化」の構造的な矛盾が、コロナ禍で命と暮らし、生活の基盤が直撃されるなかで一挙に噴出することになったといえる。二一世紀は、このジェンダー平等の課題、自然環境危機の課題、核戦争の危機と平和の課題などどれをとってみても、人種や民族、宗教、言語などの違いを超えたあらゆる人間・人類の共通の生存と生活の基盤に直接に関わるものとなってきているところにその特徴があるであろう。人間の生活基盤にこそ民主主義の原点があったのであり、その人間発達に直接対面する「ケア労働・活動」の豊かさにこそ「真の富」が宿されているのである(5)。

現段階の「アソシエーション」――「諸個人の自立と協同」の内実に、新しく生まれつつある諸契機の特徴は、(1)まずなによりも、これまでの「国家―企業」による上からの統合の枠組みを脱却して、「諸個人の自立性」が基礎となり基軸に坐っていくようになるところにあろう。(2) また、「人間らしい労働」と「人間らしい生活」との重なり、トータルな人間の「生」＝「労働」と「生活」の回復が求められ、労働過程と生活過程、生活領域と精神・文化領域との社会的な連関、社会的な協同性が強まっていく契機を宿していることであろう。それは、生活や福祉を人間の外部にある所得や資源についてだけでなく(マルクス『経済学哲学手稿』にいう労働・人間疎外の第一の規定──「生産物からの疎外」の視点、本書四一―四二頁参照)、センやマクファーソンが云うようにそれらを人間のさまざまな福祉や機能に転換しうる人間の発達能力＝「潜在能力」(生き方の幅)に関連づけて(同第二の規定──「労働からの疎外・自己疎外」「労働が欲求充足のための単なる手段と化す」の視点)、より深く「生活・欲求」と「労働・力能」との関係性を問題にしていくことでもあった。(3) さらに、それは各人にとっての「労働の仕方」と「生活の仕方」の選択の幅と調整(ワーク─ライフ・バランス)、決定の主体的な自主性・自由を拡充していく契機ともなりうるものであった(同第三の規定──「人間の類的本質、自由な意識的制御」の視点)。

このような「諸個人の自立と協同」における新たな諸契機は、資本主義の下での「労働と生活の社会的な結合・社会化」がその物質的基礎とともに生みだしてきたものであった。マルクスは『経済学批判要綱』のなかでこう要約していた(本書四八―五一頁参照)。人類史の第二段階では、自立した個人とその社会的な関係の全面化がもたらされ、自然的な欲求の限界を超えた社会自体から生まれる絶えず拡大し豊かになっていく欲求、能力の包括的な一般性と全面性を生みだしていく。だが他方では、労働が生産手段から切り離され、労働と人間の疎外がもたらされていく。そして、以前の生産の目的であった使用価値の生産と共同体の構成員としての個人の再生産（「コモン・ウエルス」）、その欲求と能力など「人間的諸力」そのものの発展（「人間内奥の完全な創出」）ということが、全く「空虚」なものとなってしまう。また、個人の自立性と社会的関連の全面化が、商品を媒介にして達成されていくがゆえに、生産者に対する生産物の支配、その関係の下へ個人が従属させられていく。

資本主義がもたらす社会的な関係の全面化、労働の社会的結合はそれが資本によって買い集められ、その剰余価値生産のために編成されたものであって、その社会的な生産力も資本の生産力と資本の権力に転化していくのである（マルクス『資本論』原書第一巻、三五〇―三五四頁）。資本の権威と支配のもとに、完全に編成された階層制および社会的な機構という形態をとって労働に相対するようになる。分化・階層化した個々の労働・生産領域および個々の生活・福祉領域において達成された「労働基準」「生活基準」を、資本が市場経済競争にまき込み個々バラバラに分断して、それらの基準を「下向きに」縮減していこうとしている。「労働」と「生活」が分断され、賃金―労働時間―労働条件が分散・分断され個別にバラバラに「契約」化されて、市場競争の落伍者を「自己責任」による「人間ダメ」論に陥れていく。いま、人間としての権利と尊厳を回復していくためには、「諸個人の自立と協同」に生まれてきた新たな諸契機に足場を据えて、その「アソシエーション」の内実と枠組みを文字通り社会全体のものとしてより拡充していく以外にはないであろう。個々の領域における自立性・自由を基軸とした「労働基準・生活基準」を構築しながら、それらから共役化されてくる「普遍的な基準」（社会全体に共通するミニマムな賃金、労働時間、労働条件、生活・福祉基準）と連結させていく。この「普遍的な基準」を徹底化し全面化していくやり方については、センの「権原アプローチ」（本書三一七頁参照）のようなやり方が参考になるであろう。それは、私的所有と市場経済に基づく平等と正当性の「権原」関係ということを基礎に置いて、財の交易（他人との交換）と生産（自然との交換）の全過程（①雇用先がみつかるか、その雇用期間と賃金、②労働以外の資源を売る、③自らの労働力と購入・管理可能な資源での生産、④生産に用いる購入資源の費用と販売可能な生産物からの収入、⑤社会保障給付と税金の支払い）にそくして、「交換権原写像」（交換関係で入手しうる可能性の全体像）の分析が進められていったのである。市場経済化のある所与の平等の基準に基づく民主主義を過程全体にわたって貫徹させていく、そしてその社会的合意の広がりの上にたって、平等化の次の段階へ向けての「エイジェンシー（人間の主体的創発力）」を喚起していこうとする。「人間らしい労働と生活・必要」によって「利潤・剰余価値」を制御していくことは、「ラディカル・デモクラシー」論が提起していたように、真の富（「コモン・ウェルス」）とは何なのか、それを「社会的必要・使用価値」と「価値」の相互関係の根源にまでつき詰めて問うていくべきものを自覚させる。それは、労働の量的な減少（コスト・価値）としての効率性ではなく、労働の質と内容（社会的な使用価値）と生活の必要に結びついた、自然とコミュニティから内生したものでなければならないのである。そしてまた、それは将来社会における「労働に応じた」基準から「必要に応じた」基準へと深化していく方向性を示唆するものでもあった。ある所与の時点における平等の基準にもとづく民主主義的変革は、多数者の合意と参加に支えられながら段階的にその内容を進化させていく。

（二）組織（企業）と「社会的制度」における変革

いま、企業のガバナンス（統治・経営管理）が株主主権の強調によって大きく変貌しつつあるといわれる。そこでの「貨幣―金融」資本の循環が、商品資本や生産資本と乖離して独走し、欠陥製品などさまざまな不祥事を続発させるようになっている。資本と資産からの所得が、格差拡大の最大要因となっている。

現段階の民主主義的変革の特徴は、なによりも「諸個人の自立と協同」が基礎となっていくところにあった。かつてのような「国家―企業」の枠組みによる上からの統合ではなくて、逆に自立した諸個人の平等な水平的な相互関係という「市民社会」型の基準や規則が中心となり、それがその他のあらゆる「企業・組織」―「国家」の諸関係を繋いでいくさいの共通の媒介環に据えられてくるところにある。したがって企業にあっては、一方では国家による集権化・集中化を排除してそれぞれの自主性・自立性を保証しながら、他方ではそのなかで人間・個人が主体的にその「労働基準・生活基準」の拡充を図り、その生産手段（資本）の実際の運用に対する制御がなされていく、という制度化が肝要となってくるであろう。

先の「市場社会主義論の第五段階」（本書二二八頁参照）でも検討しておいたように、新たな段階の特徴は、公的所有についても私的所有についても、まずその下における企業の「経営」主体の自立性と効率性のダイナミズムをいかに保証していくかということが焦点に据えられる。そのさい、ひろく株式会社にみられるように「所有」と「経営」の分離が現代企業の所有構造の特質として置かれ、「所有」と相対的に切り離されたところで企業「経営」の主体の自立的・効率的な行動ということが前提され、その上であらためて「所有」の主体（株主）および資本調達や金融（資本市場や銀行）、さらには労働者、もっと広く消費者・市民など「ステイクホルダー（利害関係者）」との相互関係が問われていく（「コーポレート・ガバナンス問題」）。そして、それらの社会的関与の拡がりに応じて、社会的公的な「モニタリング（監視）」や規制を強めて、利潤に対する制御や「株式」の非集中化と平等化に向かって進んでいこうとするのである。

その実際の制度化については、これまで「企業の社会的責任ＣＳＲ」の問題をめぐって実践的に理論的に取り組まれてきた内容を、現段階の民主主義的変革のなかに位置づけ直していくとき、いっそう体系的で具体的なものになってくるように思われるのである。ＣＳＲは「企業経営の活動プロセスに社会的公正や倫理性、環境や人権などへの配慮を組み込み、ステイクホルダーにアカウンタビリティを明確にすること」とされる(6)。企業の対応責任が問われるところから始まっていったが、やがて企業と社会の相互作用、システムとしての社会全体、「社会経済システムの持続可能性」のなかでの企業の在り方が問題とされてくるようになる。とくに、社会・労働の基準（雇用、職業能力の持続的向上、従業員参加など）、環境問題の基準、あるいは投資や融資の基準、取引や調達の基準についても、さらにはもっと広く社会的事業や社会的貢献への参加についても目が向けられるようになる。今世紀に入るころからは、新自由主義的なグローバリゼーションに反対する国際的な運動が高揚し、途上国の労働・貧困、人権、環境に対する社会的責任が多国籍企業に厳しく突き付けられるようになってきた（一九九九年ＷＴＯ閣僚会議への抗議行動、二〇〇〇年ＯＥＣＤ多国籍企業ガイドライン、国連グローバル・コンパクト、二〇〇一年世界社会フォーラム）。

　株式会社は現代におけるもっとも一般的な企業形態であるが、このような民主主義的変革の原則的な置き方は、その他のあらゆる企業・組織の場合にもまた共通したものとなっていく。つまり、一方では国家による集中化・集権化を排除してそれぞれの自立性・効率性を保証しながら、他方ではそのなかで人間・個人が主体的にその「労働基準・生活基準」の拡充を図って、その実際の経営活動に対する制御を加えていこうとするのである。先に「社会的制度」論（本書二四三頁参照）のところで検討しておいたように、「所有」と「経営」と「労働」・「生活」のそれぞれの機能が分化していって自営業―企業が生成してくる歴史の過程を背後に宿した多様な形態の企業組織が現存する。それらの「労働」・「生活」との繋がりが緊密なところほど、このような民主主義的変革との親和性もまた強くなるであろう。協同組合（生産—消費・生活）の形態も、株式会社と対比されたその「積極的な契機」（『資本論』第三巻二七章、本書五八頁参照）が、いっそう明らかになるに違いない。この段階で広く出現するようになる「NGO非政府企業・組織」「NPO非営利企業・組織」にも、このような原則（一方で政府・国家からの自立性、他方で営利・利潤からの自立性）が共通して追求されようとする特徴が典型的に見出せるように思われる。さらに、生産や消費といった経済的領域だけにとどまらず、生活・福祉、保育・教育・医療さらには社会・文化・情報・芸術などの領域の諸企業・組織（資本）においても、それぞれが有機的に重なり合ってこの民主主義的変革の原則がたち現れるようになる。そして、社会経済構成の上部構造に近くなるほど、人間の「生」を基軸にたてたこのような原則（「労働権・生存権」「社会権」——基本的人権）との調和性・協同性が、いっそう肝要なものになってくるであろう。

これまでの「国家の介入」による「労働」に対する「完全雇用の制度」と「生活」に対する「社会保障の制度」が衰退し解体されて、「市場経済」化がストレートにあらゆる種類の企業・組織に浸透するようになった。この新しい段階で、「資本」は個々の労働・生産領域および生活・福祉領域をバラバラに分断して市場経済競争にまき込み、そのなかで一人ひとりを孤立化させ、「自己責任」による「人間失格」論に陥れていこうとする。いま、「人間らしい（ディーセントな）」権利と尊厳を回復していくためには、諸個人の自立―自覚的な協同―主体的な制御・統治の諸関連に生まれてきている新たな諸契機に足場を据えて、その「アソシエーション」の内実と枠組みを前向きに拡充していかなければならない。これまで格差や不平等について語られるとき、階級的不平等の廃棄ということだけに直結させがちであったが、個々人の労働や生活、生き方、そして企業や組織など、経済社会構成内のさまざまな領域や次元からも、人間主体の自立性・自由と平等性にむけての志向を、社会的合意を広げながら段階的に陣地戦的に積み上げていく、というのが民主主義的変革の新たな途筋であろう。

企業・組織に対する民主主義的な制御は、産業や地域における実体経済の再生の課題とも関わっている(7)。いま、グローバルな市場経済化の展開の下で、一国の再生産構造の奇形化（例えば輸出主導型、資源依存型など）と空洞化が問題となっている。貨幣・金融を主導とする多国籍企業・資本のグローバルな再生産過程と一国における再生産過程――地域における再生産過程とが矛盾を大きくしながら絡まり合う重層的な構造が形成されてきている。実体経済の再生は、「生活」と「労働」に根ざした、自然と地域の資源とエネルギーの利用に基づく「環境重視型・地域循環型」の再生産構造を回復していく方向と連動していくとき、確かな展望を与えられるように思われる。

（三）マクロ経済調整における民主主義

いま、ＥＵに典型的にみられるように「民主主義の赤字」がもっとも鋭く危惧されているのが、「マクロ経済調整（財政・金融）」制度の弱体化と破綻であろう。一九七〇年代末以来、まずインフレによって、ついで八〇年代には国債（国家債務）によって、さらに九〇年代には国家債務を家計債務（消費者金融）に付け替えることによって、貨幣の増発で危機を先延ばしにする「時間かせぎ」が重ねられてきたが、二〇〇八年「リーマンショック」でとうとうそれが破局に至ったとされる（シュトレーク(8)）。それは銀行危機と国家債務危機と財政危機が重なるトリレンマとなって現れ、いま各国の中央銀行が全権を握って国家債務を処理し財政緊縮を押し付けようとしている。国際金融資本が国民国家の財政自主権を侵犯し、公的財政の社会的公平性を喪失させ、民主主義とは相容れないものとなりつつある。

「国家」の「ガバナンス（統治）」機能は、上述の「個人」（「労働」―「生活」）と「企業・組織」における民主主義的変革の内実が貫かれ支えられていくようなものに改編されていかなければならないであろう。これまでの国家による上からの「ヒエラルキー」的な直接的介入が破綻するもとで、市場経済のいっそうの普遍化が起こり、「アナーキー」と「ヘテラルキー（自己編成）」のような水平的な次元、主体における権利の平等的な対抗関係が展開されていく場がより優位に形成されてくるようになる。これをベースにして、一方での資本による新たな分断と包摂・支配のヒエラルキー的関係と、他方での労働と生活の主体による「下から」の自立とアソシエーションの形成との間での対抗関係が繰り広げられていくなかで、「ヒエラルキー」と「アナーキー」の様式が優位になるか、あるいは「ヘテラルキー」の様式が優位になるかが決まっていく。そして、後者においては、お互いに自立した諸主体の間をとり結ぶ新たな「規準」や「ルール」、拡充された「社会的な制度」を媒介とするものが次第に優位にたつような変化が生まれて、それらに基づく全体の間接的誘導的な計画的制御が主になっていく。国家の新たな経済的役割（「メタガバナンス」機能）は、ガバナンスの基本規則と調整体制（ノルムとルール、それをめぐる制度）を整えること、上の三つのガバナンス様式の統一性を維持することに置かれるようになる。具体的には、「利潤率」「利子率」対「賃金率」「労働基準」「生活保障基準」の関係が基本となって、まず大きく社会全体の再生産過程や蓄積過程が規定されていくことになるであろう。また、マクロのレベルでは、資源やエネルギー、自然的・社会的インフラの要因（「コモン」「社会的組織的資本」スティグリッツ）は固有の役割を果たし、それらの配分との間でのフィードバック的な調整も必要とされる。実際には、現代資本主義における財政・金融の政策化の諸手段や旧「社会主義」の「経済改革」の過程で開発されてきた「ノルマチフ（基準率）」方式などが、その現実的改革を積み重ねていく上では手掛かりとなっていくであろう。

いま、現代資本主義のマクロ経済（財政―金融）において最大の問題は、グローバルな貨幣・金融の運動によって国家や国民の財政自主権が事実上喪失されていることであり、その民主主義的な回復(9)が先の素材的実体経済の再生と結びついて喫緊の課題となっているが、これは次のグローバル化の論点とも重なってくる。

（四）資本のグローバル化と民主主義

資本の展開がグローバルな規模に達し、従来の国民国家の枠組みにおける民主主義が危機に陥るという問題が生起している。いま、例えば「EU離脱か否か」をめぐって、「新自由主義」派に批判的な「社会民主主義」派の内部においても、「国民国家への撤退」か（シュトレーク）、あるいは「国家を超える民主主義の拡充」か（ハーバーマス）、意見が分かれる状況が広くみられる(10)。一方での「資本の利潤期待」と、他方では「それに歯止めをかける市民社会、政治文化に組み込まれ生活感覚に染み付いている民主主義の制度や規則や日常の営みがもつ歯止めの力、民主主義的な複合体」が事実としても存在していることを再認識し、ヨーロッパ共通の財政政策、経済政策、社会政策のための制度的枠組みを再構築していく模索も始まろうとしている。

このグローバルな段階での新たな展開には、先に検討しておいたように（本書Ⅱ部六章二六五頁参照）二つの関連し合う理論的な軸があった。一つは内に向かって、資本主義的生産様式の内部における労働の変容といわれる問題にそうものであり、もう一つは外に向かって、国民国家の主権の衰退といわれる問題に伴うものであった。そして、その「資本」に対抗する「アソシエーション」（自由と民主主義）の内実については、近代的「国家」――人権の枠組みが全否定され、そのなかでの協同的形態での革命・変革・改革はもうあり得ない、アトム的・マス的（「大衆社会的」）単位のものに代わってしまう、という主張も出されていた（ネグリとハート）。

私もまた、そのような二つの軸に相応する「アソシエーション」の内実とその国家の枠組みにそった検討をこれまで続けてきた。そのなかで、この「労働―生活」の社会化の新しい段階で、「資本」の側からは、個々の労働・生産領域および生活・福祉領域をバラバラに分断して市場経済競争にまき込み、一人ひとりを「アトム的・マス的」に孤立化させ、「自己責任」による「人間失格」論に陥れていこうとする動きが強まってくるのを見てきた。だが、これと切り結びながら、諸個人の自立―自覚的な協同・連帯―主体的な制御・統治の諸関連に生まれてきている新たな諸契機に足場を据えて、その「アソシエーション」の内実と枠組みを前向きに拡充していかなければならない方向性を探ってきたのである。

近代の枠組みが乗り越えられる過程においても、「国家」と「人権」にそくして積み上げられてきた民主主義のこのような達成物が足掛かりとされていかなければならないと考える。「国家」による社会的統合の構造のなかにあって、グローバルな「市場経済」化が及ぼす作用は、そのそれぞれの次元や領域（通貨―マクロの金融や財政―実体経済をかたちづくる産業や企業・組織―交通・通信・情報などのインフラ―資源やエネルギー―そしてなによりも人間の労働・生活、あるいは農業や地域、環境など）ごとに格差をもって現われる。多国籍資本による貨幣・金融を主導とする市場競争をつうじての包摂・支配の過程(11)は、金融と貨幣資本の循環―商品資本の循環―生産資本の循環を乖離させ、ヒエラルキー的な階級関係や企業・組織構造とさまざまに異なって交差し、そこにはそれぞれ対抗する「アソシエーション」の力がさまざまに異なって反映される。資本間の競争関係も介在する。そのそれぞれにおける「資本」と「労働―生活」主体との間での力関係の合成によって、それらの全体としての「底辺に向けての」あるいは「上方へ向けての」国際化のレベルが形成されていくであろう。それらをどれか一つの経済的基準・規則の統合だけをテコにして処理してしまうことはできない。いわんや市民社会の他の諸領域（文化的再生産―社会統合―パーソナリティ、「社会的資本」さらには「知的資本・文化的資本」）については、尚更であろう。自立した諸個人および諸集団が、対等平等の立場でそれぞれの「規準と規則」を協議的につき合わせ、「制度」の共約化＝協同化を成し遂げていく、という民主主義的原則が、国家と国家の間の関係においても貫かれていかなければならないであろう。そして、そこでは核兵器廃絶などの「平和的生存権」や「自然環境権」など、文字通り全人類的な課題の新たな内容と契機がもっとも主導的なものとなっていかなければならない。

いずれにしても、グローバル化に伴う内と外との「基準」と「ルール」をめぐる「社会的制度の共約化」の運動をつうじて、これまでの国家の枠組みにおける民主主義のあり方が確かめられ、そしてその内実のいっそうの深化によって枠組みそのものも乗り越えられていく以外にはないように思われる。

【脚注】

（1）本書の結びのようなこの章の参考文献としては、とうぜん数多くのものを挙げなければならないが、ここでは以上の諸章で付したものの他に、民主主義論の具体的適用の仕方について私がとくに参考にさせていただいた主なものだけに限定せざるをえなかった。

まず全体の展開の仕方については、友寄英隆氏のような試みである（「現代資本主義からの移行をめぐる若干の理論問題」『季論21』第一一号二〇一一年冬号）。それは、未来社会への移行過程や移行形態の問題、しかも日本など高度に発達した資本主義からの最初の扉をどう開くかという、これまであまり研究がなかったとされる問題に、「民主主義的変革の立場」から切り込んでみようとされた意欲作だからである。その理論的枠組みを私なりに整理してみると、まず、現代資本主義における「生産力の発展と移行の客体的・主体的諸条件」という基礎的な視角が据えられる。人類の科学技術の成果である生産力を、資本が「資本の生産力」として掌握していく仕組みの総体的な特徴、その社会的影響、とりわけ労働者階級に与える影響を深く押さえていかなければならない。ＩＣＴ革命など現代の生産力の発展は、その資本主義的利用による深刻な矛盾（核兵器、環境危機、生命倫理、ＩＣＴ化の歪みなど）をつくりだしつつあるが、しかし同時に未来社会への移行の客観的・主体的条件の形成にとっても無視できない影響を与えている。

続いて、支配的資本の側での形態変化が、「『反独占』の内容の発展――国際独占体の形成」として論じられていく。巨大な国際独占体（多国籍企業・多国籍銀行）の形成である。このことによって、かつての国民経済単位の資本蓄積・再生産構造が国際独占体のそれに組み込まれ、国民経済単位の土台の上で、いわば新たな重層的な構造を形成しながら、世界市場での資本蓄積・再生産構造のからみ合った軌道が生まれつつある。国際独占体の支配が野放しにされている国では、「福祉国家」の前提である完全雇用と社会保障制度が、「新自由主義」路線の「構造改革」によって掘り崩される危機が深まっている。国際独占体への民主的規制が課題となっている。

他方で、労働の側での主体形成の条件については、まず①「現代資本主義の失業・貧困の歴史的特徴」が取りあげられる。当面する民主的な経済変革のなかでは、新たな「労働改革」が戦略的な意義をもっている。雇用、労働条件、労使関係のあり方、社会保障制度など、労働にかかわるルールを全体的に見直して、抜本的総合的に改革することが基底になる。つぎに、主体形成の条件②「労働の社会化」の発展として、それがかつてのような工場や地域のなかでの形態だけでなく、情報ネットワークによって社会的規模（世界的規模）にまで発展しつつあるものと捉えられる。共同の生産手段の使用による「労働の社会化」の形態とともに、情報ネットワークの使用によるものが加わる。それらにもとづいて労働者階級の結集と団結を強めるためには、労働者の立場から独自のネットワークを作っていくことが課題となる。労働者階級の構成変化にともなって、階級概念の再確認が求められるが、そのさいにも「生産手段の所有者か、無所有者か」という基本規定は変らない。男女差別の根本的な解決を搾取制度の廃止だけに直結させるのではなく、当面する民主主義的変革の主要な戦略的課題のなかに位置づけて、移行期の主体形成の最も大きな柱の一つとする。

さらに、二一世紀の世界史的な移行過程にとって焦点の一つとなる「地域経済共同体と社会主義への移行」にかんして、いま世界の各地域で生まれつつある資本主義諸国間での経済統合と経済共同体の問題が取りあげられる。植民地の崩壊と主権国家の増加がこれら経済統合の政治的条件を切り開き、資本輸出の増大と性格の変化はその経済的条件を拡大させた。それは、たんに経済的な意味だけでなく、国民国家として形成された資本主義国家のあり方の問題を投げかける。そして、それぞれの国における階級闘争を媒介として、勤労国民がかち取ってきた社会的諸権利（労働法規や社会保障制度など）の水準の「調整」という困難な課題も提起される。

最後に、未来社会の理論的課題の一つ「市場経済」と「社会主義」の関係をめぐる問題の、移行過程における系論として、資本主義の枠内での「民主的経済計画」の意義にふれられる。それは、民主的経済改革を推進するための総合的な政策体系で、国民の立場からの実行計画の性格をより強くもつものとなるとして、その内容が次のように挙げられる——①民主的労働改革、雇用と暮らしの総合計画、②環境重視の産業政策、公共的生産手段の管理、③多国籍企業・大企業への民主的規制、④税・財政改革（財政再建計画）、⑤通貨主権の確立、国家的投融資計画、⑥銀行・証券会社の規制、貨幣資本循環の掌握、⑦国際交易と資本移動の管理、⑧積極的統合政策。

なお、その後の日本資本主義分析の展開にもとづく「オルタナティブの政策と構造」については、友寄英隆『変革の時代、その経済的基礎』光陽出版社、二〇一〇年、同『アベノミクスと日本資本主義』新日本出版社、二〇一四年、参照。私が携わった京都労働者学習協議会では友寄英隆氏を招いて毎年連続した共同講義や研究交流をもってきており、本章もそこでの積み上げを私なりに整理したものである。

また、高田太久吉編『現代資本主義とマルクス経済学――経済学は有効性をとりもどせるか』新日本出版社、二〇一三年。大木一訓「政府・財界の『Society5.0』戦略と経済民主主義の課題」『労働総研クォータリー』一一〇号（二〇一八年夏季号）。

（2）伍賀一道『「非正規大国」日本の雇用と労働』新日本出版社、二〇一四年。森岡孝二『雇用身分社会の出現と労働時間――過労死を生む現代日本の病巣』桜井書店、二〇一九年。労働運動総合研究所編著『［提言］ディーセントワークの実現へ――暴走する新自由主義との対抗戦略』新日本出版社、二〇一三年。

（3）北村洋基『情報資本主義論』大月書店、二〇〇三年。他に、Ⅲ部三章の註7の諸文献。

（4）日野秀逸監修・労働運動総合研究所編『社会保障再生への提言――すべての人の生きる権利を守りぬく』新日本出版社、二〇一三年。

「生活――福祉改革」をめぐっては、後藤道夫氏らの「新福祉国家」論と宮本太郎氏らの「社会的包摂――ニーズ表出型の福祉ガバナンス」論との間の論議が、課題の在り処を考えるうえで有益であろう。

新自由主義的「構造改革」の提起いらい一貫して、その対抗構想を「新たな福祉国家」論として展開されてきたのは後藤道夫氏らであった（当初の、後藤道夫「新福祉国家論序説」『講座・現代日本』第四巻、大月書店、一九九七年――その後の、同「『必要充足』と市場原理――福祉国家型生活保障の思想」『唯物論研究年誌・第一六号、市場原理の呪縛を解く』二〇一一年、大月書店、同『新たな福祉国家を展望する――社会保障基本法・社会保障憲章の提言』旬報社、二〇一一年）。その論旨は、①急進的「構造改革」と二〇〇八年以降の経済危機による社会危機をもたらした最大の要因は、労働市場の無規制・無保障状態であり、生活保護・高齢者介護の環境悪化であって、地方自治体の体力削減がこれに追い討ちをかけている。グローバリズムのなかでの多国籍企業化は、これまでの開発主義国家の下での日本型雇用と地方・低「生産性」産業への所得再分配方式を解体させざるをえなかったが、大企業中心と生活保障の小さな国家責任という政治枠組みは変化しないままに置かれているとされる。②「労働基準」と「生活・福祉基準」とが重なりあって、有機性を強めた複雑な現代の社会システムにおける人間の生活が問題となってくる。個々の生活領域における保障水準（社会的合意にたった）が有機的に関連しあって、ⅰ．労働権保障　、ⅱ．居住保障、ⅲ．基礎的社会サービス保障、ⅳ．重層的所得保障、の関連づけられた有機的システムが形成されてくるが、その総体「社会的慣習的水準における最低生活」の内実が新たに問われてくる。そのさい、すでにかちとられた「個別領域の社会的標準」を受け継ぎ発展させられていかなければならない(新しい福祉国家として)。③新たなシステム設計と関わって「新自由主義」は、それを基本的には公的基準・責任(国家や自治体)を解体し、「個人の責任」と私的営利企業、「市場経済」に委ねようとする。だが、これまでそれぞれの生活領域において、「必要」を認める基準(年齢、障害等々)および妥当な「必要」の質と量を判断する基準、「保障基準」と「制度」が形成されてきた。今それを維持し改良していくことが求められている。それは利用者の支払能力から独立した、「必要に応じた」という基本的な原則に基づくものであり、それが人々の労働能力・社会的活動能力・社会形成力・政治的能力など「個人の全体的能力」を高め、真の「生産力」(マルクス)となっていく。それは「商品・貨幣・資本の運動の論理を大幅にはみ出すもの」という性格をもち、将来展望ともつながるものである。

もう一つのオルタナティブは、宮本太郎氏らによって唱えられる「所得配分中心――ニーズ決定型の福祉国家」から新しい「社会的包摂中心――ニーズ表出型の福祉ガバナンス」への転換である(多くの論稿があるが、その理論的組立てがもっとも簡潔に展開されている「ポスト福祉国家のガバナンス　新しい政治対抗」『思想』二〇〇六年三月号)。それは、①グローバルな市場経済の拡大、脱工業化、少子高齢化、福祉国家のリソースの縮減にともなって、従来の「福祉国家」はこのリスク構造の転換に応えきれなくなり、所得再分配から社会的包摂(人々の社会参加と相互関係の回復)中心の「福祉ガバナンス」に変らざるをえなくなる。就労と社会参加が促され、自立が奨められる。所得分配だけでなく、生活と労働との有機的なつながり、多様なニーズにどう応えていくかが問われるようになる。②これらの新たな軸の現実的な組み合わせは、政治的諸勢力の対抗関係のなかで決まってくるとして、まず「社会的包摂をめぐる対抗」については、二つの軸が整理される。一つは、公的責任を重視する立場と個人責任を強調する立場の違いである。もう一つは、労働市場への包摂・就労規範を強める立場とその外部における生活領域での自立を重視し就労規範を弱める立場の違いである。そして、「ワークフェア」(アメリカなどの自由主義レジーム)、「アクティベーション」(北欧諸国や社会民主主義レジーム)、「ベーシックインカム」などの違ったアプローチが分けられる。③また「ニーズ表出をめぐる対抗」軸については、市場をとおしてのニーズの表出に重点を置くか、ベーシックな多様な生活欲求の充足と多元的な福祉サービス供給を重視するか、が区別される。そして、後者では民間非営利組織の参入の可能性が生まれ、「疑似市場型」「コントロールされた市場」と結びついて、下からのネットワーク型のガバナンス、新たな「結社民主主義」「熟議民主主義」が成熟していく基盤ともなる、と評価される。

以上の二つのオルタナティブの論点をめぐって。①宮本太郎氏らの構想では、これまでに検討してきた「二〇世紀型社会主義」論への反省に関わる諸契機がかなり意識されているようにみえる。「国家」の上からの決定に対する抑制、多元的で自立的な企業・組織あるいは自治体の参入、個人の選択の自由と参加、労働の領域だけでない広義の生活領域の重視、グローバルな市場経済化の上にたったその利用と制御（「疑似市場」「コントロールされた市場経済」）、そして民主主義の成熟化、などの積極的な諸契機である。②しかし問題は、それらの諸契機を、資本と労働・生活主体との基本的な対抗構造の総体のなかにどう位置づけ、運動的にどう現実化していくかにあるように思われる。後藤道夫氏らは、宮本太郎氏らの構想を批判して、「生活諸領域における必要判定の総体に支えられた生活保障を、国家や行政による上からの決定として否定的に描く議論」であり、「利用者の支払いの能力から独立した必要判定と保障の積み上げという本来の枠組みを敵視する理由とはならない」、結局は「市場主義的な状況への逆戻りを促進するだけ」と極めて否定的である。その争点は集約的には、「労働基準」「生活基準」をめぐる資本と労働の階級的な対抗関係、そして国家権力の媒介による「社会的な制度化」をめぐる社会的な対抗関係の総体のなかに、二一世紀的社会主義像につながる積極的な諸契機をどう位置づけていくか、にあるように思われるのである。③　宮本氏が挙げられる「政治的な対抗関係をめぐる軸」にそくして見ても、i．社会的包摂の場としての労働市場での「就労」という前提条件をいかに回復させていくのか、そこでの公的支援の諸条件と制度化をどう拡充していくのか。ii．所得とサービスの多様化にともなう個人の選択可能性の広がりを論じるばあいにも、全般的な生活の「貧困化」と「格差化」をどうくい止めるか、その「フロー」を支える社会保障の「ストック」といわれるインフラ（教育・医療・保育・介護などでの）、あるいは「ベーシック・コモンズ」といわれる社会的諸手段（公共住宅、公共交通、公共公園など）のいっそうの底上げが併せて不可欠であろう。iii．下からの自立的な民間の企業や非営利組織の参入が「疑似市場」「コントロールされた市場経済」と結びついていく条件についても、続いてみていくような「地域経済循環」「国内経済循環」における労働・生活・生業・地域を基軸に置いた再生産の仕組みをどう内実化させていくか、それらが具体的に問われてくるであろう。

（5）ジョアン・C・トロント&岡野八代『ケアするのは誰か？――新しい民主主義のかたち』白澤社、二〇二〇年。

（6）谷本寛治『企業社会のリコンストラクション』千倉書房、二〇〇二年、二〇二頁、など。CSRについては、日本比較経営学会編『会社と社会』文理閣、二〇〇六年、同編『比較経営研究』第三三号『CSRの國際潮流』文理閣、二〇〇九年、同第四二号『市場経済と市民社会の共生を求めて』文理閣、二〇一八年。

（7）岡田知弘『公共サービスの産業化と地方自治体』自治体研究社、二〇一九年、同『地域づくりの経済学入門』

増補改訂版、自治体研究社、二〇二〇年。坂本雅子『空洞化と属国化——日本経済グローバル化の顛末』新日本出版社、二〇一七年。
(8) ヴォルフガング・シュトレーク『時間かせぎの資本主義』(原本は二〇一三年) みすず書房、二〇一六年。
(9) 諸富徹「財政・金融政策の公共性と財政民主主義」『思想』二〇一九年四号。
(10) シュトレーク、前掲書。ユルゲン・ハーバーマス「デモクラシーか資本主義か?」『世界』二〇一六年九号。
(11) 高田太久吉『マルクス経済学と金融化論』新日本出版社、二〇一五年。萩原伸次郎『世界経済危機と「資本論」』新日本出版社、二〇一八年。

あとがき

私は、これまで本書に関連するテーマの著書を二つ公にしてきた。

第一の書は、『社会主義的所有と価値論』（一九七六年、青木書店）である。一九五〇年代後半に大学院で研究を始めようとしたとき、「スターリン批判」とともにやがて〝ルネッサンス〟を迎えるようになる新しい理論的胎動に出会い、これまでに無かったような「投資効率論」や「商品生産論」「価値・価格論」、そして一九六〇年代に入っての「社会主義的所有論」などの展開をできるだけ内在的に辿ろうとしたもので、一九六五年「経済改革」（市場の導入）のいわば第一段階に当たるものを検討の素材としていた。この書の最後第六章の副題に「社会主義的民主主義の経済的基礎」と付けているように、それらの理論的展開を、民主主義をめぐる構造と機能化（国家と企業と個人の間での、所有と生産諸関係の体系に基づく）という視点から位置づけて、全体を整理していこうとしていたのである。そして「まとめにかえて」においても、一九七〇年代ころからの先進資本主義国における「新しい民主主義」論と重ね合わせて検討していくという視点を提起していた。

第二の書は、『ロシア体制転換と経済学』（一九九九年、法律文化社）である。一九八〇年代以降「ペレストロイカ」（一九八五年）で頂点に達するようになる「経済改革」の第二段階（「市場経済化」が生産手段の基礎にまで及ぶようになる）、そしてそれが「体制転換」（一九九二年）

に転じていった九〇年代に至る理論的枠組みを、「ペレストロイカ」が云う二つの軸――①「利害をつうじての管理」＝「市場経済化」の徹底と②「人間的要因の活性化」＝「人間疎外の克服」――にそって、辿ろうとしたものである。前者の軸で焦点となっていったのは企業（資本）の位置づけ、その生産諸条件の自立性・効率性をめぐる問題であったし、後者はやがて個人・人間の自由や民主主義の問題が正面から問われざるをえなくなる、という組み立てをもっていた。

本書は、その後二一世紀に入って以降に模索を続けてきた私の諸論稿（末尾に一覧を掲げる）を、再構成したものである。人間・個人の「自由・平等、民主主義」のいっそうの発展、そして「市場経済（その利用と制御）をつうじる」社会主義という理論軸を中心に置いて、社会主義論再生への手掛かりを得ようとしてきたのであるが、それらを検討していく過程で、この両者の軸の相互関係と位置づけについて、本質的な転換をなさざるをえなかった。「市場経済化」の第二段階で、旧ソ連や東欧で「体制崩壊」が生じ、中国もいま岐路に差し掛かっている。「生産諸手段・生産諸条件（資本）の自立的・効率的な利用」ということと「人間主体の労働―生活」との相互関係がもろに問われてくるようになると、何故さらに進んで自由や民主主義的権利の課題が労働者や生活者、市民や社会全体のレベルへより広く深化されていかなかったのか。

ここで、「二〇世紀型社会主義」の「国家―企業」という垂直的な枠組みがもつ「アソシエーション」の狭い置き方の限界が露呈してくる。自由と民主主義の理論軸は、それを支え成熟させていくもっと広い社会経済構造の総体的な基盤（しばしば「市民社会的基盤」という表現も用いられるようになった）のなかで、問われていかなければならなかったのである。経済学の専門的な研究領域からはどうしても市場経済化の理論軸を中心に置きがちであり、私もまたそのようにしてアプローチしてきたのであるが、これは逆転させて本来の自由―民主主義論を基軸に「政治経済学」として組み替えていかなければならないのではないか。

また、「自立した自由な諸個人の平等な協同」という市民社会型の「アソシエーション」を出発的な基礎に置いて二一世紀の社会編成のあり方を考えていくことは、「自由論」を基軸にして「民主主義論」を展開し直していくこととも繋がる。これまでの私の二つの書における「民主主義論」は、国家―企業―個人の諸次元および生産―分配―交換・流通―消費の諸過程にそくして、一方で国家（社会全体）の次元の「集中制の原則」を上位に置き、他方で「民主主義の原則」をもっぱら下位の企業や個人の次元における実質的な格差・不平等が生産と労働の社会化によって次第に平等化されていく、という相互関係のなかで捉えようとしていた。その「民主主義論」を、たんなる参加の問題として扱い、人間・個人の根源的な主体的決定としての「自由論」（「積極的な自由」）と深く結びつけることなく展開しようとしていたのである。

と同時に、「アソシエーション」の概念を現実の「資本主義」から「社会主義をめざす」歴史的過程のなかに置いてその成熟の跡をたどっていくことは、その自由が社会のなかで人と人との間における「基準（ノルム）」や「規則（ルール）」、権利の制度として具体的に実現されていく仕方を明らかにしていくことをも必然的に伴う。「アソシエーション」がたんなる理念に留まるのではなく、資本主義からの次の一歩（「実現可能な社会主義」）として市場経済化の普遍的な存在を前提にした上で、その利用と制御を内在的にそして段階的に図りながら、終極の「市場経済の止揚」に近づいていく、という具体的な道筋のなかに位置づける。二一世紀の「自立した自由な諸個人の平等なアソシエーション」という、以前とは異なる「市民社会」型の「基準・規則」が共通の媒介環となって、それが逆にその他のあらゆる「中間的団体」（組織・企業）—「国家」（社会全体）の諸関係を編成していくさいの民主主義的制度化の原則となっていく。

そして、人間の主体的な自由を基礎とし基軸とすることは、さらに大きく「人間の類的本質」（対象に対する自由な・意識的な共同的な活動・制御『経済学・哲学手稿』）のあり方、「自然と人間との間での物質代謝過程」および「人間と人間との間での社会的諸関係」に対する「人間らしい」主体的な制御の視点を、改めて浮かび上がらせることになっていく。『経済学批判要綱』に云われる「人類史の三段階」—「①労働と生産諸条件・生産諸手段の自然生的な形態での本源的統一→②両者の私的な形態での分離（資本主義）→③両者の社会的な形態での再統一（社会主義・共産主義）、および、そのなかでの人間的諸力の発展──①人格的な依存の諸関係（最初は自然生的な）、人間的生産性は狭小な範囲と孤立した地点に制限↓②物件的依存性の下での人格的独立性、一般的社会的物質代謝、普遍的諸関連、全面的諸欲求、普遍的諸力能という一つの体系↓③諸個人の普遍的発展の上に築かれた、また諸個人の共同体的社会的生産性を諸個人の社会的力能として服属させることの上に築かれた自由な個体性、が展開されていく。この第二段階②から第三段階③への転化には、生産諸条件・生産諸手段（資本、いわゆる「物的資本」だけでなく「社会的資本」「知的資本・文化的資本」への展開を含んだ）に対する運用・管理と所有をめぐる人間主体との関係の質的な転換が不可欠であろう。「気候変動危機・自然環境危機」や「情報化・デジタル化」など、人類史的性格を帯びるようになったとされる二一世紀の諸課題に、民主主義論としてどう立ち向かっていくのか。一方では、「資本」概念の展開にそくして、他方からは、「人間的諸力」の発展にもとづいて、そして両者を結節する人間の自覚的な「アソシエーション」、その枠組みと内実の成熟のなかに二一世紀の民主主義論の手掛かりを見いだそうとしたのである。

【第二の書以後の拙論の主なもの】
・「ロシア『移行経済』と制度論的アプローチ」『関西大学商学論集』二〇〇二年八月。
・「『社会主義』と市場経済」『立命館経済学』二〇〇五年七月。
・「『市場経済化』と『労働・人間疎外の克服』（1）」『ロシア・ユーラシア経済調査資料』二〇〇六年一二月、「同

(2)」改題『ロシア・ユーラシア経済』二〇〇七年四月。
・「社会主義―市場経済論と『市民社会』(1)(2)」『立命館経済学』二〇〇八年三月、同五月。
・「社会主義論をめぐる規範的課題の枠組み」『唯物論と現代』二〇〇九年一一月。
・「『市場経済をつうじる社会主義』と平等論」『立命館経済学』二〇一〇年三月。
・「市場をつうじた社会主義と『株式会社』の役割」(基礎経済科学研究所編『未来社会を展望する』大月書店、二〇一〇年九月)。
・「『社会主義論』へのアプローチ―『自由・民主主義』『市場経済』を軸として」『季論21』二〇一一年夏号。
・「『アソシエーション論』の具体化のために」『季論21』二〇一二年春号。
・「『自由・民主主義』『市場経済』をつうじる社会主義論―現代資本主義論とかさね合わせて」『唯物論と現代』二〇一二年六月。
・「『市場経済をつうじる社会主義』と自由論」『立命館経済学』二〇一三年三月。
・「労働者階級と『民主主義』―マルクス・エンゲルス(一八四八年革命・一八七一年革命)、レーニン(一九〇五年革命)再読」『唯物論と現代』二〇一六年一一月。
・「『市場経済をつうじる社会主義』と民主主義論」『立命館経済学』二〇一七年三月。
・「ロシア革命とレーニン『民主主義論』」『唯物論と現代』二〇一七年一一月。
・「『資本』に対抗する民主主義―東欧『市民革命』と『社会的制度』編成の展開」『季論21』二〇一九年冬号。

この間の私の共編・共著として、
・芦田文夫・高木彰・岩田勝雄編『進化・複雑・制度の経済学』新評論、二〇〇〇年二月。
・芦田文夫・井手啓二・太西広・聴濤弘・山本恒人著『中国は社会主義か』かもがわ出版、二〇二〇年六月。

本書を纏めるにあたって、長年にわたり共同研究と自由な討論の場を与えていただいた立命館大学の経済学部およびほとんど全学部に及ぶ研究者の方々、「立命館の民主主義を考える会」(元教職員)の皆さん、京都大学の木原正雄先生が創始された「比較経済体制研究会」

の同僚諸氏、関西唯物論研究会『唯物論と現代』の学際的研究者、そして京都労働者学習協議会の講師・学習活動家集団・受講生の皆さんに心からの感謝を申し上げる。そして、なにより本書の形をとって公にすることができたのは、『季論21』と「本の泉社」の編集と発行の責任者・新舩海三郎氏の辛抱強い叱咤激励があったからであり、あつく御礼を申し上げたい。

●著者紹介

芦田　文夫（あしだ　ふみお）

1934年、京都に生まれる。57年、京都大学経済学部卒業、62年、同博士課程修了。社会主義経済論・比較経済体制論を専攻、経済学博士。62年から2005年まで、立命館大学経済学部で専任講師、助教授、教授、現在は名誉教授。創設いらい半世紀、京都労働者学習協議会で講師活動、会長など歴任。主な著書『社会主義的所有と価値論』（1976年、青木書店）、『ロシア体制転換と経済学—文明史における市場化』（1999年、法律文化社）、編著『ソ連社会主義論－現状と課題』（大月書店、1981年）、共著『中国は社会主義か』（2020年、かもがわ出版）。

住所：〒601－1122　京都市左京区静市野中町250－10

「資本」に対抗する民主主義

—市場経済の制御と「アソシエーション」—

2021年10月20日初版第1刷発行

著　者　芦田《あしだ》　文夫《ふみお》

発行者　新舩海三郎

発行所　株式会社 本の泉社

〒112-0005 東京都文京区水道2-10-9　板倉ビル2階

電話：03-5810-1581　Fax：03-5810-1582

mail@honnoizumi.co.jp ／ http://www.honnoizumi.co.jp

DTP　田近　裕之

印　刷　新日本印刷株式会社

製　本　新日本印刷株式会社

ISBN978-4-7807-1825-6　C0036